SpringerWienNewYork

Bob Martens
Herbert Peter

ArchiCAD

Virtuelles Bauen praxisnah

2. überarbeitete und aktualisierte Auflage

SpringerWienNewYork

Bob Martens | Herbert Peter
Wien, Österreich

Das Werk ist urheberrechtlich geschützt.
Die dadurch begründeten Rechte, insbesondere die der Übersetzung, des Nachdruckes, der Entnahme von Abbildungen, der Funksendung, der Wiedergabe auf fotomechanischem oder ähnlichem Wege und der Speicherung in Datenverarbeitungsanlagen, bleiben, auch bei nur auszugsweiser Verwertung, vorbehalten.

© 2005 Springer-Verlag/Wien
Printed in Austria

SpringerWienNewYork ist ein Unternehmen von Springer Science+Business Media
springer.at

Bilder Cover vorne
links oben: Woods Bagot, Sydney (AUS)
mitte oben: Lengyel Toulouse Architects, Köln (GER)
rechts oben: Arnon Shachar, Budapest (HU)
links unten: House+House Architects, San Francisco (USA)
mitte unten: Mathew Dalaby, Cornwall (UK)
rechts unten: Adam Rendek | DNM Architect, San Francisco (USA)
Bilder Cover hinten
links oben: Christoph Vogt, Erfurt (GER)
mitte oben: BEHF Architekten, Wien (A)
rechts oben: Suben/Dougherty Partnership, New York (USA)
links unten: LuninetIK, New York (USA)
mitte unten: Suben/Dougherty Partnership, New York (USA)
rechts unten: ABVENT, Artlantis Render Demo, Paris (F)

Die Wiedergabe von Gebrauchsnamen, Handelsnamen, Warenbezeichnungen usw. in diesem Buch berechtigt auch ohne besondere Kennzeichnung nicht zu der Annahme, dass solche Namen im Sinne der Warenzeichen- und Markenschutz-Gesetzgebung als frei zu betrachten wären und daher von jedermann benutzt werden dürften.

Korrektorat: Sabine Wiesmühler
Satz, Layout und Einbandgestaltung: Herbert Peter und Bob Martens
Druck: Holzhausen Druck & Medien Ges.m.b.H., 1140 Wien, Österreich

Gedruckt auf säurefreiem, chlorfrei gebleichtem Papier - TCF
SPIN: 11343783

Bibliografische Information Der Deutschen Bibliothek
Die Deutsche Bibliothek verzeichnet diese Publikation in der
Deutschen Nationalbibliografie; detaillierte bibliografische Daten sind im Internet
über <http://dnb.ddb.de> abrufbar.

Mit zahlreichen (teilweise farbigen) Abbildungen

ISBN-10   3-211-23766-6 SpringerWienNewYork
ISBN-13   978-3-211-23766-3 SpringerWienNewYork

Inhalt

Vorwort	6
1. Über das Verhältnis von Archi-Tektur und CA(A)D	9
1.1 CAAD = Architektur automatisch?	10
1.2 ArchiCAD: Entstehung und Entwicklungskontext	23
2. ArchiCAD als intelligente Arbeitsumgebung	37
2.1 Modellieren mit unterschiedlichen Werkzeugen	38
2.2 Umgang mit GDL-Objekttechnologie	43
2.3 Referenzieren mittels Hotlink-Modulen	66
2.4 Zusätze zur Erweiterung des Leistungsspektrums	70
2.5 Projektbezogene Datenorganisation	79
2.6 Nutzung von Informationen aus der internen Datenbank	102
2.7 Projektbezogene Kommunikation und Präsentation	108
3. Charakteristische Einsatzbereiche aus der Praxis	126
3.1 Fallbeispiele aus den Architektur- und Planungswerkstätten	128
3.2 Strategien der Visualisierung	230
3.3 Beispiele von nonkommerziellen ArchiCAD-Anwendungen	255
4. Entwicklungsperspektive: Integrierte Gebäudesimulation	280
Schulungshandbücher und Nachschlagewerke	291
Internetlinksammlung	291
Warenzeichen	291
Bildnachweis	292
Register	293

Vorwort

Das Angebot an Fachbüchern betreffend Computeranwendungen ist in den letzten Jahren enorm angewachsen. Bei so manchen Softwareprodukten ist inzwischen eine reichhaltige Auswahl vorhanden, welche überdies die unterschiedlichen Erfahrungen der potenziellen Leserschaft berücksichtigt.

ArchiCAD wird seit 1984 vertrieben und ist daher keinesfalls als ein Neuling zu betrachten, sondern hat längst seinen festen Platz unter den CAD-Softwarepaketen erobert. Wenn man sich jedoch nach einem Fachbuch erkundigt, welches sich mit ArchiCAD befasst, ist das Angebot eher beschränkt. Es werden freilich vom Hersteller professionelle Schulungshandbücher vertrieben, doch eine Erweiterung des hiermit vermittelten Blickfeldes fehlte bislang. Demgegenüber stehen hoch spezialisierte Publikationen, welche sich vor allem auf die Thematik der GDL-Programmierung beziehen. GDL ist im Übrigen ein Kürzel für „Geometric Description Language" und stellt jene Computersprache dar, welche ArchiCAD zugrunde liegt.

Auch wenn exakte Erhebungen fehlen, kann man davon ausgehen, dass nur ein kleinerer Teil der Anwender (vielleicht 20 bis 30 %) mit der gesamten Bandbreite an Möglichkeiten vertraut ist und diese auch umfassend verwendet. Hand aufs Herz: Wie schätzen Sie sich selbst ein? Es ist letztendlich eine alte Forderung, dass Software ohne jegliches Handbuch resp. langwierige Einschulung bedienbar sei und weitgehend von der Intuition Gebrauch mache. Auch ArchiCAD baut in der vorliegenden Version keine (emotionale) Beziehung zu seinem Nutzer auf. Die Bedienung vollzieht sich ohne direkte Interaktion. Die Zahl der Anwender von ArchiCAD und anderen Graphisoft Produkten ist weltweit betrachtet nach wie vor steigend und hat inzwischen die 150.000er-Marke passiert. Überdies wird ArchiCAD in 80 Ländern mit weit über zwanzig lokalisierten Sprachversionen vertrieben. Wussten Sie zum Beispiel, dass eine finnische oder eine koreanische ArchiCAD-Version erhältlich ist? Das Angebot einer lokalisierten Version bezieht sich übrigens nicht nur auf die Übersetzung der Arbeitsmenus, sondern auch auf die Anpassung an lokale Bauvorschriften und Normen bzw. regionale Konstruktionsarten.

Woher kommt denn eigentlich die Bezeichnung „ArchiCAD"? Als Bezeichnung wurde zunächst „RADARCH" in Erwägung gezogen, zumal „RADAR" zu diesem Zeitpunkt als ein Softwareprodukt zur räumlichen Darstellung in Entwicklung war. Es zeigte sich bald, dass die Aussprache schwer fiel und überdies die Einsicht entstand, dass „CAD" aufscheinen sollte. Die Entscheidung fiel daher zu Gunsten von „ArchiCAD", wobei keinerlei sprachliche Barrieren festgestellt werden konnten. In Kauf genommen werden musste dabei allerdings eine gewisse Nähe (mitsamt der potenziellen Verwechslungsgefahr) zu „Autocad". Anhand der Kombinatonsvorsilbe lässt sich mehr ausdenken, wie es auch bereits geschah: ArchiFM, ArchiPHYSIK, ArchiFORMA, ArchiTERRA, ArchiWALL etc. Böse Zungen bezeichnen dies zwar als die ArchiNochWas-ArchiAlles-Welle, doch besteht hier zweifelsohne ein Zusammenhang mit den Bezeichnungen von jenen Produkten, welche in früheren Zeiten für Apple Macintosh angeboten wurden: MacDraw, MacWrite, MacPaint etc.

ArchiCAD stellt das unumstrittene „Flaggschiff" des ungarischen Softwareunternehmens *Graphisoft* dar. Auch wenn die Schalt- und Entwicklungszentrale nach wie vor in Budapest angesiedelt ist, wurde eine Reihe von Auslandsvertretungen eingerichtet. Der Rechtsform nach ist Graphisoft übrigens seit dem Jahre 1996 eine Holdinggesellschaft mit Sitz in Amsterdam. Neben dem reinen Vertrieb ist ein Netz von nationalen bzw. regionalen (Kern-) Distributoren in den Entwicklungsprozess eingebunden.

Dieses Handbuch ist nicht nur für Fachleute auf den Gebieten Architektur und Bauwesen gedacht, sondern richtet sich auch an Studierende bzw. Absolventen der Technischen Universitäten und der Fachhochschulen. Die Autoren sind sich der prinzipiellen Problematik des raschen Alterns einer Buchpublikation bewusst, welche sich mit einem spezifischen CAD-Softwareprodukt befasst. Die in diesem Buch behandelten Themen und Problemfelder versuchen, Hintergründe und Zusammenhänge aufzuzeigen. Auch wenn es dabei manchmal erforderlich ist, auf bestimmte ArchiCAD-Versionen explizit zu verweisen, steht die Idee einer universellen Erklärung aus der Sicht des Anwenders im Mittelpunkt der Betrachtungen.

Die Benutzung des Buches verlangt nicht nur eine kapitelweise Durcharbeitung, sondern unterstützt durchwegs eine „Kreuz- und Quernavigation". Computer Aided Architectural Design wird am Beispiel ArchiCAD im Alltag der (Entwurfs-)Planung positioniert. Einen weiteren Schwerpunkt in diesem Fachbuch stellen die Hintergrundinformationen zu den vielfältigen Werkzeugen, Funktionen und Prozessen dar. Doch deren Nutzen wird an Hand breit gefächerter Anwendungen aus Praxis, Forschung und Lehre aufgezeigt. Der Leser möge durchwegs ausrufen wollen: „Das hätte ich nie gedacht, dass das mit ArchiCAD möglich ist." Abschließend wird der Blick in die Zukunft gerichtet: Wie geht es weiter? Und: Was könnte alles noch kommen?

Abschließend ist allen Anwendern besonderer Dank auszusprechen. Mit der Bereitstellung vielfältigster Projektarbeiten aus den jeweiligen Architekturbüros wurde die Vermittlung des breiten Einsatzspektrums von ArchiCAD überhaupt erst möglich.

1. Über das Verhältnis von Archi-Tektur und CA(A)D

In diesem Kapitel werden zunächst die Grundlagen von CAAD – also Computer Aided Architectural Design – erörtert. Interpretiert man den Buchstaben „D" im Kürzel CAAD als „Design", so ist dies eine weiterreichende Definition als das alternative „Drafting", welches sich vordergründig auf die Aktivität des technischen Zeichnens bezieht. CAD ist längst in vielen Fachgebieten – nicht nur in der Baubranche – etabliert. Die Hinzufügung eines weiteren Buchstabens, „A" für „Architectural", stellt den Bezug zur Architektur in den Vordergrund. Aus CAD wird damit CAAD. Wir werden aber trotzdem nicht von *ArchiCAAD* sprechen. In diesem Fachbuch ist von CAAD im Sinne des „Computerunterstützten Architekturentwurfs" die Rede. Unbeschadet dessen werden verwandte Disziplinen wie z.B. Raumplanung oder Bauingenieurwesen gestreift. In diesem Kapitel geht es aber um mehr als eine bloße Auseinandersetzung mit Kürzeln und Begriffsbestimmungen. Es wird die Entwicklungsgeschichte von ArchiCAD geschildert, um seine heutige Bedeutung für die Architekturproduktion beschreiben zu können. Des Weiteren gehört zum generellen Verständnis der Programmentwicklung auch die Darlegung von Hoffnungen und Ambitionen. Ein CAD-Softwareprodukt kann auf einer allgemeinen Basis entwickelt worden sein, um später durch Spezialisierung bestimmte Fachgebiete abdecken. Auch die umgekehrte Abfolge ist möglich und hat stattgefunden. Der unterschiedliche Zugang der Softwarehersteller macht deutlich, welcher Weg beschritten wurde.

Außer Frage steht, dass CA(A)D ein kleines Segment des weitaus größeren AEC-Feldes (Architecture, Engineering and Construction) darstellt. Bezogen auf ArchiCAD wurden – trotz Erweiterungen des Blickfeldes – die Belange des Fachgebietes der Architektur nie aus dem Auge verloren. Die Arbeitsanforderungen seitens dieser Anwenderschaft fanden stets von vornherein Berücksichtigung.

1.1 CAAD = Architektur automatisch?

Wenn wir in einer ersten Annäherung die „Geschichte" des CAAD-Arbeitsfeldes betrachten, stellt sich alsbald heraus, dass diese sich maximal über ein halbes Jahrhundert erstreckt. Computeranlagen erscheinen heutzutage als eine Selbstverständlichkeit und sind aus dem täglichen Leben wohl kaum noch wegzudenken. Es muss dennoch bedacht werden, dass dies nicht immer der Fall war. So wurde beispielsweise der *Personal Computer* erst vor ungefähr zwanzig Jahren vorgestellt. Dieses Ereignis stellte für so manche auch heute noch auf dem Markt befindlichen (kommerziellen) CAD-Softwarepakete die Geburtsstunde dar. Obgleich die diesbezüglichen Grundlagen zu einem weitaus früheren Zeitpunkt entwickelt wurden, sind diese jedoch so manchem CAD-Anwender weitgehend unbekannt. Es dauerte relativ lange, bis man sich überhaupt vorzustellen getraute, dass die Berufssparte der Architekturschaffenden etwas mit Computern anfangen könnte. Der Vorgang des Entwerfens und Planens erschien eine schwer „computerisierbare" Tätigkeit. Das bleistiftgestützte Entwerfen – auch PAD oder Pencil Aided Design genannt – bietet schließlich die Möglichkeit des „ungenauen" Arbeitens oder der unverkennbaren persönlichen Handschrift.

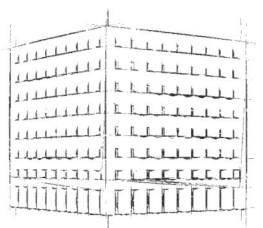 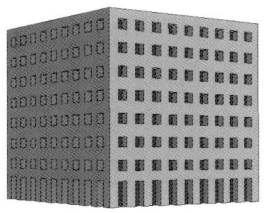 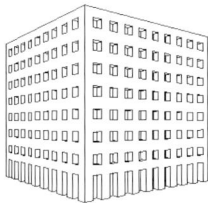

Abb. 1.1a-c Klinischer Ausdruck vs. Handzeichnung? Darstellungen entstanden in computergestützter Weise

Den Umgang mit dem Bleistift erlernt man bereits im Kleinkindalter. Von „richtiger" Schulung kann erst zu einem späteren Zeitpunkt gesprochen werden. Zeichnen hat im Rahmen der Schulbildung einen anderen Stellenwert als z.B. Mathematik- oder Sprachunterricht. Bis zum gymnasialen Abschluss gilt das Fach Zeichnen keinesfalls als „Killergegenstand". Curricula universitärer Architekturausbildung enthielten für gewöhnlich klassische Lehrveranstaltungen wie „Zeichnen und Malen", doch wurden im Zuge von Studienplanreformen zuweilen auch computergestützte Darstellungstechniken aufgenommen.

Mittels des „virtuellen Reißbrettes" wurde zunächst versucht, traditionelle Arbeits- und Darstellungsformen nachzuahmen. Dennoch sind hier von der Arbeitsweise her bemerkenswerte Unterschiede gegeben, welche (un)bewusst wahrgenommen werden. So ist z.B. in der analogen Form des Zeichnens die vorliegende Papiergröße immer noch um einiges größer als ein komfortabler 24"-Zoll-Bildschirm. Ein- und Auszoomen erfolgen durch einfache Körperbewegungen. Die Hand bewegt eine Maus, und das Ergebnis der eingeleiteten Aktion wird an einer anderen Stelle – am Bildschirm – sichtbar. Eine persönliche Handschrift ist nicht unbedingt erkennbar, denn die Befehlsabfolge erzeugt im Falle einer Wiederholung das haargenau gleiche Ergebnis.

Erst wenn der Druck- oder Plotbefehl ausgelöst wird, treten papierbezogene Medien in Erscheinung. Es können beliebig viele Originale erzeugt und im Bedarfsfall an mehreren Orten deponiert werden. Allerdings ist der Faktor Zeit nicht gänzlich auszuschalten, wobei jedoch die Nachtstunden für das Ausplotten (eine längst etablierte Worterfindung, und es folgen weitere!) genutzt werden können. Der großformatige Ausdruck vermittelt – oberflächlich gesehen – Perfektion. Das Transparentpapier hingegen zeigt den händischen Umgang mit Tusche wie auch sichtbare Korrekturen. Eine solche Zeichnung kann zwar als Mutterpause fungieren, doch müssen in den nachkommenden Generationen der Abzüge ggf. Qualitätseinbußen akzeptiert werden. Hinsichtlich der Erzeugung von unterschiedlichen Maßstäben gilt es festzuhalten, dass sich so mancher Anwender den Maßstab durch die zufällig verfügbare Papiergröße diktieren lässt. So wird zum Beispiel im nicht normierten Maßstab 1:42 abgebildet, damit der herzuzeigende Grundriss vollständig auf dem Papierformat erscheint.

Wem fällt es nicht schwer, eigens angefertigte Hand- oder Bleistiftzeichnungen zu entsorgen? Schließlich handelt es sich um schwer wieder einbringbare Originale. Durch den klinisch-kühlen Charakter der computergestützten Darstellung, die zudem noch so oft wie gewünscht multipliziert werden kann, entsteht das Bedürfnis nach dem Einbringen von künstlerischen Inhalten. Hier bietet sich Bildbearbeitungssoftware an – d.h. die CAD-Umgebung wird verlassen –, und Mechanismen wie z.B. „invertieren" oder „überlagern" resp. Filter mit Spezialeffekten gelangen zum Einsatz. Das dabei verfolgte Ziel heißt „aufmotzen", verschönern und – beschönigen.

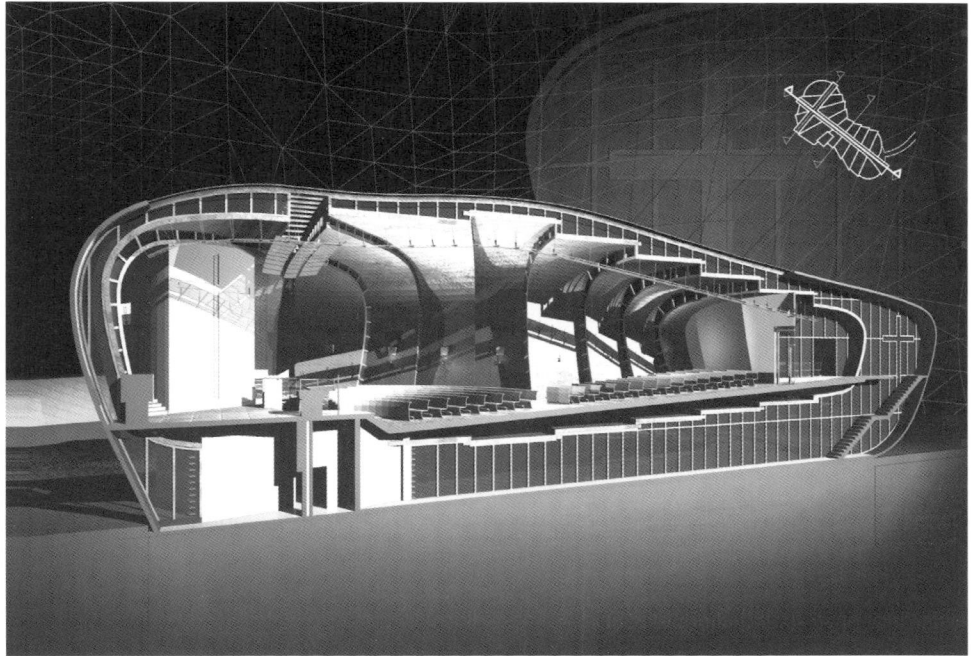

Abb. 1.2a-b Kirchenprojekt: nachträgliche Überarbeitung der fotorealistischen Darstellungen (Stefan Klein)

Abb. 1.3a-f Vielfältige Betrachtungsmöglichkeiten des virtuellen Modells (Herbert Peter)

Die Situation, dass ein und dasselbe digitale Modell über die gesamte Strecke – also von der frühen Entwurfsphase über die bauliche Realisierung bis hin zum Abriss – eingesetzt wird, scheint derzeit in den meisten Fällen noch nicht gegeben. Diese Durchgängigkeit bricht hin und wieder ab. Die Tätigkeit verlagert sich von der digitalen zur analogen Arbeitsebene und vice versa. Durch die Konversion gehen Informationen verloren, die zu einem späteren Zeitpunkt wieder hineingearbeitet werden müssen.

Die Vorstellung vom Gesamtmodell verbleibt im Falle der händischen Zeichnung in den Köpfen der Bearbeiter. Erzeugt werden Einzelzeichnungen, welche charakteristische Teile des Ganzen darstellen und darüber wirkungsvoll Aufschluss zu geben versuchen. Bei gesteigerter räumlicher Komplexität muss daher eine größere Zahl an Zeichnungen angefertigt werden. Jene CAD-Programme, welche eine dreidimensionale Erarbeitung nicht von Anbeginn an ermöglichen, sind mit der gleichen Problematik, d.h. einem Konglomerat von nicht verknüpften Einzelzeichnungen, konfrontiert, innerhalb dessen es zu Unstimmigkeiten bzw. Widersprüchen kommen kann. Es muss aber auch festgehalten werden, dass die dreidimensionale Eingabe von Anfang an mehr Informationen verlangt und daher nicht immer ökonomisch ist. Dennoch können jederzeit in beliebiger Weise Bilder von verschiedenen Standpunkten erzeugt werden. Das digitale 3D-Modell kann überdies „zerpflückt", d.h. zerlegt oder offen gelegt werden. Dies geschieht mit Hilfe des Instruments der Ein- und Ausblendung. Enthaltene Informationen werden so nicht gelöscht, sondern bloß gefiltert und daher temporär nicht angezeigt.

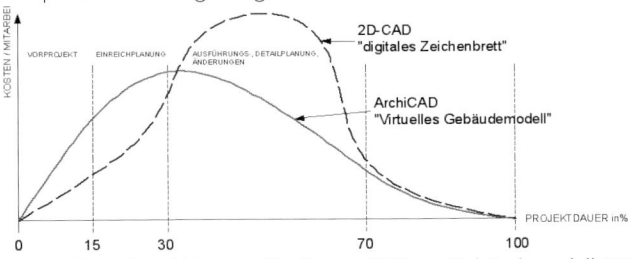

Abb. 1.4 Aufwand und Nutzen: Zeichnung (2D) vs. Gebäudemodell (3D)

An dieser Stelle scheint ein Vergleich zur Automobilbranche angebracht, obgleich dieser möglicherweise abgedroschen klingt. Das digitale Modell des Fahrzeugs liefert jene Daten, welche in der computergestützten Fertigungslinie verwendet werden. Es wäre hoffnungslos veraltet, Automobile nach Papierzeichnungen bauen zu wollen. CAD dient daher nicht nur zur Leistungsverbesserung bei der Erstellung von Zeichnungen, sondern ist ein unverzichtbares Werkzeug zur Einleitung des Fertigungsprozesses geworden. CAD ohne CAM – also Computer Aided Manufacturing (computerunterstützte Fertigung) – ist nicht mehr vorstellbar. Dennoch ist zu bedenken, dass in diesem Fall die Organisation von Bauprozessen andersartige Produkte (vielfach „one of a kind") zum Ziel hat. Das Potenzial der computerunterstützten Fertigung, sei es auch „nur" in Teilbereichen, ist längst nicht erschöpft.

 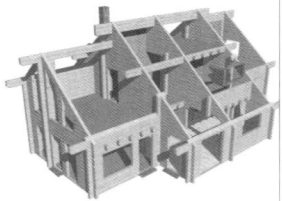 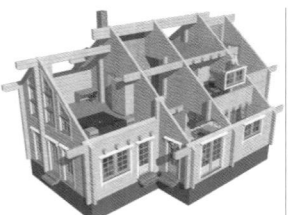

Abb. 1.5 Fertighausproduktion mittels ArchiCAD-Gebäudemodellen (LogHome Solution)

Wie lauteten eigentlich die typischen „Versprechen" der Vertriebsmanager von CAD-Softwareprodukten? Die nachfolgende Darstellung stellt gewissermaßen eine Simplifizierung der Situation dar, denn eine gewisse Naivität oder Unwissenheit kann sich mit flotter Rhetorik in ausgezeichneter Weise paaren. Als Allererstes ist wohl das Argument der *Produktivitätssteigerung* zu erwähnen. CAD soll den Büroalltag erleichtern und eine wirkungsvolle – wenn nicht gar kongeniale – Verbindung von Mensch und Maschine fördern. Doch die erhoffte Leistungssteigerung erscheint nicht einfach messbar. Die Mutmaßung, dass „alles schneller erledigt wird", reicht als Verkaufsargument längst nicht mehr aus.

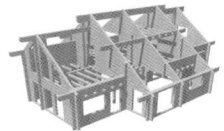
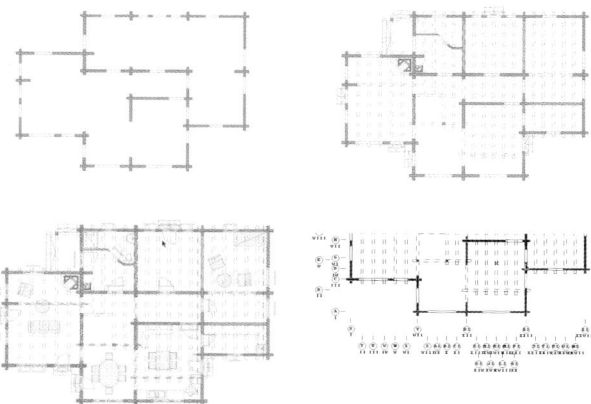

Abb. 1.6 Elementierung und Planung (Honka, Finnland)

■ Einzelne Arbeitsschritte von der Planung über die Kalkulation bis zur maschinengesteuerten Fertigung bieten die Grundlage für eine Effizienz in der Herstellung von Honka-Fertighäusern.

Abb. 1.7 Produktionsstraße für Fertigteilhäuser (Honka, Finnland)

	Wand-Umrisse	Wand-Schraffuren	Fenster + Beschriftung	Ansicht erstellen	Schnitt erstellen
■ 2D Zeichnung	7	16	18	9	27
□ 3D Geb.modell	3	0	4	2	2

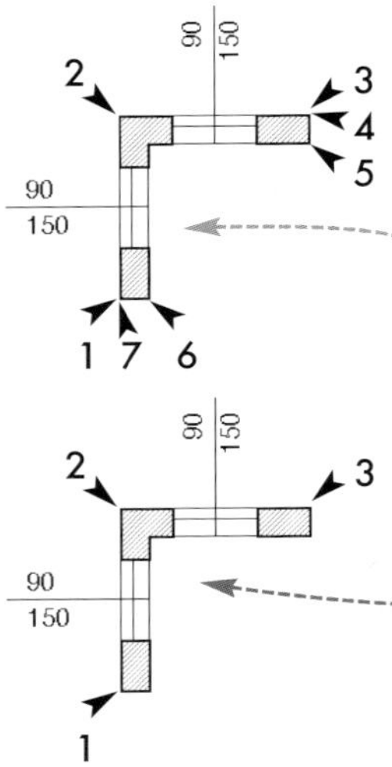

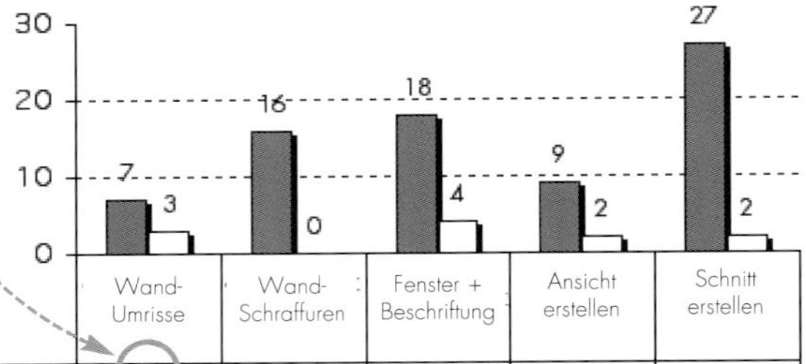

Abb. 1.8 Ergebnis eines Produktivitätsvergleiches

2D-Zeichnung	3D-Modell
• Wandumrisse zeichnen	• Wandwerkzeug
• Schraffurfüllung	
• Fensterdurchbruch	• Fensterwerkzeug
• Fenstersymbol zeichnen	
• Fensterachsen kotieren	
• Ansicht zeichnen	• Ansicht automatisch
• Schnitt zeichnen	• Schnitt automatisch
• Axonometrie zeichnen	• Axonometrie automatisch

■ Die Erstellung des obigen Planausschnittes mittels eines 2D-CAD-Programmes erfordert eine bestimme Anzahl von „Mausklicks". Unter Verwendung eines 3D-CAD-Programmes kann dieser Aufwand eindeutig reduziert werden. Da es sich bei diesem Beispiel nur um einen kleinen Ausschnitt handelt, lässt sich durch eine Hochrechnung der Zeitgewinn bei einem großen Projekt erahnen.

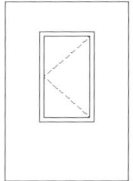

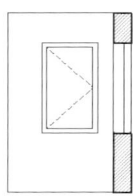

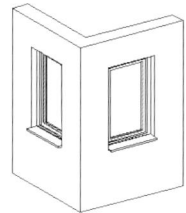

Ebenso verhält es sich mit der *Qualitätssteigerung*. Schwarzweiß-Darstellungen wie „richtig" und „falsch" greifen hier einfach nicht mehr. Es erhebt sich sogar die grundsätzliche Frage, inwiefern die eingesetzte CAD-Software die Arbeitsmöglichkeiten bereichert oder einschränkt: Entworfen wird nur mehr das, wovon der CAD-Anwender weiß, dass es mittels der eingesetzten CAD-Software auf einfachste Weise und ohne jegliche Überraschung modelliert werden kann. Die Software entscheidet demnach über die bauliche Entfaltung des Entwurfs. In diesem Kontext ist die in jüngster Zeit aufkommende Tendenz zur Entwicklung „freier" Bauformen zu sehen, welche offenkundig dem Wunsch nach einer „freieren" Architektur folgt. Die oftmals aufscheinende Gestalt blasenartiger Gebilde – als „blobs" bezeichnet – kann zu einem wesentlichen Teil auf das Vorhandensein entsprechender Software-Optionen zurückgeführt werden. Die Leichtigkeit, mit der jene Strukturen modelliert werden, zeichnet jedoch ein trügerisches Bild von der baulichen Umsetzbarkeit. Es ist daher geboten, sich an die „neuen" Möglichkeiten mit entsprechender Vorsicht heranzutasten.

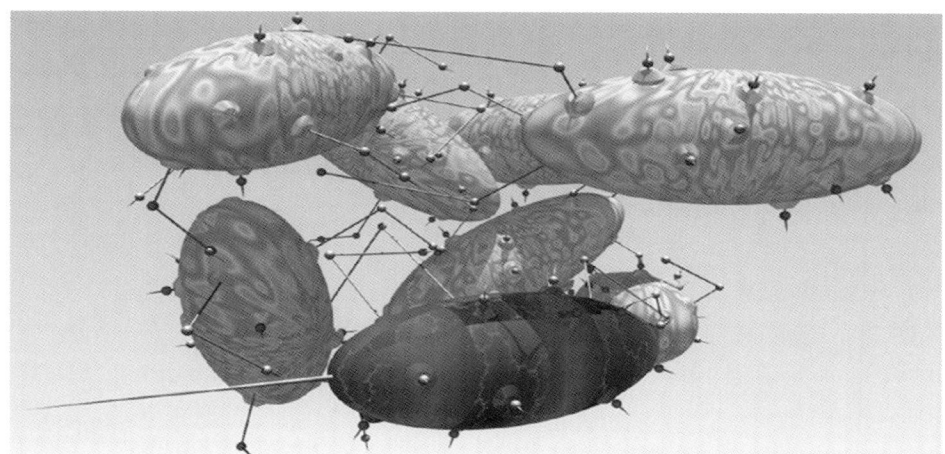

Abb. 1.9 Mittels ArchiCAD entwickelte „freie" Bauformen (Wilhelm Hochenbichler)

Die Realisierung der (perfekten) Präsentationsform ist mit Begriffen wie Status, Image und Verlässlichkeit verbunden. Es soll letztlich ein professioneller Eindruck erweckt werden. Auch wenn ein Großteil der Informationsproduktion auf digitaler Basis entsteht, werden im Zuge der Arbeit nach wie vor Skizzen angefertigt. Diese werden jedoch dem Außenstehenden seltener gezeigt, weil sie für so manchen nicht jene Perfektion ausstrahlen, wie dies bei einem Rendering – also einer fotorealistischen Darstellung – der Fall sein könnte.

Fast wäre in diesem Zusammenhang das ehemals schlagkräftigste Verkaufsargument, die *Bedienerfreundlichkeit*, untergegangen. Durch die breite Verfügbarkeit von Computeranlagen nimmt die Zahl der Anwender ohne jegliche Erfahrung ab. Zudem haben sich die großen Unterschiede in den Benutzeroberflächen der verschiedenen Betriebssysteme deutlich verringert. Doch Responsivität auf Nutzerverhalten oder Anlernen und Reagieren auf dessen Eigenheiten wird wohl noch für längere Zeit Wunschvorstellung bleiben.

Wie soll und kann eine CAD-bezogene Lern- und Instruktionsumgebung aussehen? Vorweggenommen muss dabei werden, dass Veränderungen an der Tagesordnung sind. Dies betrifft vor allem die Ausstattung (Hard- und Software), wobei sich die Frage stellt, ob beispielsweise der Unterricht in einem Pool (Klassenraum) mit „fremden" Computern eine optimale Umgebung der Aneignung darstellt. Zum Zeitpunkt des Erscheinens der ersten *Personal Computer* war die Preisgestaltung einer Anschaffung auf individueller Basis keinesfalls förderlich. An den Universitäten wurde z.B. in die Errichtung von Computerpools investiert, deren Nutzung möglichst vielen Anwendern zugute kommen sollte. Heutzutage stellt die Anschaffung von Hardware auf individueller Basis keine unüberwindbare Hürde dar: Immer mehr Anwender tragen ihre Ausstattung in Form von *Laptops* mit sich.

Das vorhandene Vorwissen einer Kursteilnehmerschaft ist ebenfalls nicht als eine unveränderliche Konstante anzusehen. Während der eine Teil sich womöglich langweilt, fühlt der andere sich maßlos überfordert. Nicht unberücksichtigt bleiben sollte auch, dass einschlägige Qualifikationen durchaus auf dem Wege der autodidaktischen Aneignung oder des angeleiteten Selbststudiums erworben werden können. Zudem gibt es die Möglichkeit, eine responsive Internetumgebung zu gestalten, wo Fragestellungen abgesetzt werden können und Personen, die sich dazu berufen fühlen bzw. dazu bestellt wurden, darauf antworten.

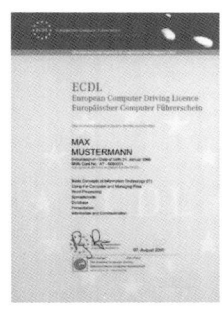

Doch auf welche Weise können und sollen die darauf aufbauenden CAAD-Instruktionen vermittelt werden? Obgleich es verlockend ist, lediglich ein Handbuch von A bis Z durchzuarbeiten, kann auf die Darlegung grundlegender Konzepte nicht verzichtet werden. Im Hinblick auf die Koordination von manueller und geistiger Tätigkeit erscheint die praktische Übung unabdingbar. Hier kann durchaus ein Vergleich zum Fahrschulunterricht gezogen werden, und interessanterweise wird europaweit der sog. „Computerführerschein" angeboten, welcher ein Basiswissen (Betriebssystem, Textverarbeitung, Tabellenkalkulation etc.) abdeckt. So wie es für Automobile, Lkw und Personenautobusse eigene Lenkerberechtigungen gibt, wird neuerdings der internationale CAD Qualifikationsnachweis („ECDL CAD") zertifiziert.

Da der Zugang zu Computeranlagen heutzutage für nahezu jeden Mittelschüler gegeben ist, sind zweifelsohne Veränderungen absehbar. Zwar scheint es manchem aufgrund der Nutzung dieser Anlagen so, als handle es sich bloß um eine interaktive Freizeitspielumgebung, doch werden im Zuge dieser Auseinandersetzung en passant wohl auch nützliche Erfahrungen in der praktischen Handhabung erworben. Verkrampfungen – so wie dies bei früheren Novizen der Fall war – sind hier kaum gegeben, und der Einstieg erfolgt zu einem frühen Zeitpunkt.

Es wird sich zeigen, auf welche Weise sich diese künftige Anwenderschaft zum gegebenen Zeitpunkt den Umgang mit CAAD aneignen wird.

Wir sind inzwischen ein wenig vom eingangs beschrittenen Pfad der „Geschichte" zugunsten allgemeiner Überlegungen abgekommen. Die massive Verbreitung von CAAD fand in den 90er Jahren statt. Die Goldgräberzeiten im Sinne von sich jährlich verdoppelnden Wachstumszahlen sind jedoch längst vorbei. Die Nutzer haben sich inzwischen für das eine oder andere CAD-Paket entschieden. Um sie zum Umstieg zu bewegen, braucht es „beinharte" Argumente. Welche spezifische Leistung bietet das alternative CAD-Paket an, und wie verhält sich dieses im Vergleich zu meinen jetzigen Arbeitsmöglichkeiten? Die sog. „Eier legende Wollmilchsau" stellt letztendlich ein gedankliches Konstrukt dar.

Die CAAD-Arbeitsumgebung und die daraus entstehenden Präsentationsergebnisse vermögen aufgrund der Darstellungsform alleine keine Faszination mehr herbeizuführen. Salopp gesagt: Eine als solche erkennbare Computerzeichnung reißt wohl kaum noch jemanden vom Hocker. Deshalb fand vielmehr eine Verlagerung in Richtung „Bilderzeugungsmechanismen" statt. Einschlägige Beispiele zur Generierung von Formen sind längst ausgiebig publiziert und werden nahezu kochbuchmäßig rezipiert. Das offenkundige Form-Inhalt-Dilemma lässt sich jedoch immer schwerer vertuschen. Die oftmals fehlende kritische Betrachtung möge auf dem Wege einer „Ethik der digitalen Darstellung" vermittelt werden. Auch wenn so mancher Architekturschaffende – spitz formuliert – an den heiligen Bleistift glaubt, wird doch die Wechselbeziehung zwischen Architekturentwurf und CAD-Einsatz in Zukunft intensiver werden und damit neue Maßstäbe setzen.

1.2 ArchiCAD: Entstehung und Entwicklungskontext

Der Vertrieb von ArchiCAD begann im Jahre 1984, und die Version 1.0 war für den Apple Macintosh Plus mit integriertem monochromen Bildschirm konzipiert. Die verfügbare Prozessorleistung betrug lediglich 8 Mhz. Das Unternehmen Graphisoft war zwei Jahre zuvor (1982) von Gábor Bojár und István Gábor Tari gegründet worden. Die Geschäftstätigkeit der beiden begann mit dem Bau eines Pocketkalkulators, was Bojár als die ungarische Tradition beschreibt, fehlende Computerressourcen durch Gehirnaktivität zu ersetzen. So nutzte ein eigens entwickeltes 3D-Modellierungsprogramm die Kalkulatorkapazität zur Gänze aus und stellte gewissermaßen die Urform der ArchiCAD Version 1.0 dar.

Bojár hatte Physik an der Eotvos Loránd Universität in Budapest studiert. Nach seinem Abschluss im Jahre 1973 übernahm er die Funktion des Chefprogrammierers am Geophysikalischen Institut dieser Universität, wo er u.a. Geländemodellierungssoftware entwickelte. Es war seine feste Überzeugung, dass dreidimensionale Darstellungen die Arbeitsbedingungen für Geophysiker wesentlich verbessern konnten. Zu diesem Zwecke nutzte er die unorthodoxe Methode der Konvertierung von bis dahin ausschließlich in tabellarischer Weise dargestellten Aufnahmen in 3D-Modelle. Die Ergebnisse stellten sowohl für die Anwender als auch für die Programmentwickler eine wichtige Inspirationsquelle dar. Im Jahre 1981 verließ Bojár diese Institutseinrichtung, wobei die einsetzende Liberalisierung der ungarischen Wirtschaft auslösender Faktor war. Als nächstes folgte ein Projekt für die dreidimensionale Modellierung des Pipelinesystems für das Atomkraftwerk in Paks. Nach dessen Beendigung wurde beschlossen, eine Marktnische hinsichtlich kostengünstiger 3D-Modellierung zu explorieren. Dies stellt den eigentlichen Ausgangspunkt für die architekturbezogene Software-Entwicklung dar.

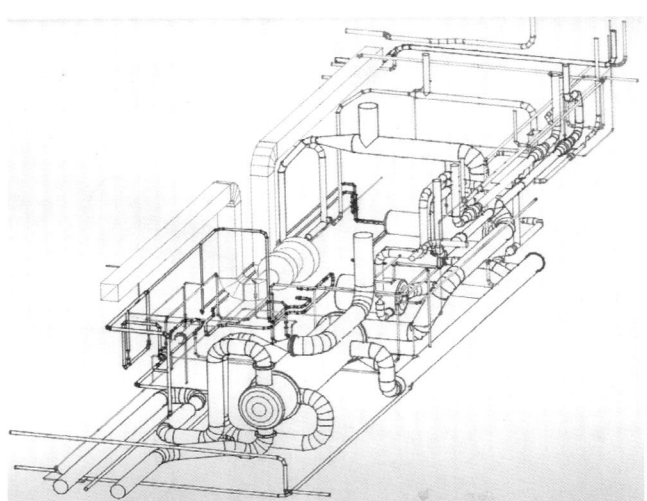
Abb. 1.10 Modelliertes Pipelinesystem des Atomkraftwerkes in Paks

Ganz so einfach war es nicht, ein neues Produkt an den Mann zu bringen. Nach etlichen Versuchen, Kooperationspartner zu gewinnen, fanden sich *Graphisoft* und *Apple*, und so wurde ArchiCAD für den *Apple Macintosh-Computer* entwickelt. In weiterer Folge gelang es, zehn bzw. vier Lizenzen an ein italienisches resp. deutsches Unternehmen zu verkaufen. Hinsichtlich CAD-Software für das Apple Macintosh Betriebssystem erreichte Graphisoft bereits im Jahre 1988 in Europa eine führende Stellung. Es folgte eine weitreichende Expansion in den 90er Jahren, wie die Gründung von Niederlassungen außerhalb Ungarns zeigt. Wurde bis zum Jahre 1993 ausschließlich Software für das *Apple-Betriebssystem* entwickelt, folgte nun die Freigabe von ArchiCAD unter *MSWindows*. Inzwischen wuchsen die Anwenderzahlen stetig: 1994 waren es 15.000, 1996 schon 25.000. Kurz darauf bot ArchiCAD wohl als erstes CAD-Paket die Möglichkeit zur direkten Erzeugung von QuicktimeVR-Szenen an. Einen weiteren Meilenstein stellte die seit dem Jahre 1997 verfügbare ArchiCAD-for-TeamWork-Version dar. Zu diesem Zeitpunkt waren weltweit bereits 40.000 ArchiCAD-Anwender registriert.

Abb. 1.11a-e Graphisoft: „Historische Aufnahmen"

Obgleich einstweilen die 100.000er-Marke überschritten wurde, ist ein Ende des Wachstums noch nicht in Sicht, was als ein bemerkenswertes Ergebnis für eine Zeitspanne von zwei Jahrzehnten gewertet werden kann.

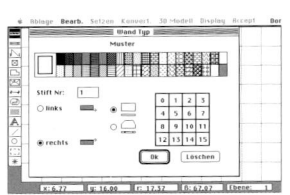

Neben der kommerziellen *Vollversion* wird ArchiCAD in einer *Schulversion* geführt. Darüber hinaus wird eine kostengünstige *Studentenversion* mit kleineren Einschränkungen (vor allem im Bereich des Datenexports) angeboten, die punkto Kompatibilität mit der Schulversion abgestimmt ist. Das bedeutet, dass ArchiCAD-Dokumente aus der Studentenversion mit der Schulversion geöffnet werden können. ArchiCAD ist multiplattformfähig, die Mac- bzw. PC-seitigen Versionen sind einander ebenbürtig. Auch eine ArchiCAD-Version 7 für das Betriebssystem MacOS X stand den Nutzern rasch zur Verfügung.

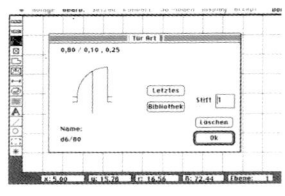

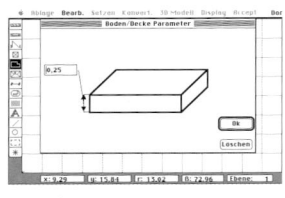

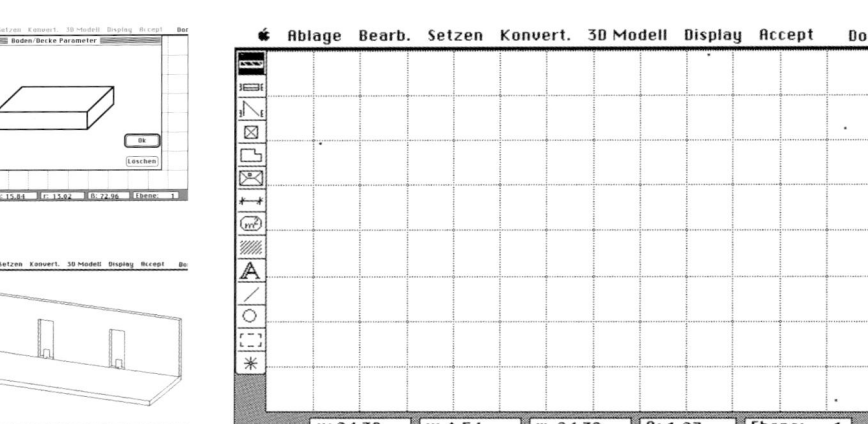

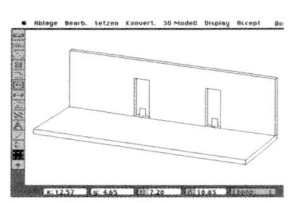

Abb. 1.12 ArchiCAD-Nostalgie: Version 1.0

Es werden heutzutage mehrere CAD-Softwarepakete unterschiedlicher Hersteller angeboten. Vorherrschend ist Autocad, in Kombination mit Anwendungen von Drittherstellern, deckt im Gegensatz zu früheren ArchiCAD-Versionen eine Überbreite an möglichen Einsatzgebieten ab.

- ArchiCAD 1.0: „Die Revolution am Macintosh Plus" Erstes objekt- und elementorientiertes CAD-Programm, vom Konzept her nur für Architekten.
- ArchiCAD 3.0/3.11/3.4/3.43: „Erstes brauchbares CAD-Programm für Architekten." – Auch für die Planung von großen Projekten.
- ArchiCAD 4.0/4.1/4.12: „Das Virtuelle Gebäude-Konzept entwickelt sich." – Neue Layerverwaltung, Höhen- und Schnittkotenwerkzeuge, neue Dachkonstruktionsmethoden, Animation, überarbeitetes Bibliothekenkonzept.
- ArchiCAD 4.5/4.55: „Viele neue Werkzeuge." – Scrollbars, eigene Schnitt-/Ansichtenfenster, Polykurven, Lichtquellen, Polygone, Infobox.
- ArchiCAD 5.0/5.1: „Visualisierung ist alles!" – QTVR, TextureMapping, Teamwork-Werkzeuge.
- ArchiCAD 6.0: „Lokale Programmversionen, Grafikwerkzeuge" – 2D-Boolesche Operationen, dynamische Schnitte und Ansichten, API, Splines, Raumstempel, Bogenwände, maßstabsabhängige Objektsymbole.
- ArchiCAD 6.5: „Arbeiten im 3D" – Automatische Kotierung, Realobjekte, Ellipsen, nachvollziehbare Flächenberechnung, Unterzug- und Bildwerkzeug, Raumzone, XREFs.
- ArchiCAD 7: „Workflow Management" – Project Publisher, Stapelverarbeitung, 3D-Favoriten, Fachwerke, automatischer 3D-Raster, interaktive Massenlisten, Favoriten, Hotlink-Module.
- ArchiCAD 8/8.1: „Speed" – Project Navigator, interaktive Elementlisten, solid modelling, 3D-Boolesche Operationen, Layout-Buch.
- ArchiCAD 9: „Konsolidierung – Zeit sparen!" – Überarbeitung der Benutzerführung (eigene, frei gestaltbare Benutzerumgebungen), Lightworks RenderEngine, Symbolleisten auch für Mac-Version, neue, erweiterte Datentausch-Engine (drag & drop von DWG-Dateien), direkte Ausgabe von *.PDF, flächensensitiver Cursor

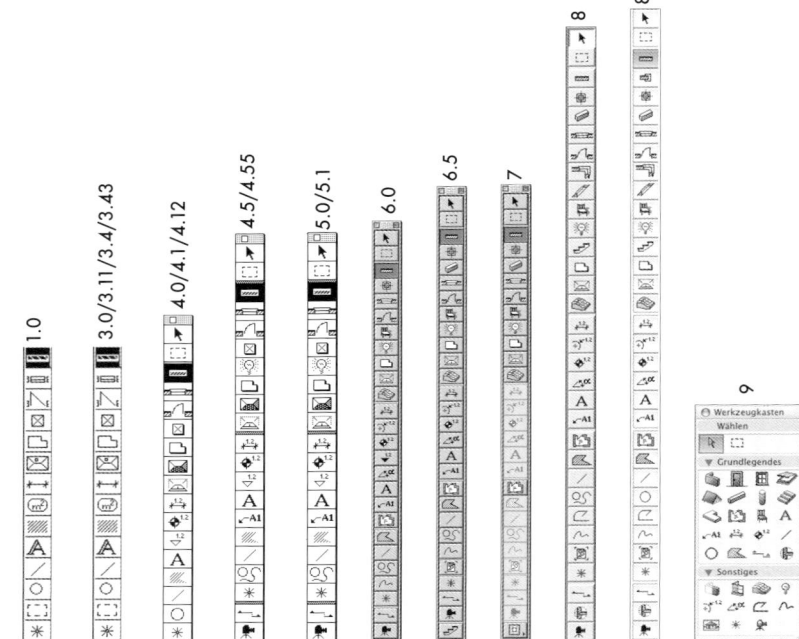

Abb. 1.13 Entwicklung der Werkzeugpalette in aufeinander folgenden ArchiCAD-Versionen

Im Gegensatz zu ArchiCAD deckt Autocad eine Überbreite an möglichen Einsatzgebieten ab, wobei das zu einem frühen Zeitpunkt entwickelte interne DXF-Austauschformat beinahe zur Norm wurde. Interessanterweise kam die 2D-Software TopCAD – ebenfalls von Graphisoft entwickelt – zu spät auf den Markt, da Autocad Standardprogramm für 2D-Zeichenarbeiten geworden war. Angesichts der harten Konkurrenz ist es allzu verständlich, dass jeder Hersteller die besonderen Stärken seines CAD-Softwareproduktes hervorzuheben und weiterzuentwickeln versucht.

Bei ArchiCAD ist dies das Konzept des „Virtuellen Gebäudes". Auf der Basis der damit verbundenen GDL-Technologie wird eine objektorientierte Arbeitsweise ermöglicht. Um welche Art von Objekten handelt es sich dabei? Es sind dies u.a. Gebäudeteile (z.B. Türen und Fenster) und Ausstattungsgegenstände. Damit ist jedoch das Feld der Entwicklungsmöglichkeiten keinesfalls erschöpfend dargelegt. Obgleich die ArchiCAD-Sprache diese Bezeichnung nicht kennt, könnte man hier von „Makros" sprechen. Einmal bearbeiten und mehrmals nutzen, heißt die Devise. Dieses Procedere bedeutet nicht, dass die nachfolgende Nutzung haargenau gleich aussehen muss, denn die Parametrisierbarkeit stellt eine wichtige Eigenschaft dar. So kann ein bestimmtes Fenster mit den Abmessungen 100 x 170 cm dimensioniert sein, dasselbe Objekt aber, an einer anderen Stelle eingesetzt, dort die Abmessungen 115 x 165 cm aufweisen. Das Fensterobjekt wird also mit den neu gewählten Parametern in das ArchiCAD-Dokument referenziert. Auf diese Weise kann das Dokument kompakt bleiben: Bei einer z.B. zwanzigmaligen Verwendung wird bloß zwanzig Mal referenziert und nicht zwanzigfach die gesamte Geometrie eingesetzt. Überdies benötigt das GDL-Format ohnehin etwa zehn Mal weniger Speicherplatz als das DXF-Austauschformat und dies bei einer wesentlich höheren Informationsdichte.

Zentraler Begriff in der ArchiCAD-Produktphilosophie ist, wie bereits erwähnt, das Konzept des *Virtuellen Gebäudes*. Das Augenmerk richtet sich nicht allein auf die Erzeugung von technischen Zeichnungen und bildhaften Darstellungen, sondern auch auf die dahinter stehende Informationsproduktion in Form einer strukturierten Projektdatenbank. Prinzipiell soll dadurch der gesamte Lebenszyklus eines Gebäudes abgedeckt werden – also von der Entwurfsplanung über die bauliche Realisierung bis hin zur Nutzung und letztlich, wie traurig dies auch klingen mag, zum Abriss. Dazu wird der Zugriff auf eine Fülle von auf das digitale Gebäudemodell bezogenen Informationen in all seinen Entwicklungsstadien ermöglicht.

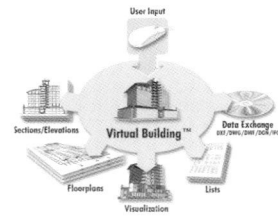

Im Zuge der anwenderorientierten Produktentwicklung von ArchiCAD kristallisierte sich nach und nach heraus, dass es nicht nur nützlich ist, mittels digitaler Strichzeichnungen Planungsabläufe zu vollziehen, sondern dass es durchaus vorteilhaft erscheint, die der Bauausführung vorgelagerten Planungsstadien in unterstützender Weise mit der letztendlichen Errichtung abzustimmen. So war es in früheren ArchiCAD-Versionen noch nicht möglich, die eingegebenen Bauelemente in allen Eingabefenstern (Schnitt-, Ansicht- und 3D-Fenster) dynamisch miteinander zu verknüpfen. Durch die nunmehr vorhandene Möglichkeit der (automatischen) Generierung bzw. Aktualisierung von z.B. Ansichten wird nicht nur der Arbeitsaufwand reduziert, sondern auch eine potenzielle Fehlerquelle während der Korrektur- und Überarbeitungsphase ausgeschaltet.

Wann soll CAD im Zuge der Entwurfsplanung sinnvollerweise zum Einsatz gelangen? Eine skizzenhafte Vorgangsweise kann am ehesten mittels eines Eingabetabletts realisiert werden. Die Computermaus erscheint für eine solche Tätigkeit nicht besonders geeignet. Ausgedehntes Arbeiten am digitalen Computermodell schließt aber keineswegs den Umgang mit analogem Zeichenwerkzeug und Papier aus. Ganz im Gegenteil: Die Idee des papierlosen Büros gleicht vielmehr einer trügerischen Fiktion.

Das Konzept des Virtuellen Gebäudes wird erst seit der ArchiCAD-Version 4.0 intensiv verfolgt. Davor konzentrierte man sich in der Softwareentwicklung vordergründig auf elementorientiertes Modellieren. Bis zu diesem Zeitpunkt war z.B. ein Schnitt außerhalb des eigentlichen Projektdokumentes – also isoliert – abzuspeichern. Das erklärte Ziel besteht nunmehr darin, sämtliche planungs- und gebäuderelevanten Informationen in einer zentralen Projektdatei zu verwalten. In der Folge können je nach Bedarf Auszüge in jeder erdenklichen Filterung (Ausschnitt-Set) aus der ArchiCAD-Projektdatenbank generiert werden. Dies beinhaltet im Übrigen sowohl die Erstellung von Bauplänen und Plandokumentationen in Form von projektbezogenen Planbüchern (Layoutbook) als auch die Datennachnutzung im Rahmen einer Gebäudeverwaltung.

Facility Management (FM) ist als Aufgabengebiet eines Architektur- und Planungsbüros neben den klassischen Betätigungsfeldern im Vormarsch. Dabei handelt es sich vor allem um die spezifische Aufbereitung von CAD-Daten. Die im virtuellen Gebäudemodell verwalteten Raumdaten können über den mit „Intelligenz" ausgestatteten ArchiCAD-Raumstempel direkt in das Softwarepaket *ArchiFM* übernommen und dort in einer SQL- oder Oracle-Datenbank verwaltet werden. Dabei ist die Verknüpfung von grafischen und alphanumerischen Informationen gewährleistet.

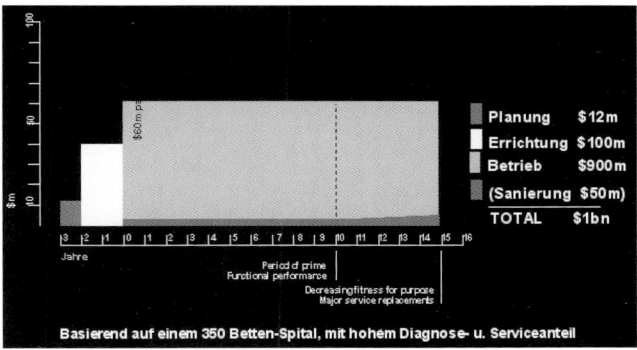

Abb. 1.14 Gebäudelebenszyklus mit Kosten- und Zeitachse (John Mitchell, Graphisoft)

Betreiber von Gebäuden haben erkannt, dass die neuerliche Erstellung von Daten nach Abschluss der Bauarbeiten zum einen kostspielig ist und zum anderen in weiten Bereichen schon geleistet wurde. Dies erklärt das verstärkte Interesse an FM-tauglichen Datenstrukturen. Der Wunsch, auf diese Daten direkt zugreifen zu können und diese gegebenenfalls direkt durch den Planer mit zusätzlichen Informationen erweitern zu lassen, ist damit nachvollziehbar. Zu beachten ist dabei aber auch, dass grundsätzlich jeder in computergestützter Weise erstellte Bauplan übernommen werden kann, jedoch der Informationsgehalt für die jeweilige FM-Nutzung im Vergleich zu ArchiCAD deutlich geringer ist.

Die Geometrie reicht letztlich nicht aus, was die Notwendigkeit einer nachträglichen Anreicherung um erweiterte Informationen zur Folge hat.

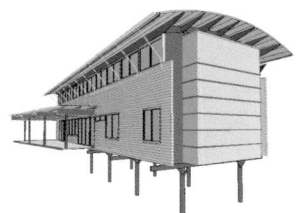  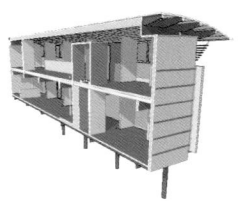

Abb. 1.15 Beispiel einer zerlegbaren Holzriegelkonstruktion

Die Möglichkeit, von Anbeginn an dreidimensional arbeiten zu können, wurde bereits angesprochen. Es verwundert daher, dass eine nicht unbeträchtliche Zahl von ArchiCAD-Anwendern sich auf die Technik des zweidimensionalen Durchzeichnens beschränkt. Dies hängt wohl auch damit zusammen, dass klassische Zeichenvorgänge von einer orthogonalen Darstellung dominiert werden. Die dritte Dimension ist bei ArchiCAD dennoch von vornherein miteinbezogen, und es kann daher nach Belieben im 3D- oder im Grundrissfenster eingegeben werden. Ebenso können im Grundrissfenster erstellte Eingaben nachträglich im 3D-Fenster bearbeitet werden.

Enttäuschend mag für manche vielleicht sein, dass ArchiCAD sich nicht primär als reines Visualisierungswerkzeug präsentiert. Ohne an dieser Stelle Produkte namentlich nennen zu wollen, sind zweifellos Konkurrenzprodukte vorhanden, die in Richtung fotorealistischer Darstellung weitaus mehr zu leisten im Stande sind. Es stellt sich aber die Frage, ob die damit erzeugbare Realitätsdarstellung in jedem Fall notwendig oder gar zielführend ist. Ganz im Gegenteil: Eine abstrahierte Darstellung kann im Zuge der Vermittlung mitunter gute Dienste leisten.

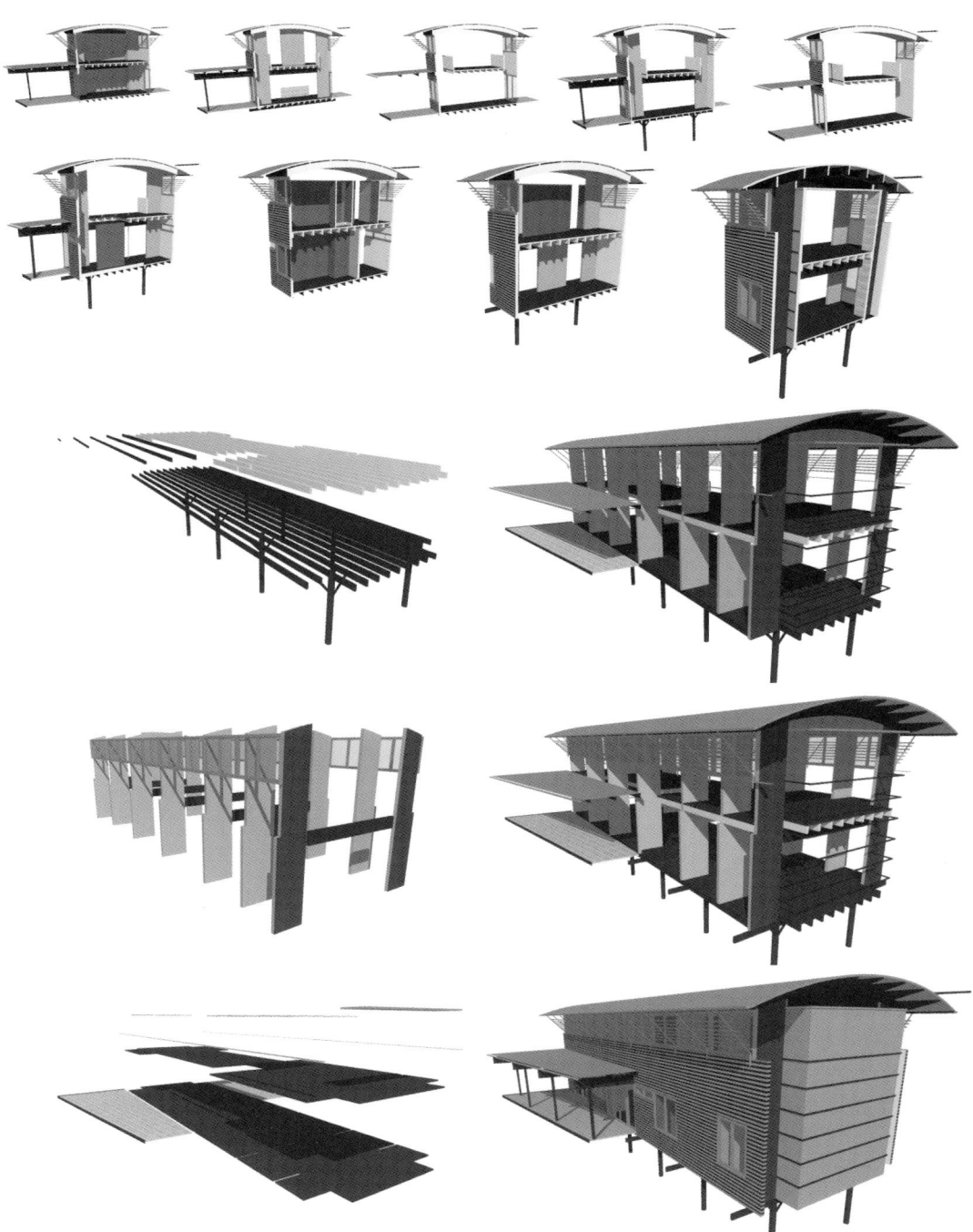

Abb. 1.16 Komponenten der Zerlegung

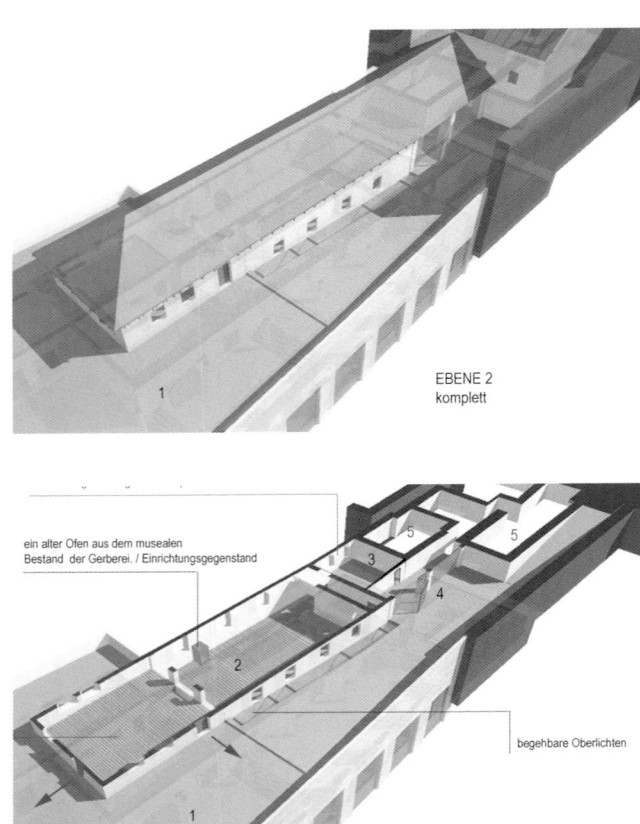
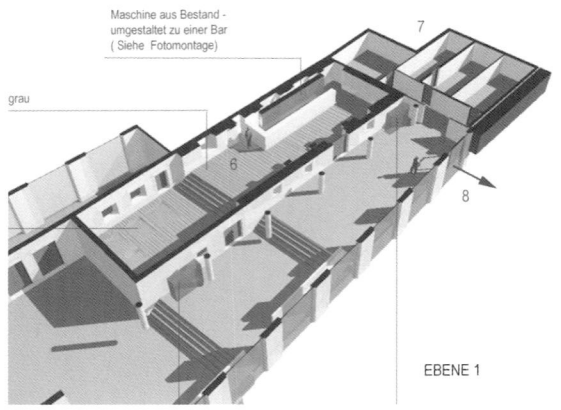

Abb. 1.17a-c Beispiele einer abstrahierten Visualisierung

Die Frage „Warum überhaupt ArchiCAD?" kann durchaus als Provokation aufgefasst werden: Bei der Beantwortung muss man wohl den „leichten Einstieg" erwähnen und im gleichen Atemzug auch auf die Entwicklungsmöglichkeiten für fortgeschrittene Anwender hinweisen. Dies stellt für einen Allrounder im Dienste der Architekturschaffenden einen wahren Spagat dar. Die Bezeichnung „architektengerechtes Produkt" ist nicht als bloßer Werbeslogan zu verstehen. Die dem Ganzen zu Grunde liegende Idee besteht darin, eine Symbolsprache zu verwenden, die sich auf das Bauwesen bezieht. Das bedeutet, dass Werkzeuge wie z.B. „Wand", „Decke" und „Dach" von Beginn an eine virtuelle Baustelle schaffen. Hat ein ArchiCAD-Novize einmal das Programm gestartet, so entsteht auf dieser Baustelle alsbald ein Häuschen. In der Tat ist es nicht schwierig, vier Wände aufzustellen, Öffnungen einzuschneiden, Türen und Fenster einzusetzen. Nach Anwendung der Werkzeuge Decke und Dach erscheint im Handumdrehen eine erste dreidimensionale Darstellung auf dem Bildschirm. Das Erfolgserlebnis stellt sich also rasch ein, obzwar nur die wenigsten Anwender anstreben werden, als „einfache Häuslbauer" durchs Leben zu gehen.

Die Implementierung von fachspezifischen Bedürfnissen in der ArchiCAD-Benutzeroberfläche kann somit als ein wesentlicher Vorzug gewertet werden. Damit einher geht eine generell intuitive Benutzerführung und die Unterstützung des Eingabefortschrittes mittels teilweiser Automatisierung wie (halb-)automatische Bemaßung oder Massenermittlung bzw. Erstellung einer Wandabwicklung. Die Arbeitsvorgänge werden durch eine Reihe von Möglichkeiten effizient unterstützt, so z.B. durch den „intelligenten" Cursor, der auf die bereits eingegebenen Bauteile reagiert und zur exakten Positionierung von Bauteilen wirkungsvoll beiträgt. Auch die Option des Multiplizierens von (geometrischen) Elementen ist in diesem Zusammenhang hervorzuheben. Ein plakatives

Beispiel stellt die Friedhofsanlage San Cataldo in Modena (Architekt Aldo Rossi) dar. Hier wäre diese Option außerordentlich nützlich gewesen, handelt es sich doch um eine Fassadengestaltung mit einer Vielzahl von wiederholten Einschnitten über gleich bleibende Achsmaße. Wenige Mausklicks reichen letztlich aus, um dieses Ziel zu erreichen.

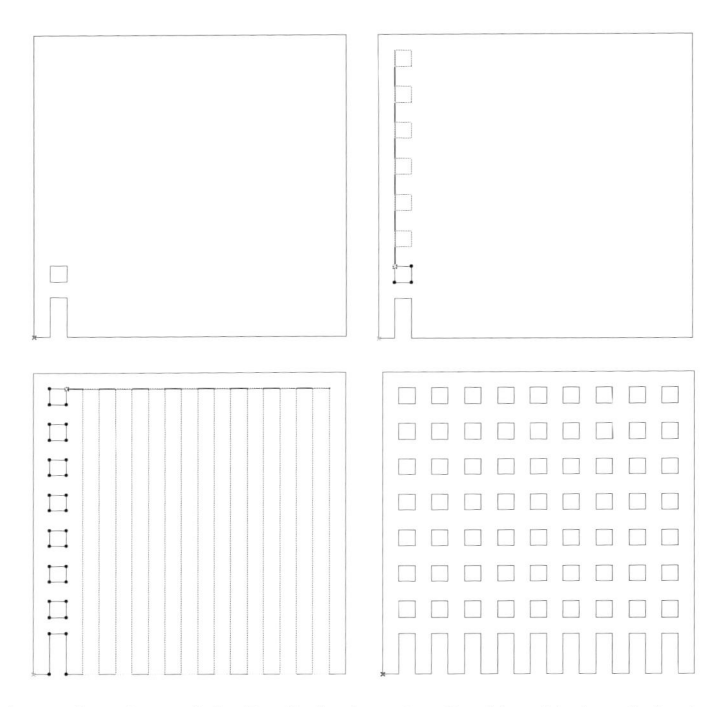

Abb. 1.18a-d „Multiplizieren" am Beispiel der Friedhofsanlage San Cataldo – Modena (Italien)

2. ArchiCAD als intelligente Arbeitsumgebung

Nachdem im ersten Kapitel der Kontext des CAAD erörtert wurde und anschließend die globale Entwicklungsgeschichte von ArchiCAD Gegenstand der Betrachtung war, wird das Augenmerk nun auf die spezifischen Arbeitsmöglichkeiten gelegt. Sieht man sich in den „CAD-Küchen" der verschiedenen Architekturbüros um, so stellt man rasch fest, dass sich ein bedeutender Teil der Informationsproduktion nach wie vor auf die „traditionell" ausgeführte zweidimensionale Zeichenart (elektronischer Natur) beschränkt. Doch ArchiCAD ist zu weitaus mehr im Stande, was hier in Appetit anregender Manier aufgezeigt werden soll. Die Idee des durchgängigen Datenbogens mit Bezug auf das dreidimensionale Gebäudemodell wird an Hand des Umgangs mit Auswertungen ausgeführt. Das Adjektiv „intelligent" mag ein wenig prahlerisch anmuten. In der Tat wird es allzu oft marktschreierisch eingesetzt – wohl auch teilweise im falsch verstandenen Diskurs rund um „Intelligent Buildings". Dennoch sollte es mehr als ein leicht haftendes Klebeetikett sein. „Intelligenz" bezieht sich in diesem Zusammenhang auf die transportierten Informationen, z.B. durch „automatische Aktualisierung", d.h. Anpassung an einen sich verändernden Produktstand. Diese kann ohne problemlos mittels der GDL-Objekttechnologie in einer netzwerkgestützten Umgebung (z.B. Internet) erfolgen. Durch die Erzeugung von „eigenen" GDL-Objekten (Bibliothekselementen) oder den Umgang mit der TeamWork-Option kann überdies ein beträchtlicher Nutzen erzielt werden. In mancher Hinsicht weist die digitale Projekt- und Dokumentorganisation Defizite auf. Auch hier scheint ein kulinarischer Vergleich passend: Viele Köche verderben den Brei. Aus diesem Grund wird der Ebenen- und Geschoßverwaltung eingehend Aufmerksamkeit geschenkt.

2.1 Modellieren mit unterschiedlichen Werkzeugen

Der ArchiCAD-Novize wird fürs Erste mit dem Angebot an Standardwerkzeugen (Wand, Decke und Dach) das Auslangen finden. Die rasch zustande gekommenen Ergebnisse werden ihn zu weiterführender Auseinandersetzung motivieren. In der Tat sind diese Modellierungswerkzeuge intuitiv aufbereitet, doch laufen sie Gefahr, als „Häuslbauersoftware" eingestuft zu werden. Eine solche Kategorisierung tut den grundlegenden Modellierungsmöglichkeiten erheblich Unrecht. Es ist daher an dieser Stelle der vielleicht etwas provokante Leitsatz einzubringen: „Im Prinzip ist alles mittels ArchiCAD modellierbar." Dennoch geben Nutzer einer orthogonalen Formensprache, die mit planen Flächen arbeitet, von Haus aus den Vorzug. Das frisch gestartete ArchiCAD zeigt zunächst ein Blanko-Zeichnungsdokument in Form eines leeren X-Y-Z-Raumes. Jede Aktivität, welche von nun an mittels Eingabe sichtbar wird, erscheint in einer Draufsicht am Bildschirm. Windschiefe Flächen sind in diesem Fenster (Draufsicht) schwer kontrollierbar, doch ein zusätzliches 2D-Schnittfenster leistet in einer solchen Konstellation nützliche Hilfestellung.

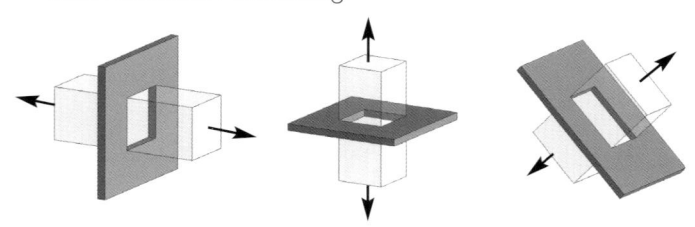

Abb. 2.1 Funktionsschemata Wand-Decke-Dach

Solange im gegenständlichen Entwurf keine doppelt gekrümmten Flächen oder ähnliche Gestaltungen mit einer hohen räumlichen Komplexität vorkommen, ist es für gewöhnlich nicht notwendig, auf die integrierte GDL-Technologie bzw. -Programmierung zurückzugreifen. Liebhaber haben von Anfang an die Möglichkeit, mittels der GDL-Sprache ihre 3D-Modelle auf die Beine zu stellen. Doch über das diesbezügliche „Wie und Was" später mehr.

Abb. 2.2 Erstellung einer kurvenreichen Wand

Beliebige Linienzüge (Ellipsen, Splines, Bögen, Freihandlinien etc.) können in Wände bzw. Mauern und Decken umgewandelt werden und zu durchwegs kurvenreichen Grundrisskonfigurationen führen. Überdies sind Wandformationen mit unregelmäßiger Stärke möglich.

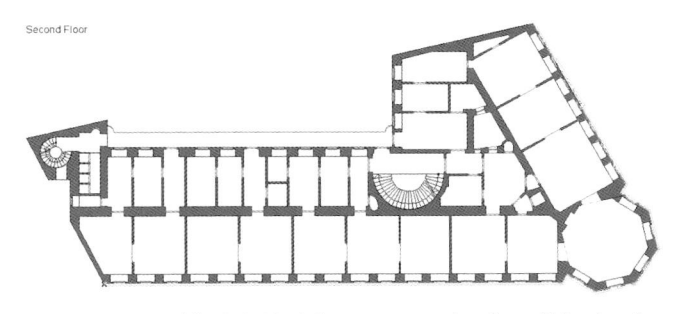

Abb. 2.3 Modellierung unregelmäßiger Wandstärken

Der Wunsch, möglichst nahe am Schaffensprozess zu sein, und zwar in Form einer virtuellen Baustelle, führte dazu, dass ArchiCAD zum Beispiel eine „Wand" als Eingabe mittels des Wandwerkzeuges favorisiert. Das Besondere an diesem Werkzeug sind die verschiedenen bereits vordefinierten Wandaufbauten. Anwenderseitig können eigens definierte Aufbauten hinzugefügt werden.

Würde man anstatt des Wandwerkzeuges eine „Decke" einsetzen (mit einer geschoßhohen Stärke von 250 cm!), mag zwar das Ergebnis am Bildschirm ähnlich aussehen, doch ist es nun nicht mehr möglich, in diesem wandähnlichen Körper Fenster und Türen einzusetzen. Ebenfalls wäre es möglich, das Werkzeug „Wand" für Deckenkonstruktionen einzusetzen. Dies hätte aber zur Folge, dass keine beliebigen Öffnungen (ohne zusätzliche Bool'sche-Operationen) eingeschnitten werden können. Der erfahrene Benutzer hat natürlich so seine Tricks parat: Er/sie würde die Wand zunächst – in gewohnter Weise – vertikal aufstellen, danach Fensteröffnungen einschneiden resp. in der Folge diese Wand in einer horizontalen Ansicht als Objekt abspeichern und einsetzen. Allerdings bedeutet dies einen erheblichen Aufwand in der Eingabe. Weiß man um diese Spezifika der Standardwerkzeuge Bescheid und benötigt man bestimmte Eigenschaften zeitweise nicht, bleibt es einem unbenommen, Experimente durchzuführen.

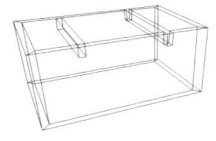

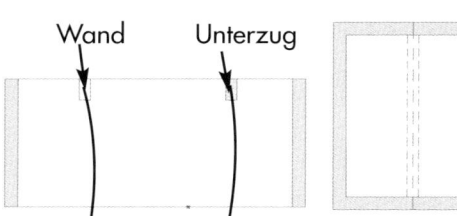

Abb. 2.4 Unterzug- vs. Wandwerkzeug: scheinbare visuelle Gleichheit bei unterschiedlicher Datenlage

Element-type	Story	Layer	User-ID	Librarypart	Width	Height	Surface	Volume
WALL								
	1st. floor	Exterior walls	wall-001		30 cm	300 cm	13.16 m2	3.68 m3
	1st. floor	Exterior walls	wall-002		30 cm	300 cm	20.41 m2	5.85 m3
	1st. floor	Exterior walls	wall-003		30 cm	300 cm	13.16 m2	3.68 m3
	1st. floor	Exterior walls	wall-004		30 cm	300 cm	20.41 m2	5.85 m3
	1st. floor	Beams	wall-005		25 cm	50 cm	1.89 m2	0.47 m3
WALLS	1st. floor total						69.03 m2	19.53 m3
WALLS	all stories total						69.03 m2	19.53 m3
BEAM								
	1st. floor	Beams	Beam-001		25 cm	50 cm	1.89 m2	0.47 m3
BEAMS	1st. floor total						1.89 m2	0.47 m3
BEAMS	all stories total						1.89 m2	0.47 m3

Darüber hinaus ist es möglich und sinnvoll, mit den Standardwerkzeugen „Decke" und „Dach" größenmäßige Sprünge vorzunehmen. So können damit auch Einrichtungsgegenstände problemlos modelliert werden. Eine mit dem Deckenwerkzeug hergestellte Tischplatte nutzt dann eine Stärke von z.B. 14 mm.

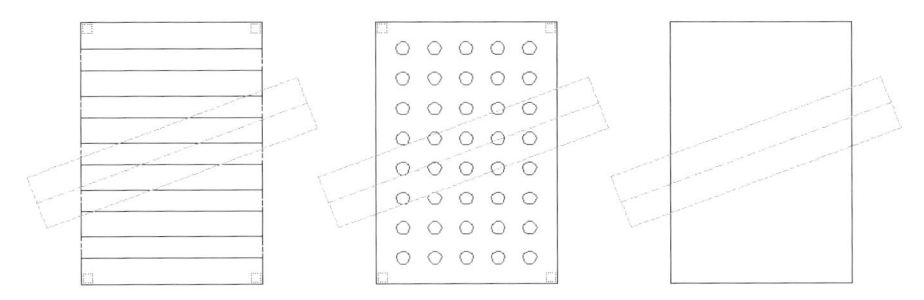

Abb. 2.5a-d Modellierung einer Tischkonstruktion mit unterschiedlichen Werkzeugen

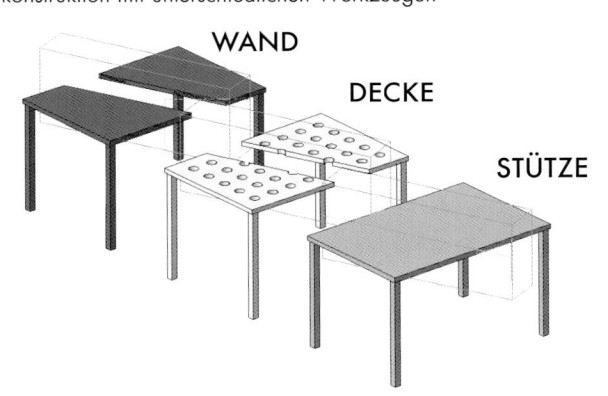

Oder für einen städtebaulichen Bebauungsplan werden bauliche Volumina ebenso – wenn auch mit gänzlich anderen Materialstärken – modelliert. So wird unter Umständen ein Häuserblock mit dem Werkzeug „Wand" erstellt, welche nunmehr eine Stärke von z.B. 8 m einnimmt. Es stellt sich dabei die Frage, ob in der Projekt- bzw. Dokumentgröße eigentlich Grenzen gegeben sind. Diese sind durch die verfügbare Hardwareausstattung bedingt, da insbesondere bei umfangreichen Projekten der Bildschirmaufbau entsprechend länger dauert.

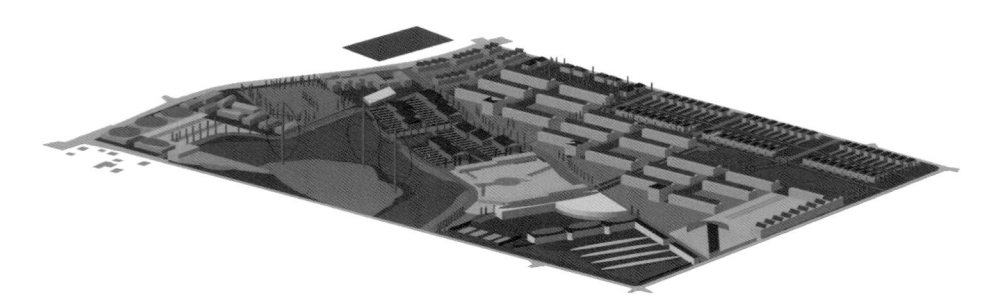

Abb. 2.6 Bebauungsplan Aspern: Modellierung mit Standardwerkzeugen

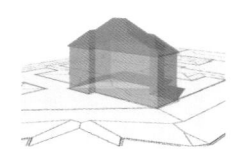

Ebenso wie sprichwörtlich mehrere Wege nach Rom führen, gibt es oft mehr als nur eine einzige Möglichkeit, um zur Modellierung einer bestimmten Formenkonstellation zu gelangen. Allerdings ergeben sich mitunter wesentliche Unterschiede im jeweiligen Arbeitsaufwand.

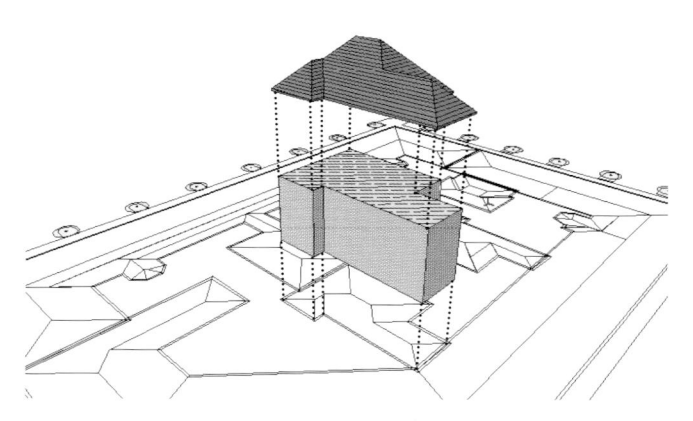

Abb. 2.7 Stadträumlich modellieren

Abschließend ist in diesem Zusammenhang festzuhalten, dass die in den Standardwerkzeugen zur Verfügung gestellte Funktionalität den Anforderungen des durchschnittlichen Anwenders gewöhnlich entspricht.

2.2 Umgang mit GDL-Objekttechnologie

Das Basiskonzept der ersten ArchiCAD-Version beinhaltete bereits eine für 1984 revolutionäre Option: Teile des digitalen Modells konnten in Form von fertigen Ausschnitten („Bibliothekselemente" oder „Objekte" genannt) an einer beliebigen Stelle im gleichen oder auch in einem anderen Projektdokument genutzt werden. Allein schon die Überlegung, *Objekte* bloß einmal erstellen zu müssen, um sie danach mehrfach zu verwenden, erregte Aufsehen. Die Möglichkeit der Parametrisierung, mit der die Gestalt des Objektes überdies noch verändert werden konnte, stellte in diesem Zusammenhang die eigentliche Novität dar. Bis auf die Parametrisierung ähnelte ein solcher Ablauf der traditionellen Arbeit mit Zeichenschablonen, anhand derer z.B. Einrichtungsgegenstände und andere Symbole in die Plandarstellung integriert wurden. Speziell bei technischen Einrichtungen wurden in den späten achtziger und frühen neunziger Jahren Klebeschablonen verwendet. Diese Vorgangsweise konnte nun durch mitgelieferte oder auch selbst erstellte „Bibliothekselemente" komfortabel Verwendung finden, wodurch auch die hohen Kosten der Klebefolien wegfielen.

Die sprachlich etwas irreführende Bezeichnung einer (Objekt-)*Bibliothek* ist wohl vor allem aus einer historischen Perspektive erklärbar. Es geht dennoch nicht um die Sammlung von Büchern, sondern von Objekten. In der praktischen Nutzung hat der ArchiCAD-Anwender gewiss keine größere Schwierigkeit zu verstehen, was eigentlich mit „Bibliothekselementen" gemeint ist.

Die Entwicklung der ArchiCAD-internen Sprache (GDL – Geometric Description Language) ist eine Erfolgsgeschichte. Zu den bedeutenden Vorteilen von GDL gehört neben der offen gelegten Programmiersprache („open source") auch die kompakte Dateigröße.

Die Fähigkeit zur Parametrisierung von Objekten, welche mittels GDL entwickelt wurden, stellt im Vergleich zu anderen Objektformaten (ARX, O2C, OFM etc.) eine Besonderheit dar. Dies schließt nicht nur die geometrische Konstellation, sondern auch die Definition unterschiedlicher Material- und Farbeigenschaften resp. wählbarer Optionen ein. Überdies können weitere nicht geometrische Angaben bzw. funktionelle Eigenschaften über die GDL-Scriptsprache, die in ihren Grundzügen der Basic-Computersprache gleicht, programmiert werden.

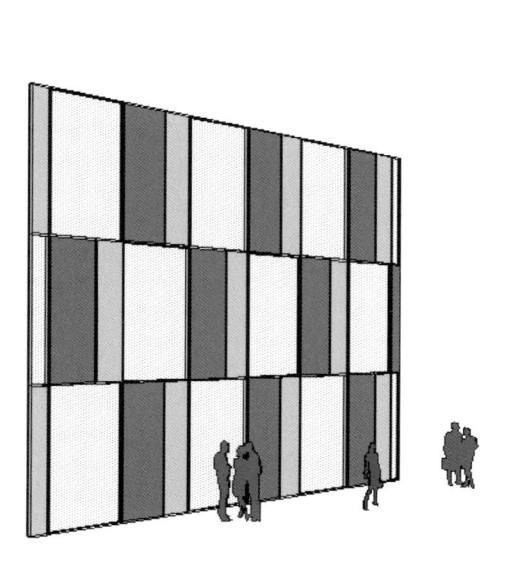

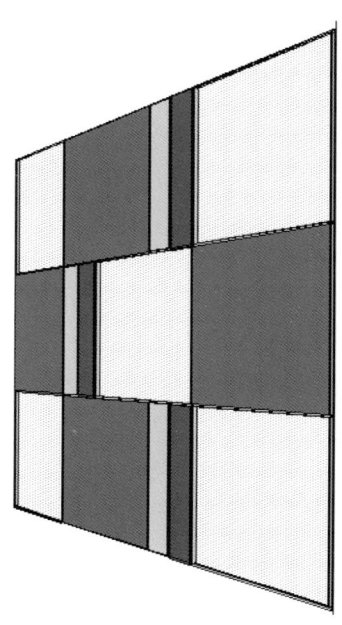

Die Standardwerkzeuge stellen eigentlich eine spezielle GDL-Form dar. Genauso gut könnte der Anwender ein Objekt erstellen und dieses als „Wand" bezeichnen. Sollte jedoch auch die Funktionalität des bestehenden Wandwerkzeuges Nachahmung finden, wäre dies mit einem Programmierungsaufwand in Form von GDL-scripting verbunden. Doch an dieser Stelle kommen fachspezifische Eigenheiten der Architekturbranche zum Tragen. Der Umstand, dass Gegenstände wie Mathematik und Darstellende Geometrie aus manchen Studienplänen so gut wie vollständig eliminiert wurden, kann eine Erklärung dafür liefern, warum Affinität zum Programmieren sich in Grenzen hält.

Eine lapidare „Begründung" läge darin, dass eine solche Beschäftigung womöglich (schlummernde) künstlerische Fähigkeiten in deren Entwicklung nachhaltig bremsen könnte. Die hier skizzierte Situation hinsichtlich des Umgangs mit einer Programmierungssprache stellt wohl auch einen der Hauptgründe dar, warum lange Zeit tunlichst vermieden wurde, überhaupt von GDL-Objekten zu sprechen. Das GDL-scripting ist unnötigerweise von einem Mythos umgeben. Die damit einhergehende Scheu erscheint von der jetzigen Absolventengeneration überwunden. Das „GDL Cookbook" von David Nicholson-Cole ist diesbezüglich als ein wichtiges Handbuch zu betrachten und enthält aufbauende Übungen.

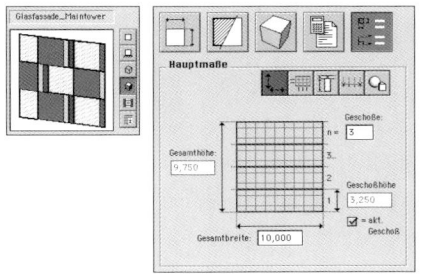

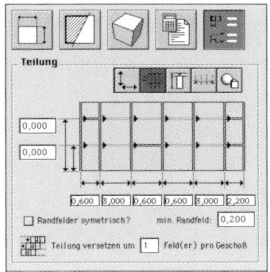

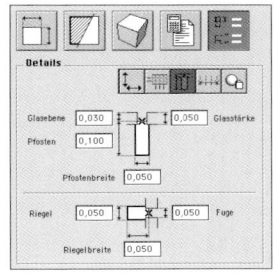

Abb. 2.8 GDL-Objekt für ein Fassadensystem – Dialogfenster (Ergebnis: siehe Seite 44)

Waren (GDL-)Objekte in den frühen ArchiCAD-Versionen als Planungshilfe in Form von Fenstern, Türen und Einrichtungen konzipiert, so wurden sie immer mehr zu zentralen Informationsträgern. Das diesbezügliche Angebot ist im Wachsen begriffen. Einerseits gibt es die „neutralen", geometrie-orientierten Objekte, die sich sehr wohl auch auf konkrete Bauprodukte beziehen können, jedoch nicht das jeweilige Lieferspektrum (Produktspezifikationen) transportieren. So beinhaltet ein Fenster neben der maßstabsabhängigen Plansymbolik sämtliche geometrisch relevanten Informationen (Stock, Rahmen, Sonnenschutz etc.) und kann in seinen äußeren Abmessungen jede beliebige Dimension annehmen.

Das bedeutet, dass auch unrealistische Werte wie z.B. 30 x 30 Meter große Glasflächen eingegeben werden können. Andererseits wurde Mitte der neunziger Jahre vom Distributor A-Null (Wien) erstmalig der Begriff der sog. „Realobjekte" geprägt. Es handelt sich hierbei um GDL-Objekte, welche herstellerspezifische Produkteigenschaften mitführen. Es erfolgt zu diesem Zwecke eine penible Anpassung an die Vorgaben des jeweiligen Herstellers: Nur solche Einstellungen sind in Parameterfenstern erfasst, die auch tatsächlich vom Hersteller geliefert werden können. Dies schließt im Übrigen neben der geometrischen Durchbildung auch Beschaffenheiten (Farben, Materialien etc.) bzw. nicht geometrische Parameter ein, welche beispielsweise eine spezifische Leistung (Gewicht, Bestellcode usw.) betreffen. Dass logische Abhängigkeiten einzelner Parameter untereinander verknüpft werden, stellt in diesem Zusammenhang einen besonderen Vorteil für den Anwender dar, der dadurch in seiner planenden Tätigkeit professioneller agieren kann.

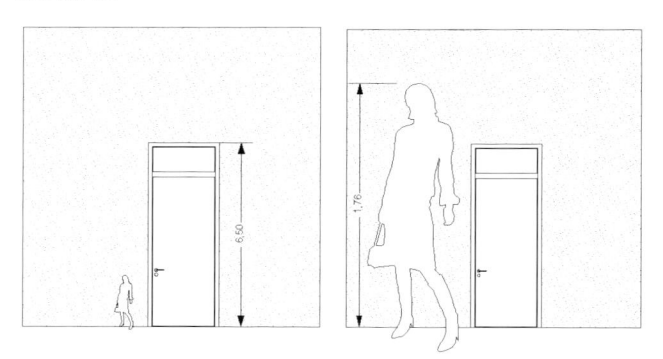

Abb. 2.9 Beispiele von sog. „Irrealobjekten"

GDL-Objekte können nicht nur zwischen den verschiedenen ArchiCAD-Versionsnummern (aufwärtskompatibel), sondern auch zwischen den Versionstypen (Voll-, Schul- und Studentenversion) problemlos ausgetauscht werden. Darüber hinaus stehen zum Zwecke der Nutzung in einer anderen Umgebung – also außerhalb der ArchiCAD-Programmstruktur – nachfolgende Hilfsprodukte zur Verfügung:

■ Der *GDL Object Publisher* ist ein Werkzeug zur Veröffentlichung umfangreicher GDL-Objektbibliotheken in Form von HTML-Seiten. Die Wiedergabe erfolgt in einem Standard-Internetbrowser (Internet Explorer und Netscape Navigator für Mac/PC). Zu diesem Zweck wurde ein kostenfreier GDL Object Web-plugin (Webcontrol) entwickelt. Die Betrachtungsstandpunkte können beliebiger Natur sein. Dabei werden die Objekte nicht bloß angezeigt, sondern auch parametrisiert. Mittels „drag and drop" kann das aktuelle GDL-Objekt aus dem geöffneten Browserfenster direkt in das ebenfalls geöffnete Projektdokument (ab ArchiCAD-Version 7) eingefügt werden.

- *GDL Object Explorer* (nur für PC) heißt jenes Werkzeug zur Konvertierung von GDL-Bibliotheken in gängigen (CAD-)Formaten, wie u.a. IFC 2.0, Art.lantis Render, DXF, DWG, DGN, 3D Studio, Lightscape, VRML, SVF, Wavefront.

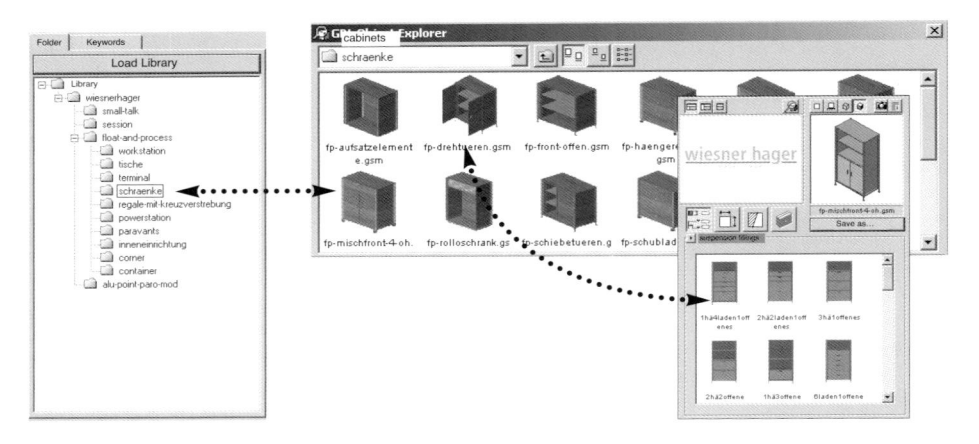

- Autocad-Anwender können GDL-Objekte mit dem *GDL Object Adapter* (nur für PC) importieren. Diese ARX-Applikation gewährleistet die vollständige Integration der GDL-Objekte, also ohne Verlust der parametrischen Eigenschaften. Der Einsatz erfolgt in der 2D- oder 3D-Arbeitsfläche von Autocad.

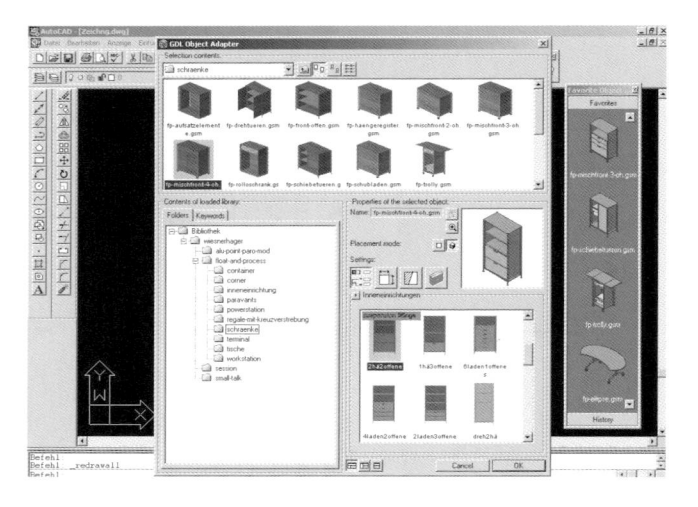

Diese Hilfsprodukte unterstützen die Verbreitung der GDL-Objekttechnologie und machen zum Teil von einer Verknüpfung mit der Netzwerktechnologie (Internet) Gebrauch. Abschließend gilt es, darauf hinzuweisen, dass die Art und Weise, wie der Anwender GDL-Objekte bedient, eng mit den Benutzerschnittstellen (sog. „GUI's" oder „Graphical User Interfaces") zusammenhängt. Das diesbezügliche Potenzial erscheint noch nicht erschöpft, zumal bei komplexen GDL-Objekten mit einer Vielzahl von Parametern das bestehende Eingabefenster für eine effiziente Verwendung nicht optimiert ist.

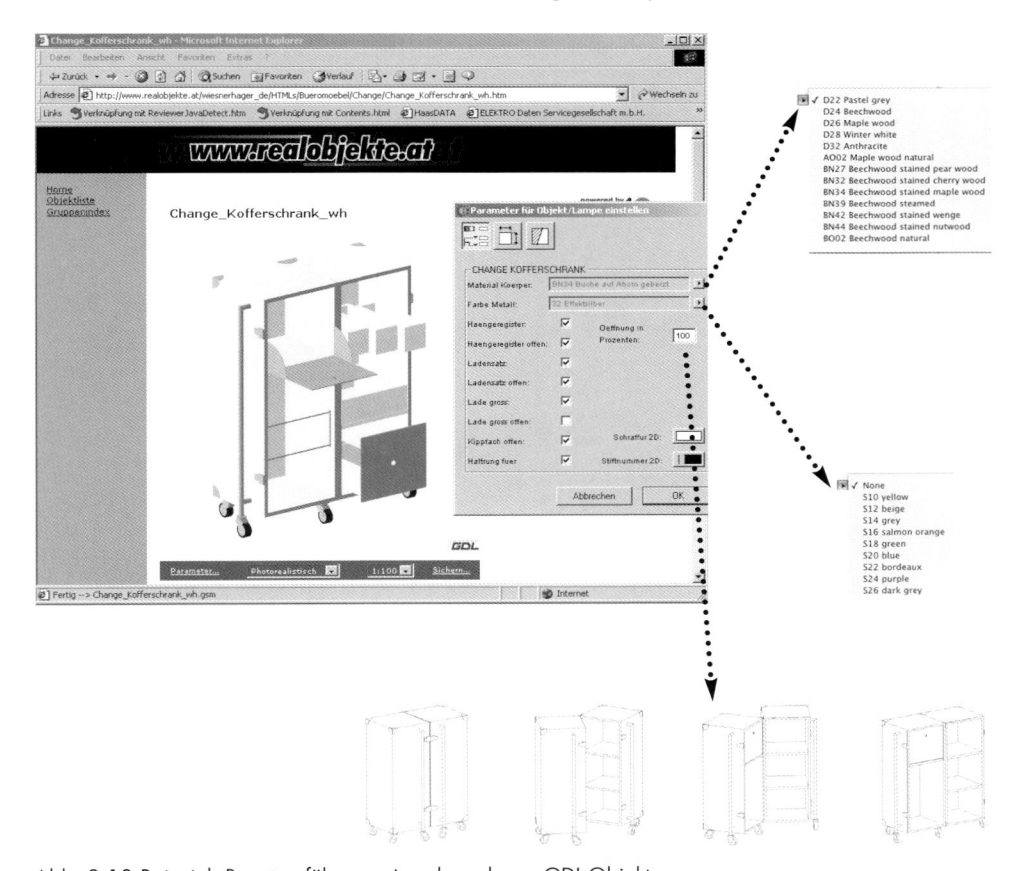

Abb. 2.10 Beispiel: Benutzerführung eines komplexen GDL-Objektes

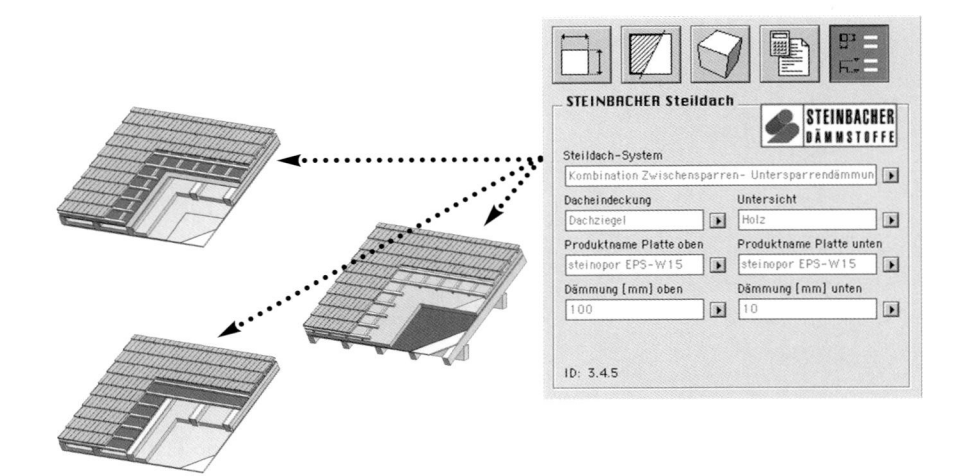

Abb. 2.11 Beispiel: Objektvarianten einer Dachkonstruktion

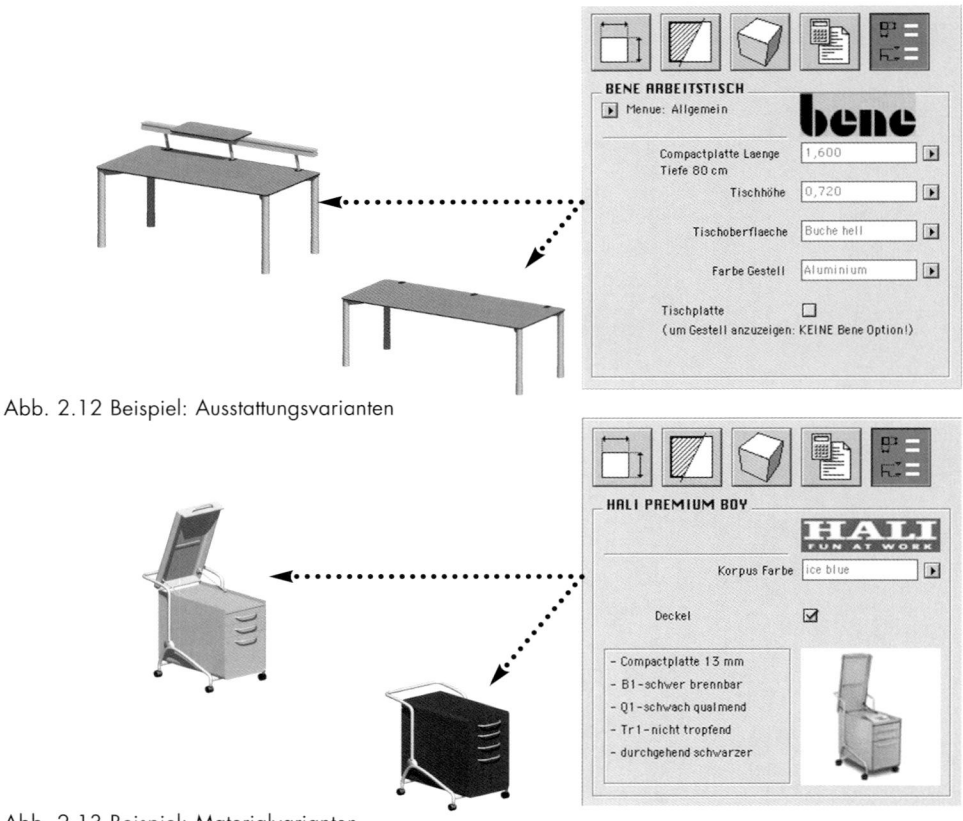

Abb. 2.12 Beispiel: Ausstattungsvarianten

Abb. 2.13 Beispiel: Materialvarianten

2.2.1 Standardbibliothek und Erweiterungen

Zum Lieferumfang der ArchiCAD-Lizenz gehört die sog. „Standardbibliothek". Es handelt sich dabei um eine Art Grundausstattung, die in mehrere Kategorien (Einrichtung, Türen, Fenster, Bauelemente, Texturen, Elektrosymbole, Planzeichen etc.) gegliedert ist und insgesamt an die 1.000 GDL-Objekte enthält. Zu den meistgenutzten Objekten aus der Standardbibliothek gehören Sanitärobjekte, einflügelige Fenster und Einflügeltüren, Sessel und Tische sowie (Schiedel-)Kamine.

■ Berühmt – oder gar berüchtigt – sind inzwischen die junge GDL-Frau im roten GDL-Kleid und der GDL-Mann mit dem weißen GDL-T-Shirt und GDL-Jeans (optional im GDL-Rollstuhl) geworden.

Macht es Sinn, überflüssige, also niemals genutzte Objekte zu entfernen? Wohl kaum, denn GDL-Objekte sind kompakt, und die Standardbibliothek (einschließlich der Texturen) nimmt lediglich 70 MB Speicherplatz ein.

Zur Erweiterung der Standardbibliothek wird die elfteilige „Graphisoft Collection" auf CD-ROM angeboten. Auch wenn die Zusammenstellung dieser Sammlung teilweise etwas zufällig anmutet („The best of"), so handelt es sich doch um eine nützliche Ergänzung zur Basisausstattung. Es besteht keinesfalls die Verpflichtung, das gesamte Angebot auf einmal anzuschaffen. Am meisten genutzt sind: *People and More*, *Architectural Accessories*, *Texture Library und Office* und *Business Library*.

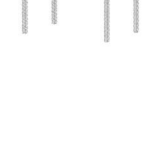

Diesem Angebot, welches die Standardbibliothek kräftig erweiterte, lag die Absicht einer ideellen Verbreiterung der GDL-Objekttechnologie zu Grunde:

- *Texture Library* besteht aus mehr als 2.800 Oberflächentexturen im sog. „TIFF-Format".

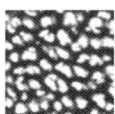

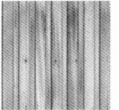

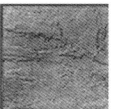

- *M.A.D. Design* stellt eine Kollektion von 50 GDL-Objekten für das europäische Küchendesign dar. Die moderne Dekorsammlung umfasst überdies 46 (weitere) GDL-Objekte (Leuchten, Geschirr, Rechner, TV-Geräte usw.).

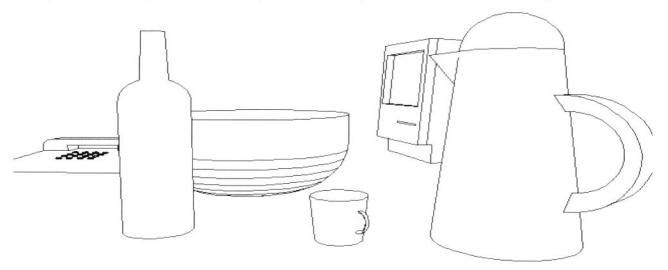

- *People and More* besteht aus über 180 GDL-Objekten und enthält menschliche Gestalten, Tiere, Bäume, Blumen, Autos, Lkw, Boote und Flugzeuge.

- *Architectural Accessories* bietet ca. 90 GDL-Objekte in Form von Zäunen, Vorhängen, Rollos, Dachrinnen, Geländern, Ballustraden, Schornsteinkappen, Blumenbehältern u.v.m. an.

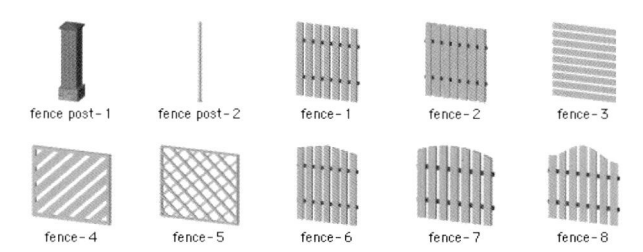

- *Garden Works* vermittelt in vereinfachter Form eine naturgetreue Modellierung von über 40 Bäumen. Der Bereich „Garden Library" enthält weiters 50 GDL-Objekte wie z.B. Gartenmöbel aus Holz und Eisen, diverse Gartengeräte, Spielplatzausstattungen, Schwimmbecken und sogar spezielle Garten- und Wandleuchten.

- *Hoshino Residential Library* stellt über 150 GDL-Objekte bei, wie z.B. Badezimmerausstattung, Elektrogeräte, Zäune, Bäume bzw. spezielle Möbel für Wohnzimmer und Küche.

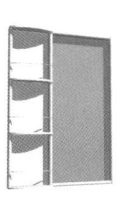

- *Lamp World Library* umfasst 110 verschiedene Leuchten, welche in fotorealistischen Szenen eingesetzt werden können.

CE-01	CE-02	CE-03	CE-04	CE-05
CE-06	CE-07	CE-08	CE-09	CE-10

- *Office and Business Library* vermittelt eine breite Palette (insgesamt 300 GDL-Objekte) bestehend aus Büromobiliar und Ausstattungselementen, Einrichtungsgegenständen für Restaurants, Beleuchtungskörpern, Hintergrundbildern usw.

Bench2	Bench2_table	Bench3	Bench3_table	Bench4
Bench4_table	Counter	Panel_disp	Roundtable1	Roundtable2

- *Construction Equipment Library* unterstützt die Planung einer Baustelleneinrichtung und umfasst Gerüste, Baucontainer, 2D-Baustellensymbole, Baustellenfahrzeuge und etliches mehr (53 GDL-Objekte und 16 Texturen).

Balustrade	Canopy_1	Canopy_2	Elevator	Ladder
Railing	Support Mesh_1	Support Mesh_2	Suspended Scaffold	Tubular Scaffold

■ *Street and Traffic Library* konzentriert sich mit mehr als 200 GDL-Objekten auf die Straßengestaltung, Autos und andere Fahrzeuge, Straßenschilder und öffentliche Spielplatzeinrichtungen.

■ *Furniture of Alvar Aalto* bietet Möbelgestaltung in Form von 99 GDL-Objekten an.

■ *Furniture of Gerrit Rietveld* vermittelt das von ihm entwickelte Mobiliar in Form von 21 GDL-Objekten.

Mit einer Ausweitung der Sammlung unter der Schirmherrschaft von Graphisoft muss derzeit nicht gerechnet werden, gibt es doch längst „Third-Party-Developers". So bietet beispielsweise die Schweizer Firma ArchiMedia eine CD-ROM namens „Tree Library" an (umfasst über 70 Bäume und Sträucher in verschiedenen Detailgraden).

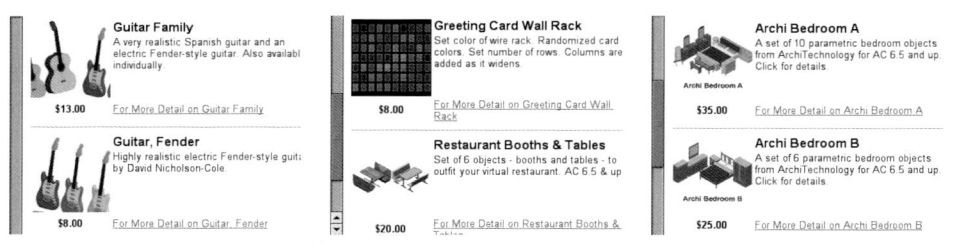

Abb. 2.14 Auswahl aus dem vielfältigen Angebot von „objectsonline"

Wenn man ein ganz bestimmtes GDL-Objekt sucht, stellt das Webportal http://www.objectsonline.com eine interessante Lösung dar, zumal Objekte einzeln aus einem umfangreichen Angebot erworben werden können.

2.2.2 Eigenerstellung von GDL-Objekten

Mit der individuellen Erstellung von Objekten ist eine potenzielle Verbesserung der Arbeitsabläufe verbunden. Gerade in der Replikation von Zeichnungsteilen (bzw. Planausschnitten) wird die Effektivität einer CAD-gestützten Planung besonders deutlich. Es ist von erheblichem Vorteil, einmal gezeichnete GDL-Objekte als Symbol oder Detail einsetzen zu können, da ein mehrfach verwendetes GDL-Objekt bei Planungsänderungen nur ein Mal adjustiert werden muss. Jede Mehrfachverwendung wird damit automatisch und ohne weiteres Zutun des Anwenders aktualisiert. Dies wiederum erspart nicht nur Arbeitszeit, sondern stellt auch sicher, dass kein zu änderndes Detail übersehen wird.

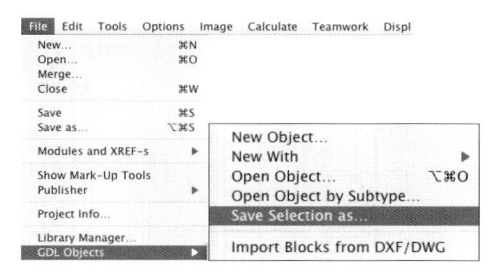

Abb. 2.15 Grundrisszeichnung und das „speziell gesicherte" Plansymbol (2D)

Dennoch ist nicht nur das vollumfänglich programmierte GDL-Objekt im Stande, den Planungsalltag zu erleichtern. Seit der ArchiCAD-Version 5.0 hat sich die Erstellung von „eigenen" – also vom Anwender angefertigten – Objekten wesentlich vereinfacht. So wird ein bestimmter Zeichnungsausschnitt markiert und danach im Menu „Speziell sichern" als ArchiCAD-Objekt gespeichert. Das auf diese Weise erzeugte Objekt kann im gleichen oder in einem beliebigen anderen Projektdokument so oft wie gewünscht nachgenutzt werden. Die jeweilige Position der enthaltenen Elemente verändert sich bei dieser Vorgangsweise nicht, insbesondere auch der Bezug zur Z-Achse.

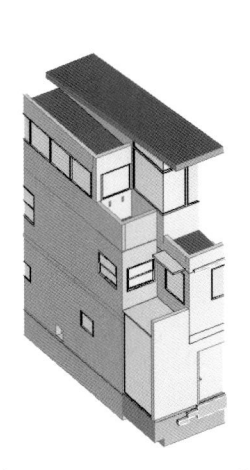

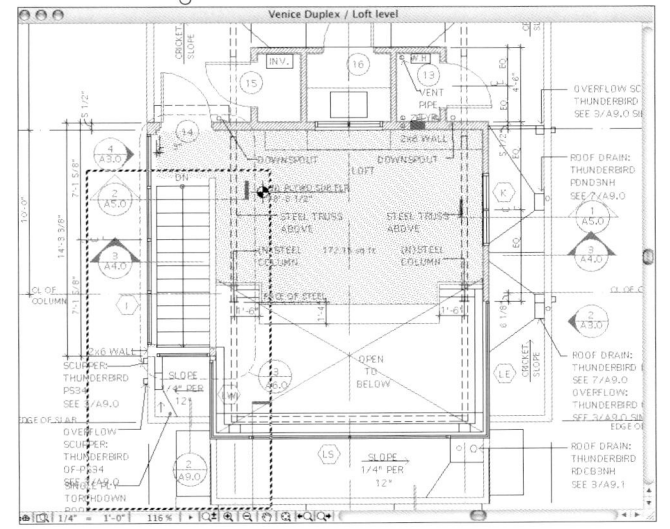

Abb 2.16 Erzeugung eines Objektes (3D) aus einem Teilbereich des Projektes

Stellen wir uns eine wellenförmige Wand vor, die um 90 Grad im Raum gedreht werden soll und in der Folge z.B. als Dachkonstruktion genutzt wird. Hier soll sich der Bezug zur Z-Achse sehr wohl ändern. Es ist nun zuerst notwendig, sich in das 3D-Fenster zu begeben und eine entsprechende Ansicht zu wählen. Welche? Jene Ansicht – oder besser: die künftige Draufsicht –, welche aufscheinen soll, wenn das fertige Objekt eingesetzt wird. Der Menübefehl „Ablage/GDL-Objekte/Projekt sichern als" schaltet allerdings nur dann den Modus Objekt/Tür/Fenster bzw. das GSM-Format frei, wenn das 3D-Fenster im Vordergrund liegt. Mit wenigen Schritten ist es also grundsätzlich möglich, „einfache" Objekte zu erzeugen.

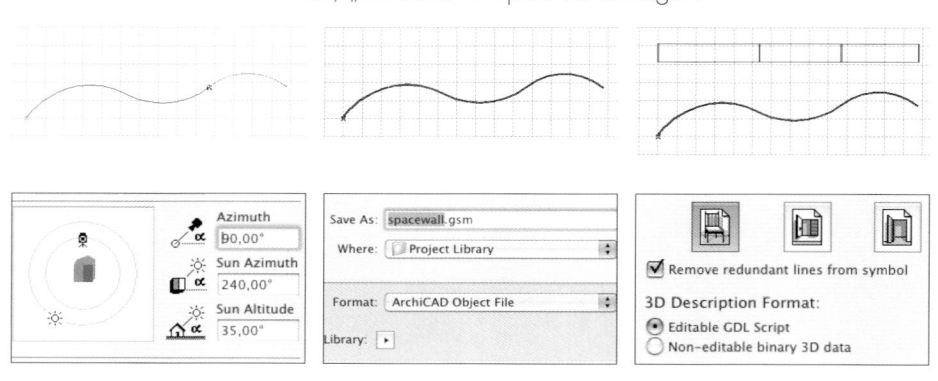

Abb. 2.17a-f Erforderliche Arbeitsschritte zur Erstellung eines wellenförmigen Daches

Mit „einfachen" Objekten ist aber auch gemeint, dass die eingebetteten Parameter bloß eine proportionale Vergrößerung bzw. Verkleinerung der im jeweiligen Objekt enthaltenen Elemente zulassen. Das bedeutet, dass z.B. die Konstruktionsstärke ebenso proportional mitwächst, wenn das Maß der gewellten Fläche doppelt so groß eingestellt wird. Diese hier skizzierte Vorgangsweise zur Objekterstellung basiert auf einer grafischen Konstruktion und würde es erfordern, Spielräume mittels einer Abänderung des GDL-Scripts nachträglich neu zu definieren.

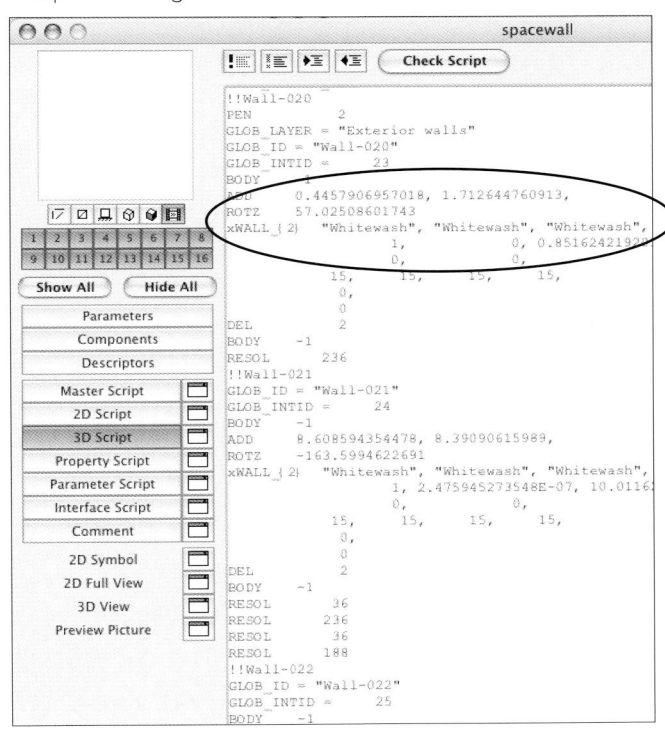

Abb. 2.18 Auszug aus dem zugehörigen – automatisch erstellten – GDL-Script (siehe Abb. 2.17)

Bislang wurde davon ausgegangen, dass bloß in einer einzigen Generation GDL-Objekte erzeugt werden. Ein GDL-Objekt kann jedoch zusammen mit weiteren geometrischen Elementen und/oder anderen GDL-Objekten wiederum als GDL-Objekt abgespeichert werden.

In dieser Mutter-Tochter-Situation ist es erforderlich, dass das Mutterobjekt archiviert wird. Insbesondere bei einer größeren Zahl an GDL-Objekten kann das zu Unübersichtlichkeit und Fehlbeständen führen.

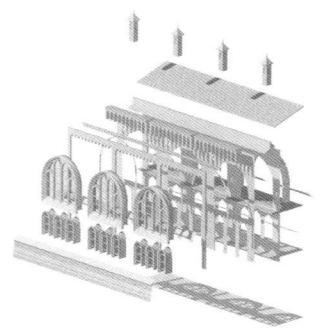

Abb. 2.19 Beispiel einer „Objekt-in-Objekt"-Situation

In diesem Zusammenhang erscheint es daher von großer Bedeutung, dass der Weg zu den „Ursprüngen" nicht abgeschnitten wird. Eine weitere Erörterung dieser Problematik erfolgt an Hand des Umganges mit Modulen im anschließenden Kapitel.

2.2.3 Planungsunterstützung durch GDL-Realobjekte

Betritt man ein Architekturbüro, so geht man meist an ausgedehnten Regalwänden entlang, die große Mengen an Produktdokumentationen enthalten. Abgesehen von der Tatsache, dass hier nur ausgewählte Produkte gesammelt werden, stellt sich das Problem der wirkungsvollen Erschließung. Mitarbeiter stützen sich im Fall des Falles auf die eigene Erinnerung oder Hinweise von Bürokollegen. Weitaus schwieriger ist die Lage hinsichtlich der Veralterung der Produktkollektion. Für die Produzenten sind die Katalogerstellung und der Versand mit immensen Kosten verbunden. Die Produktion einer CD-ROM kann hier sicherlich bedeutende Einsparungen bringen, doch auch dieses Medium hat ein „Ablaufdatum".

Nicht vergessen werden sollte, dass eine gewisse Form der Präsenz – in welcher Art auch immer – von den Herstellern als wichtig betrachtet wird.

Es gibt demnach schlagende Argumente für die Produktion von (GDL-basierten) Online-Bauproduktkatalogen. Eine Aktualisierung kann des Öfteren stattfinden, ohne allzu hohe Kosten zu verursachen. Überdies können auch interessante Schlüsse aus dem Nutzerverhalten gezogen werden. Ein Bauprodukt mit X Parametern und Y Variationen beschreibt eine Fülle von realen Erzeugnissen. Das bedeutet, dass z.B. ein im ArchiCAD-Modell genutztes Objekt das tatsächlich vorhandene Typenangebot berücksichtigt.

Die sog. „GDL-Alliance" ist eine unabhängige, weltweit tätige Plattform, welche sich zum Ziel gesetzt hat, GDL-Entwickler, Bauprodukthersteller und (CAD-)Softwareentwickler zusammenzuführen. Im Jahre 2000 wurde die Firma *GDL-Technology* (Budapest, Ungarn) gegründet, um Bauprodukte und Anwendungsunterstützung umfassend und kundenspezifisch anzupassen. Darüber hinaus werden von der Firma *LaserCAD* (Schweden) bzw. von der Firma *A-Null* (Österreich) Unternehmen betreut, die ihr Warenangebot nunmehr auch in Form von GDL-Produktkatalogen anbieten.

Die Erstellung eines GDL-Katalogs für Realobjekte erfordert zunächst die digitale Umsetzung von geometrischen Aspekten und Optionen des physischen Bauelementes. Des Weiteren werden sämtliche lieferbaren Varianten und deren spezifischen Logik der Verknüpfung erfasst.

Es handelt sich hierbei um Eigenschaften wie z.B. Artikelnummer, Bestellcode, Gewicht, Volumen, Herstellerinformation, Einbaubeschreibung etc. Für Verwaltung (und Wartung!) von Realobjekten bietet diese Vorgangsweise den Vorteil, dass diese Daten bei Veränderungen des zu Grunde liegenden Produktes zentral aktualisiert werden können. Die Änderung einer logischen Verknüpfung im Script des programmierten Objektes kann die Freigabe von weiteren Produktvarianten bedeuten oder umgekehrt die verfügbare Angebotspalette reduzieren.

Wie viele Bauprodukthersteller weltweit tätig sind, wurde bislang nicht genau erfasst. Eine präzise Schätzung abgeben zu wollen, wäre riskant, jedoch muss wohl von einer sechsstelligen Zahl ausgegangen werden. Welche Gebäudekomponenten scheinen besonders für die hier dargelegte Form der interaktiven Planungsunterstützung prädestiniert zu sein? Sinnvollerweise „alles", was in einer Plandarstellung im Maßstab 1:50 dargestellt wird, d.h. (Möbel-)Einrichtung, Fassadensysteme, Sanitärausstattung, Elemente der Haustechnik etc.

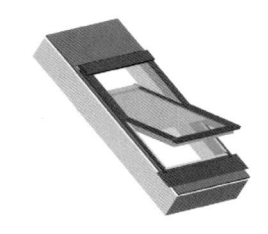

■ *Velux*, ein Hersteller von Dachflächenfenstern, gehört zu den Pionieren im Bereich der GDL-Realobjekte. Waren die Realobjekte der ersten Objektgeneration noch unmittelbar an die ArchiCAD-Bibliothek gebunden, so hat durch die Entwicklung der GDL-Werkzeuge in den letzten zwei Jahren ein wahrer Boom in der parallelen Verfügbarkeit solcher Objekte (und zwar in einer internetbasierten Form) eingesetzt.

Velux benutzt inzwischen die vierte Generation seiner Gebäudekomponenten, die eine Gesamtzahl von an die hundert nach Größen und Produktnamen sortierten Einzelfenstern umfasst und aus lediglich acht verschiedenen GDL-Objekten besteht. Abgedeckt werden damit über hundert verschiedene Produktvarianten. Nicht mitgerechnet sind dabei die unterschiedlichen Materialfarben, welche in allen möglichen Kombinationen mit einzelnen Dachflächenfenstertypen geliefert werden können.

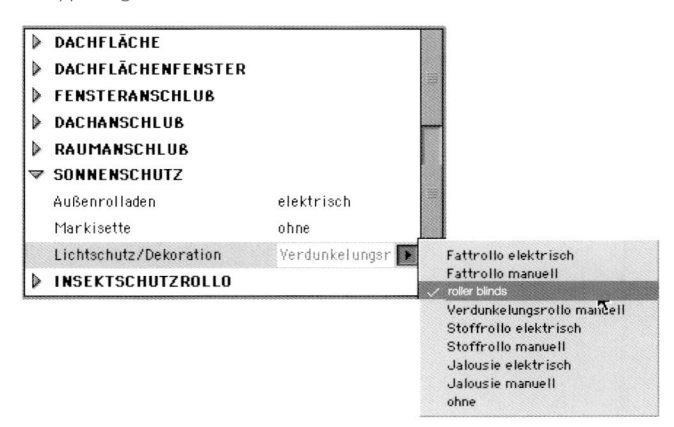

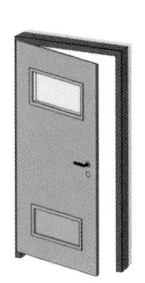

■ Als ein weiteres Beispiel für den praktischen Umgang mit einer Vielzahl an lieferbaren Varianten sei *Novoferm* genannt, ein Produzent von Türzargen und -blättern bzw. Toren aus Metall. Das diesbezügliche Angebot besteht aus fünf Standard- bzw. sieben Semistandardprodukten und deckt ca. 95 % des Produktionsvolumens ab. Die restlichen 5 % beziehen sich auf Sonderformen. Aus den erstellten zwölf GDL-Realobjekten können über 80.000 verschiedene Produktvarianten erzeugt werden. Es ist dabei die Sicherheit gegeben, dass diese Kombinationen lieferbare Varianten aus der (Semi-)Standardproduktpalette darstellen.

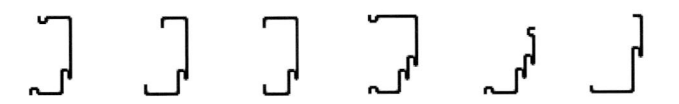

Die Firmen *Velux* und *Novoferm* sind bloß zwei Beispiele für die inzwischen zahlreichen Hersteller, die GDL-Realobjekte konkret nutzen. Die Zahl an Gebäudekomponenten in GDL-Format steigt nach wie vor. Interaktive GDL-Produktkataloge werden sowohl von einzelnen Herstellern verfügbar gemacht als auch in Form einer Bündelung im Rahmen von sog. „Objektportalen". Ende 1999 standen weltweit schätzungsweise 50.000 Realobjekte zur Verfügung. Drei Jahre später liegt das angepeilte Ziel bei 200.000.

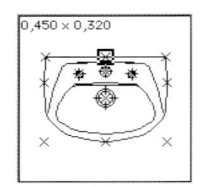

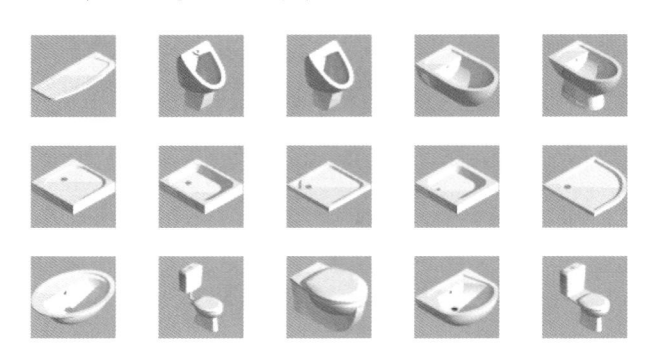

Damit einher geht zweifelsohne die Etablierung von GDL als Industriestandard wie auch die Unabhängigkeit von Betriebssystemen und den jeweils genutzten Softwareprodukten. Sowohl planer- als auch herstellerseits wurde inzwischen erkannt, welchen Nutzen es bringt, digitale Bauelemente direkt in die CAD-Softwareumgebung zu integrieren. Berücksichtigt wurde auch die Möglichkeit eines direkten Zugriffs auf Realobjekte über einen Internet-Browser, also außerhalb der CAD-Umgebung. So kann beispielsweise mit Hilfe von Realobjekten das gesamte Bauelemente-Bestellwesen netzwerkgestützt abgewickelt werden. GDL-Realobjekte steuern über ihre verfügbaren Varianten sogar die Produktion, indem die gewählten Parameter über die Datenbankschnittstelle unmittelbar in der Produktionsstraße verfügbar gemacht werden. Mühsame Zwischenschritte und damit verbundene Fehleranfälligkeiten bzw. Leerläufe können auf diese Weise entfallen.

Auf Hochglanzpapier gedruckte Planungsunterlagen werden aus den Regalen verschwinden. Die CD-ROM als Medium für Realobjektkataloge stellt heutzutage aber bloß eine Zwischenstufe für die Informationsvermittlung dar. Die Suche nach herstellerspezifischen Produktinformationen wird vermehrt im Internet stattfinden. Gefundene Realobjekte können direkt in das gegenständliche Projekt gestellt werden. Auf diese Weise kann jederzeit auf die aktuell verfügbare Produktinformation zugegriffen werden. Veraltete Mappen und nicht mehr existierende Produkttypen gehören damit der Vergangenheit an.

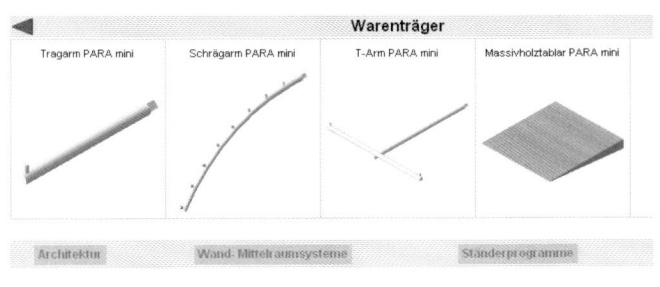

Abb. 2.20 Konfiguration von GDL-Objekten in einer Browser-Oberfläche (sog. „redsquare-Technologie")

2.3 Referenzieren mittels Hotlink-Modulen

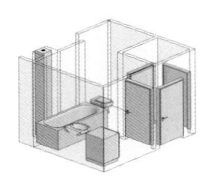

Hoch oben auf den Wunschlisten hinsichtlich der weiteren Entwicklung von kommenden ArchiCAD-Versionen rangiert die Möglichkeit einer erweiterten „benutzerfreundlichen" Nutzung der GDL-Objekttechnologie. Dies betrifft vor allem jene GDL-Objekte, die mit Standardwerkzeugen (Wände, Decken, Dächer etc.) konstruiert werden. Im Rahmen der GDL-Objekttechnologie wurde bereits darauf hingewiesen, dass in der Regel ein Endzustand erzielt ist, wenn ein Objekt einmal als solches generiert wurde. Etwaige Veränderungen in der geometrischen Zusammenstellung verlangen dann nach einer Abänderung des GDL-Scriptes. Auch zu einem späteren Zeitpunkt entstandene neue Vorgaben erfordern abermals eine weiterführende Programmierungsarbeit.

In dieser oft vorkommenden Konstellation bietet sich die Lösung in Gestalt eines Hotlink-Moduls an, wobei die Verknüpfung zu den „Vorfahren" – also zu den einzelnen geometrischen Körpern – intakt bleibt. Wird nun einer dieser Körper innerhalb des *Hotlink-Moduls* adjustiert, so aktualisiert sich die in einem bestimmten Projektdokument eingesetzte Modulinformation in entsprechender Weise. Dies soll nicht dahingehend interpretiert werden, dass durch den Umgang mit Modulen kein Bedarf nach Objekttechnologie mehr gegeben ist. Es handelt sich bei der Modultechnik vordergründig um die auf das Projektdokument und die darin eingesetzten Module bezogene Referenz. Es muss darauf hingewiesen werden, dass ein Hotlink-Modul verschiedenartige Elemente (einschließlich GDL-Objekte) enthalten kann. Dies ist nicht mit der Erstellung eines sog. „Moduls über die Zwischenablage" zu verwechseln. Diese Vorgangsweise steht bereits seit der ArchiCAD-Version 4.12 zur Verfügung. Im Gegensatz zum Hotlink-Modul ist hier eine dynamische Aktualisierung nicht möglich. Wird also ein solches Modul adjustiert, erfolgt keine Berücksichtigung dieser Veränderungen in jenen Projektdokumenten, wo es eingesetzt wurde, da eine entsprechende individuelle Referenzierung nicht vorhanden ist.

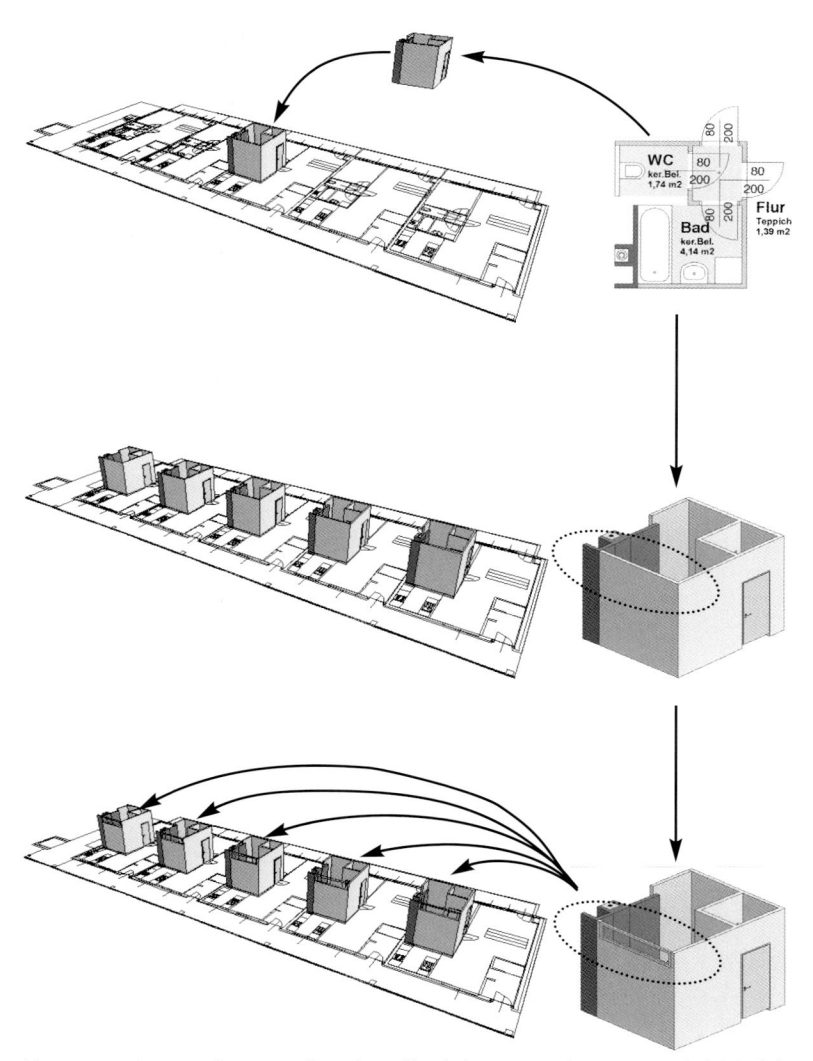

Abb. 2.21 Schematische Darstellung betreffend der Anwendung von Hotlink-Modulen

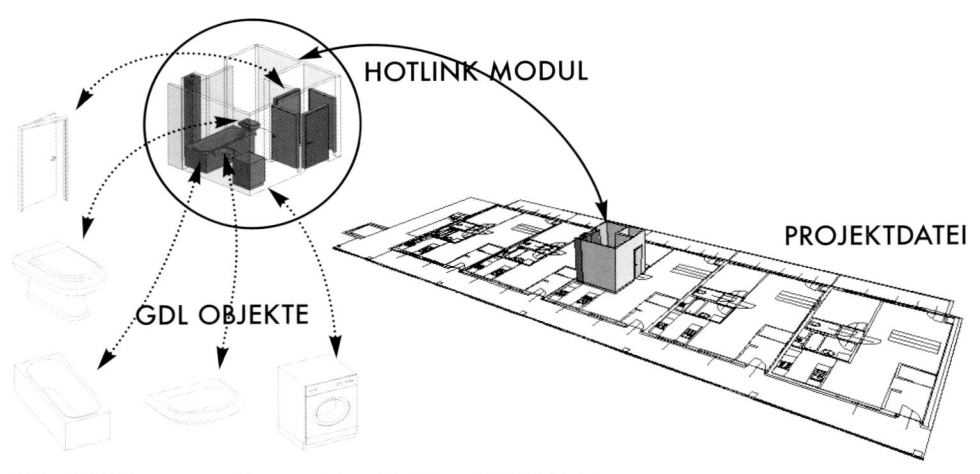

Abb. 2.22 Zusammenwirken zwischen Modul und GDL-Objekt

Gerade im Wohn- oder im Hotelbau ist der Einsatz von mehrfach genutzten Systemeinheiten üblich, da im Zuge der Projektplanung für gewöhnlich Typenvarianten studiert werden und daher nachträgliche Änderungen zu erwarten sind. Auch im Industriebau wird mit rasterbasierenden Systemeinheiten gearbeitet. Obgleich solche Einheiten mittels GDL-Objekttechnologie generiert werden können, wäre eine spätere Bearbeitung nur beschränkt möglich. Damit ist gemeint, dass z.B. einzelne Bauteile nicht mehr entfernt werden können, ohne manuell in das GDL-Script einzugreifen.

Abb. 2.23 Möglichkeit der nachträglichen Bearbeitung im GDL-Script

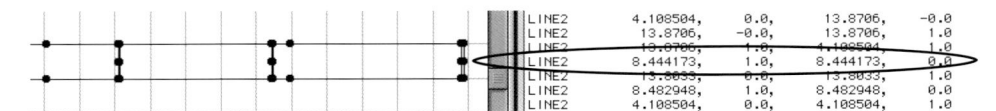

Es war die ArchiCAD-Version 6.5, die im Hinblick auf die Referenzierung in Form von „Hotlink-Modulen" den entscheidenden Schritt setzte. Seitdem steht eine allgemein verständliche Benutzerschnittstelle zur Verfügung. Darüber hinaus war von nun an eine übersichtliche Verwaltung der einzelnen Module innerhalb eines Projektdokumentes gewährleistet.

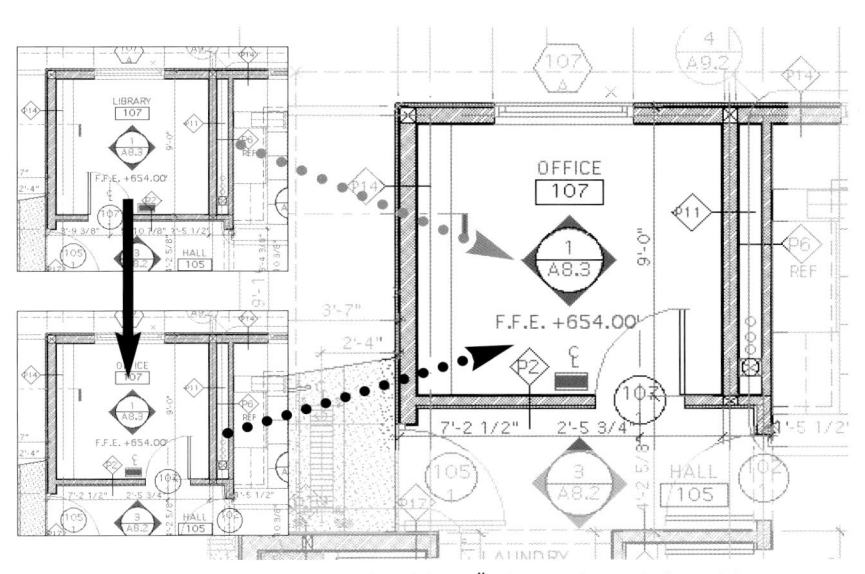

Abb. 2.24 Funktionsablauf einer Aktualisierung nach erfolgter Änderung des Hotlink-Moduls

Durch die Verwendung von Modulen kann im Vergleich zur traditionellen Zeichnung eine deutliche Produktivitäts- und Qualitätssteigerung erzielt werden. Es reicht nicht mehr, mittels einer rasch gezeichneten Linie eine symbolische Andeutung zu machen, welche von einem Professionisten erst im Zuge der Ausführung interpretiert und in der Folge realisiert werden muss. Jedes gezeichnete Element – und besonders ein Modul – bietet mehr Information als nur ein beliebiger Planausschnitt. Die gesamte Systematik des Virtuellen Gebäudes kann durch fundierte Überlegungen im Vorfeld der nachfolgenden Eingabearbeit sinnvoll strukturiert werden. Allerdings muss eingeräumt werden, dass eine dürftige Gliederung des ArchiCAD-Projektdokumentes in der Regel zu einem Mehraufwand führt, da durchwegs komplizierte Änderungen anfallen. Betrachtet man den potenziellen Nutzen, so zeigen die Erfahrungen in der Planungsbranche, dass die eigentliche Eingabe- und Dokumentationsarbeit um bis zu 50 % reduziert wird.

2.4 Zusätze zur Erweiterung des Leistungsspektrums

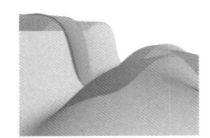

Die „all in-policy" scheint auf den ersten Blick einen Widerspruch in sich darzustellen, wenn man im gleichen Atemzug von modularer Erweiterung in Form von Zusätzen – sog. „Add-Ons" – spricht. Graphisoft und seine Partner haben diesen Widerspruch dadurch aufgelöst, indem sie das „Virtuelle Gebäudekonzept" kontinuierlich weiterentwickelten und in regelmäßigen Abständen von ca. 18 Monaten verbesserte ArchiCAD-Versionen auf den Markt brachten. Diese Versionen sind vollwertige Architekturwerkzeuge, die keines weiteren Zusatzes bedürfen. Parallel dazu gibt es aber auch eine seit der ArchiCAD-Version 6.0 integrierte API-Schnittstelle, die es externen Entwicklern („Third Party Developer") ermöglicht, spezifische Werkzeuge und Funktionen – auch in kürzeren Abständen und somit flexibler in der Anpassung für lokale Anwender – zu entwickeln und zu warten. *API* ist im Übrigen ein Kürzel für „Application Programming Interface". Der Vorteil all dieser Zusätze ist, dass eine vollständige Integration in der ArchiCAD-Benutzeroberfläche gegeben ist und daher vom Anwender wie jedes andere Standardwerkzeugen genutzt werden kann. Ohne dadurch Verwirrung stiften zu wollen, könnte man eigentlich auch von „plug-in" sprechen (vgl. Internet-Browser). Aus dem ständig wachsenden Angebot werden nun zunächst jene Zusätze erörtert, die sich auf die Eigenerstellung von GDL-Objekten beziehen:

■ ArchiForma

(Universeller GDL-Modeller) – Cigraph Tools
Eine besondere Stärke stellt der intuitive Umgang mit diesem Zusatzprodukt im 3D-Fenster dar. Nicht nur Strang- und Rotationskörper, sondern eine weitaus größere Palette an modellierbaren Körpern steht zur Verfügung. Neben Prisma, Pyramide, Zylinder, Kegel, Ellipsoid und

Kugel gehören Funktionen zur Erstellung von 3D-Texten, Freiformen bzw. Rotations- und Strangkörpern zur zuschaltbaren Werkzeugpalette. Die auf diese Weise bearbeiteten GDL-Objekte können beliebig im 3D-Fenster gedreht und über Schnittebenen bearbeitet werden. Es wird jedoch eine eigene Bibliothek mit Basiselementen benutzt, die ständig verfügbar sein muss. Ist dies nicht der Fall, werden jene mittels ArchiForma erzeugten Objekte nicht angezeigt.

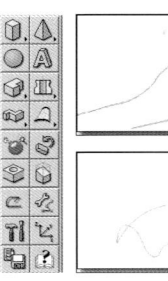

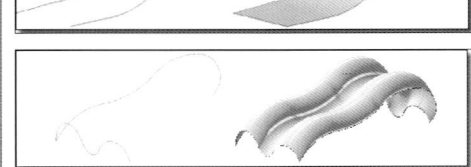

■ Profiler
(Strang- und Rotationskörper) – Graphisoft
Hier ist einerseits die Möglichkeit gegeben, Strangkörper mittels eines vorgezeichneten Profils entlang einer geraden oder gekrümmten Route zu extrudieren, und andererseits beliebige Rotationskörper – ebenfalls in Form von GDL-Objekten – erzeugen zu können. Wenn es also darum geht, auf einfache Weise Strang- und Rotationskörper zu erstellen, stellt der (kostenlose) Profiler eine interessante Lösung dar.

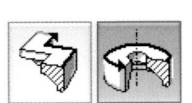

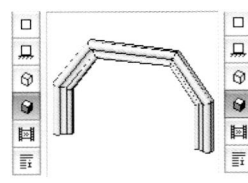

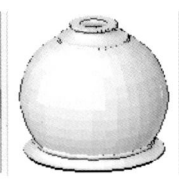

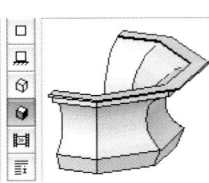

Zusammenfassend muss festgehalten werden, dass die drei hier beschriebenen Zusätze unterschiedliche Stärken und Schwächen aufweisen. Für gewöhnlich wird es die Komplexität der zu modellierenden Geometrie sein, für die eine eventuelle Anschaffung ausschlaggebend ist. Zur Demonstration der Angebotspalette folgt eine überblicksmäßige Darstellung weiterer Zusätze. Ein Anspruch auf Vollständigkeit wird dabei keinesfalls erhoben, handelt es sich doch um ein „Marktsegment", das von verschiedenen externen Entwicklern bedient wird:

- ArchiFaçade
(Bildentzerrung) – Cigraph Tools
Perspektivische Bilder, wie z.B. Fassadenaufnahmen, können mit diesem Werkzeug (maßstäblich) entzerrt werden, wobei eine orthogonale Darstellungsform entsteht. Mit der zuschaltbaren Werkzeugpalette können die Bildvorlagen in digitaler Form auch beschnitten und freigestellt werden.

- HLS-Tools
(Werkzeug für Heizung und Lüftung) – Graphisoft
Auch ohne detailliertes Haustechnik-Fachwissen können Anwender Leitungsprojektierungen darstellen. Eine umfassende GDL-Objektbibliothek für Heizungs- und Lüftungssysteme wird zu diesem Zwecke beigestellt. Informationen

aus den 2D-Zeichnungen des Haustechnik-Planers (wie z.B. der Verlauf eines Lüftungskanals, einschließlich der Positionierung von Bögen des jeweiligen Luftkanalabschnitts) werden im dreidimensionalen Raum visualisiert. Es erfolgt eine automatische Anpassung in der Größe von T-Stücken und Abzweigern wie auch deren Platzierung und Verbindungen. Ebenso gehören automatische Wanddurchbrüche zum Leistungsumfang.

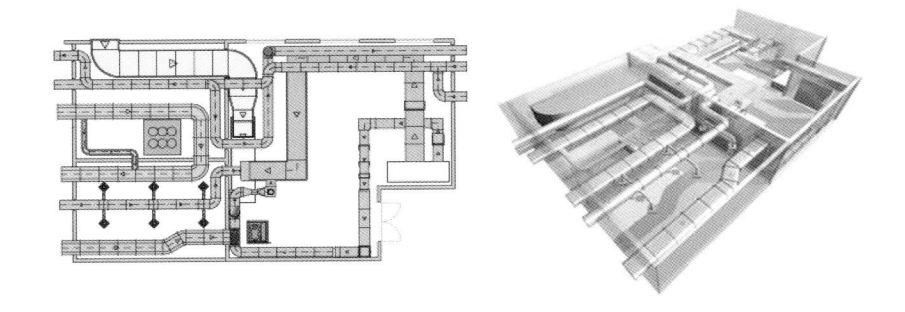

- Mesh to Roof
  (Umwandlung von Frei- in Dachflächen) – Graphisoft
  Mit dem Freiflächen-Werkzeug modellierte Elemente können mittels dieses Zusatzes in gruppierte Dachflächen verwandelt werden und weisen danach eine Stärke auf. Nach Lösung der Gruppierung können einzelne Dachflächen weiter bearbeitet werden (z.B. Änderung der Dachneigung).

- Check Duplicates
  (Entfernung von doppelten Elementen) – Graphisoft
  Verdopplungen von Objekten entstehen für gewöhnlich durch ein „zufälliges" Doppelklicken an der gleichen Mausposition oder durch ein Kopieren von Geschoßen. Es werden Objekte mit den gleichen Parametern (Typ, Farbe, Stärke, Höhe etc.), die sich an dem exakt gleichen Ort im Grundriss befinden, aktiviert und im Bedarfsfall gelöscht.

- ArchiTerra

(Geländemodellierung) – Cigraph Tools

Auf der Basis von importierten und von Geometern stammenden Punkte- oder DXF-Daten wird ein Gelände dargestellt. Aus dieser dreidimensionalen „Punktewolke" kann eine Freiformfläche berechnet werden. Überdies können die Höhenschichten dieser Fläche mit beliebiger Äquidistanz visualisiert werden. Führungslinien, Plateaus und Durchbrüche runden das Leistungsspektrum ab.

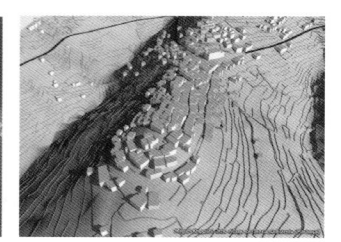

- ArchiRuler

(Zuschaltbare 2D-Werkzeugpalette) – Cigraph Tools

Bestehende 2D-Werkzeuge werden erweitert und steigern das diesbezügliche Leistungsspektrum.

- ArchiPaint

(Freihandzeichnungen in ein Projektdokument) – Cigraph

Mit dieser zuschaltbaren Werkzeugpalette werden Zeichenfunktionen wie Bleistift, Pinsel oder Spraydose integriert. Über ein Grafiktablett entstehen an der gewünschten Stelle Freihandzeichnungen.

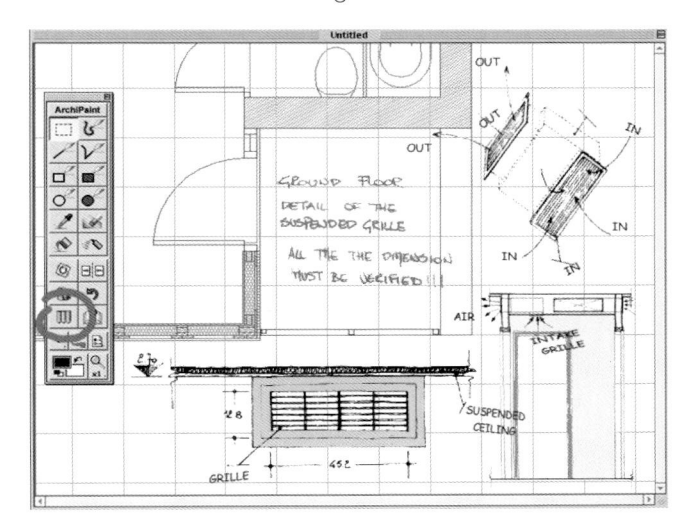

- ArchiTiles

(Boden- und Wandbemusterungen) – Cigraph

In den Raumzonen können verschiedene Arten von Belegen den Fußböden, Decken und Wänden zugewiesen werden. Eine Abwicklung zeigt das Ergebnis einer Fliesenplanung im dazugehörigen Detailplan an. Änderungen im Raum werden automatisch mit den Wandabwicklungen aktualisiert. Fenster und Türen werden ebenfalls von ArchiTiles erkannt und ausgespart.

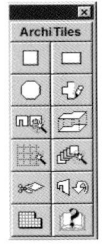

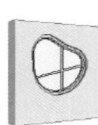

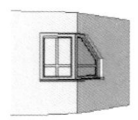

- **ArchiGlazing**
  (Werkzeug für komplexe Verglasungsarten) – Graphisoft
  Es handelt sich bei diesem Zusatz um Senkrecht-, Schräg-, Fassaden- sowie Wintergartenverglasungen, wobei Aufteilungsberechnungen automatisch durchgeführt werden. Langwierige Aufmaßarbeiten bei Flach-, Shed- bzw. Kegelverglasungen entfallen durch gezielte Parametereingaben. Horizontale Schnitthöhen können in der Grundrissdarstellung vorgegeben und anliegende Wände an die Verglasung angepasst werden.

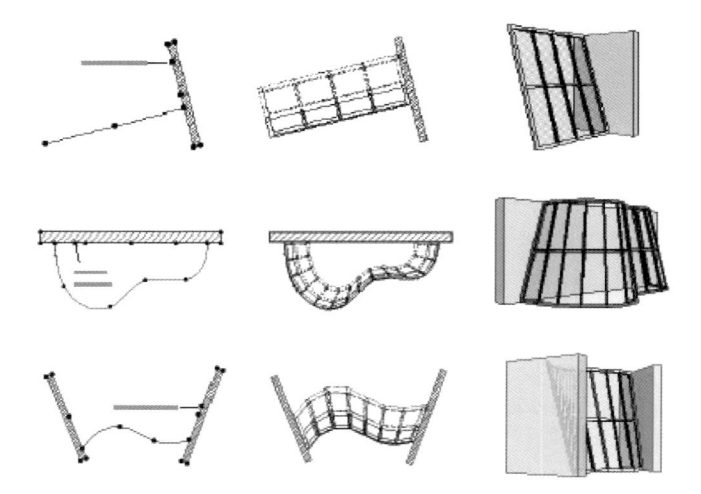

- **RAL Colors**
  (Farbsystematik) – Graphisoft
  Der RAL-Farbstandard (194 klassische Farbtöne – RAL 840-HR) und das neue vom Deutschen Institut für Gütesicherung und Kennzeichnung e.V. entwickelte RAL Design System (weitere 1.688 Farbtöne) stehen in einer ArchiCAD-Umgebung zur Verfügung.

- **NCS Farbpalette**
  (Farbsystematik) – Scandinavian Color Institute AB
  Das National Colour System ermöglicht die Auswahl von Farbtönen aus dem NCS-Farbkreis und die automatische Erstellung einer ArchiCAD-Materialfarbe nach der

gewählten NCS-Farbe. Dieses weltweit eingesetzte Farbsystem gilt in vielen Ländern als Standard.

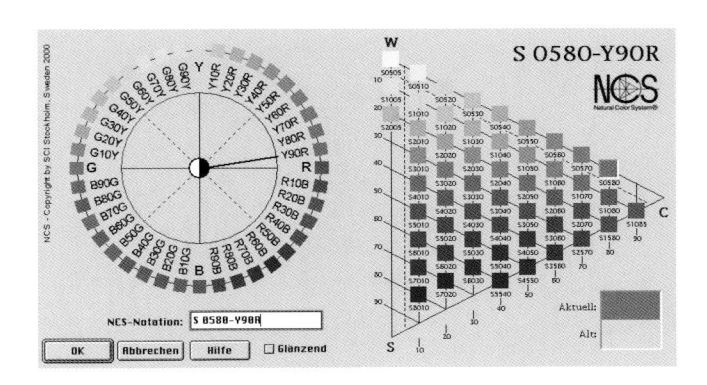

■ ArchiWALL
(Konstruktion von Freiformwänden) – Cigraph
Dieses Plug-in gibt Anwendern die Möglichkeit, Freiform-Wände zu gestalten. Unabhängig davon, ob das Design schräg, schief, überhängend oder geneigt ist – ArchiWALL erzeugt entlang einer Wand (Wand-Werkzeug) das gewünschte Objekt. Da das neu geschaffene Objekt mit einer ursprünglichen Wand verbunden ist, übernimmt es von dieser auch Fenster- und Türöffnungen. Bei Änderungen von Fenster- und Türpositionen werden sämtliche ArchiWALL-Objekte mitaktualisiert. Dieses Tool unterstützt die Freiheit in der Gestaltung von konstruktiven Gebäudefassaden und Dekorelementen.

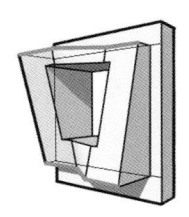

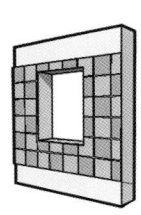

- Plan2Model

  (3D-Modelle aus 2D-Zeichnungen) – Consistent
  Zusammenhängende geometrische Elemente werden innerhalb einer zweidimensionalen Grundrisszeichnung erkannt und mittels der sog. „Umwandlungsbibliothek" automatisch oder manuell in korrespondierende dreidimensionale ArchiCAD-Bauteile (z.B. Wände mit Fensteröffnungen und Türen bzw. GDL-Objekte) modifiziert. Einmal angelegt, kann diese Umwandlungsbibliothek dazu verwendet werden, eine Reihe von ähnlichen Planunterlagen zu verarbeiten. Die Konvertierung basiert auf einem Erkennungsalgorithmus, welcher Muster von baulichen Gegenständen erstellt. Als Ausgangsmaterial fungieren z.B. zweidimensionale Zeichnungen auf der Grundlage von DXF- und DWG-Dateien oder eingescannte Unterlagen aus einer Software, die Rasterpunkte in Vektoren umwandelt.

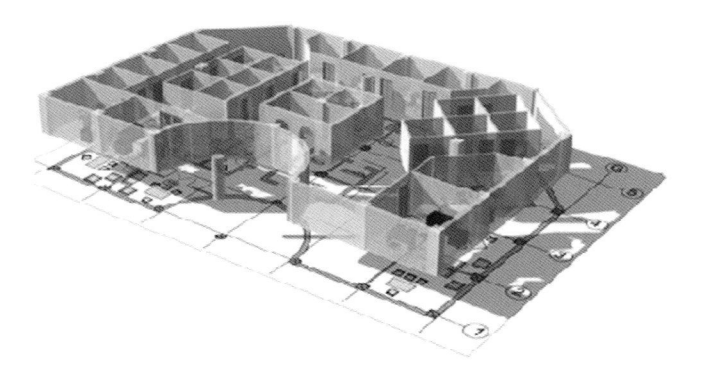

In diesem Zusammenhang entfällt eine Beschreibung des Roof-, Stair- und Trussmakers (Fachwerksmodule), da diese zum Lieferumfang (Grundausstattung) gehören und im Wege der Standardinstallation installiert werden.

2.5 Projektbezogene Datenorganisation

Die in der Praxis angewendete Lösung für die Verwaltung von Projekten war in der Zeit vor der computergestützten Büroarbeit verhältnismäßig einfach und überschaubar. In mehreren Laden des Planschrankes wurden auf (transparentem) Papier gezeichnete Pläne fein säuberlich nach Nummern eingeordnet und in einem dazugehörigen Planbuch eingetragen. Nach einer erfolgten CAD-Ausstattung wurde diese Vorgangsweise zunächst 1:1 übernommen und im Speichermedium der Computeranlage abgebildet. D.h., dass jede (ausgedruckte) Planzeichnung auf einer damit korrespondierenden Datei basierte. Der Vorteil einer solchen Verwaltungsstruktur bestand vordergründig darin, bisherige Gewohnheiten fortschreiben zu können.

Hier bietet sich ein Vergleich mit der Entwicklung des Automobils an: Auch dieses ähnelte anfangs einer Pferdekutsche, obwohl Pferde bei dieser Art der motorisierten Fortbewegung keine Rolle mehr spielten. Es dauerte eben eine gewisse Zeit, bis sich eine andersartige Formgebung durchsetzen konnte. Die Entwicklung von CAD-Softwareprogrammen verlief durchaus ähnlich. Als die architekturbezogene Software noch in ihren Kinderschuhen steckte, also Anfang der neunziger Jahre, dachte niemand daran, mehr als lediglich digitale Plansätze zu verwalten. Der überwiegende Teil der damaligen CAD-Programme war letztlich zweidimensional orientiert. Zur Erzeugung unterschiedlicher Planausdrucke wurde eine (Basis-)Datei mehrfach dupliziert und in weiterer Folge ein spezifischer Planinhalt hinzugefügt. So sammelten sich im Projektablauf auf der Festplatte all jene Dateien an, welche letztlich das Gesamtprojekt dokumentierten.

Mit der fortschreitenden Entwicklung des *Virtuellen Gebäudekonzeptes* geriet die Verwaltung einzelner Projektdateien in den Hintergrund, konnte man doch beispielsweise über eine Steuerung der Ebenengruppen die nach wie vor erforderlichen Planinhalte in einer einzigen Projektdatei umschalten und das Ergebnis im Bedarfsfall dem Plotter übermitteln. Die Projektverwaltung wurde dabei deutlich schlanker, und in quantitativer Hinsicht mussten keinesfalls Abstriche gemacht werden.

So weit die Theorie. In der Praxis veränderten sich bei einem Maßstabswechsel von z.B. 1:100 auf 1:50 die Plangrafik und vor allem die Beschriftungsgröße unproportional. Das, was man nun mit „äußerer Verwaltung" (d.h. Abbildung im Dateiverzeichnis) an Arbeit einsparen konnte, musste jetzt als „innere Verwaltung" über die Ebenen investiert werden. Damit ist dann bei einem Projekt irgendwann der Punkt erreicht, wo Übersichtlichkeit nicht mehr gegeben ist und die Zuordnung von Elementen zu einzelnen Ebenen für den Anwender sogar als Arbeitserschwernis empfunden wird.

Die Softwarehersteller waren daher bestrebt, eine Systematik zu entwickeln, die es erlaubt, Inhalte der Projektverwaltung nachvollziehbar und effizient zu organisieren. Eines der ersten Konzepte bestand darin, in Analogie zu wechselnden Planinhalten sog. „Layer" einzuführen. Grafische Elemente wie z.B. Linien, Kreise, Texte etc. werden einem Layer zugeordnet und mit der jeweils zugeordneten Strichstärke ausgegeben. Im täglichen Sprachgebrauch kommt es immer wieder zur Verwechslung zwischen den Bezeichnungen „Ebene" und „Geschoß". Ohne sich in sprachlichen Spitzfindigkeiten verlieren zu wollen, bietet sich als eine Orientierungshilfe die Verwendung der Begriffe „vertikale Strukturierung" für *Geschoß* und „horizontale Strukturierung" für *Ebene* an. Die in den Anfängen des CAD verwendeten Stiftplotter machten eine Kontrolle am Bildschirm erforderlich, um überprüfen zu können, wie der ausgeplottete Plan aussehen würde. Die Strichstärken wurden nicht in die Layer selbst inkludiert, sondern durch die Stifte am Plotter vorgegeben. Die Systematik war überschaubar, konnte doch auf einfache Weise eine beliebige Stiftstärke an einem der acht vorhandenen Steckplätze des Plotterkarussells angesteckt werden. Damit ließ sich im Übrigen auch die Plangrafik jederzeit abändern. Diese Vorgangsweise beinhaltete überdies einen weiteren Vorteil: Das Karussell bot Platz für genau acht Stifte. Heutzutage ist es so gut wie unvorstellbar, mit nur acht Ebenen zu arbeiten, geschweige denn das gesamte Projektdokument zu strukturieren und zu guter Letzt auf dem Wege einer ansehnlichen Plangrafik auszudrucken.

Abb. 2.25 Fehlerhaftes Plotergebnis

Die hier beschriebenen Stiftplotter sind längst nicht mehr in Verwendung. Nach wie vor aktuell ist die Notwendigkeit der Ebenenverwaltung als Schlüssel zur internen Datenorganisation. Aber auch die eigentliche Erstellung der „Papierproduktion" mittels Ausgabegeräten bedarf einer eigenen Software-Unterstützung. (Plot-

Maker). Als Sprachregelung – bezogen auf ArchiCAD – gilt in weiterer Folge, dass unter „Layer" die *Ebene* verstanden wird.

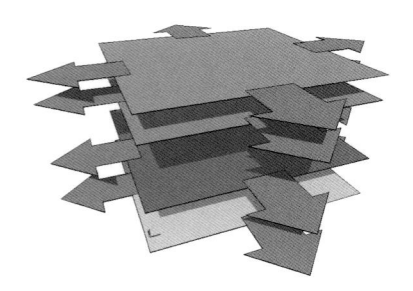

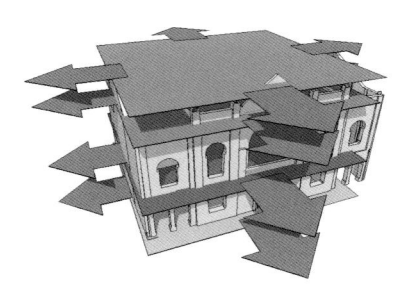

Abb. 2.26 Geschoßstruktur leer bzw. mit angezeigter Ebene „Außenwand"

Auch wenn es manchmal den Anschein hat, dass Anwender nur noch mit ihrer Computeranlage kommunizieren, sind in der Wirklichkeit netzwerkgestützte Arbeitsverbände an der Tagesordnung. Projekte gleichzeitig mit mehreren Mitarbeitern im Wege einer Arbeitsteilung zu konzipieren bedeutet nicht nur die Notwendigkeit einer Koordination zwischen den Betroffenen, sondern auch ein großes Maß an Disziplin und interner Organisation einer CAD-Projektplanung. Das Leistungsspektrum eines CAD-Softwareproduktes sollte demnach sinnvollerweise auch einen wesentlichen Teil einer solchen Teamorganisation unterstützen. Auf diese Weise kann der Kommunikationsablauf gesteuert und Doppelgleisigkeit verhindert werden. Wenn also auch ständig sichtbar ist, was von den anderen Beteiligten produziert wird, kann auch das Entstehen von Planungsfehlern eingeschränkt werden. Im Umfeld von ArchiCAD wird dies mittels der TeamWork-Option ermöglicht.

0	1	2	3
4	5	6	7
8	9	10	**11**
12	13	14	15

2.5.1 Effiziente Verwaltung von Ebenen

Die im Jahre 1989 zur Verfügung stehende ArchiCAD-Version 3.11 stellte 16 Ebenen bei. Das waren immerhin doppelt so viele wie bei konkurrenzierenden CAD-Programmen. Es bedurfte aber schon eines zusätzlichen Aufwandes, den Ebenen die gewünschten Stiftnummern des Plotterkarussells zuzuweisen. Der Vorteil von 16 Ebenen war aber größer als der zu tätigende Aufwand für die Stiftzuordnung. Auf diese Weise konnte nun der Planinhalt besser strukturiert werden. Es war nicht mehr notwendig, beispielsweise für einen Einrichtungsplan eine adaptierte Dateivariante dieser Zeichnung zusätzlich zu erzeugen.

Damit hatte sich auch die eigentliche Bedeutung der Ebenen und der damit einhergehenden Steuerung des Planinhaltes herauskristallisiert. Das gesamte Projekt konnte von nun an in einer *einzigen Datei* eingegeben und verwaltet werden. Um also mehr Planinhalt in einem Projekt unterzubringen, waren mehr Ebenen nötig. Die Lösung dieses Problems wurde 1994 mittels der ArchiCAD-Version 4.55 bereitgestellt: frei definierbare Ebenenbezeichnungen in einer beliebigen Anzahl. Im Übrigen war die Antwort auf die Frage nach der maximalen Ebenenzahl zu diesem Zeitpunkt von großer – wenn nicht entscheidender – Bedeutung bei Anschaffung eines CAD-Programmes. Sämtliche Mitbewerber wurden mit den Vergleichswerten konfrontiert und so auf ihre Konkurrenzfähigkeit getestet. Es war zu dieser Zeit en vogue, sog. „Kennwerte" zu sammeln und diese einander mittels eines einfachen Vergleichs gegenüberzustellen. Die Kaufentscheidung fiel nicht selten zugunsten jener Software aus, die welche die meisten Top-Positionierungen aufwies.

Zeitgleich mit dieser Form der „Bewertung" von CAD-Programmen (mit der ArchiCAD seinen eigentlichen Siegeszug begann) wurden 1997 mit der ArchiCAD-Version 5.0 auch die sog. „Ebenengruppen" zur vereinfachenden Ebenenorganisation eingeführt. Diese Verwendung von Ebenenkombinationen zeigte nun, dass es nicht nur darum geht, eine Funktion möglichst umfangreich zur Verfügung zu stellen, sondern sie auch übersichtlich bedienen zu können und in Hinblick auf die benötigten Darstellungsinhalte (z.B. für Elektriker, Statiker etc.) rasch „in Produktion" gehen zu können.

Die einfachste Form der Bezeichnung von Ebenen ist eine Sortierung nach konstruktiven Kriterien, wie z.B. Außenwände, Innenwände, Leichtbauwände, (Sanitär-) Einrichtung etc. Da innerhalb der ArchiCAD-Struktur die Plangrafik (Linienstärken) unabhängig von der Ebenenzuordnung der gezeichneten Elemente gehandhabt wird, kann der Anwender sich auf die Struktur der Ebenen und Ebenengruppen konzentrieren. Die Frage, wie viele Ebenen sinnvollerweise in einer bestimmten Planungsphase verwendet werden sollen, kann nicht allgemein gültig beantwortet werden. So manche CAD-Richtlinie beinhaltet diesbezüglich eine klare Zielvorgabe: je weniger – desto besser. Es soll nicht unerwähnt bleiben, dass jedes Element in der Zeichnung vom Anwender einer Ebene zugeordnet werden muss. Die jeweiligen Zuordnungen erfolgen letztlich büro- und anwenderspezifisch. Falsche Zuordnungen bedeuten stets Fehlerquellen. Die Planungsarbeit bedarf demnach Kontrollmechanismen, welche wiederum zeit- und kostenintensiv sind. Die Kreativität bei der Bezeichnung von Ebenen hat Einfluss auf das Verständnis für den Anwender; sie stellt ein wichtiges Kriterium für den Nachvollzug dar. Seit der Einführung der sog. „Favoriten-Palette" in der ArchiCAD-Version 7 wird der Aufbau von nachvollziehbaren Ebenenstrukturen wirkungsvoll unterstützt. Die (automatisierte) Zuordnung von Zeichnungselementen zu Ebenen kann damit nicht nur vereinfacht, sondern auch übersichtlich gestaltet werden.

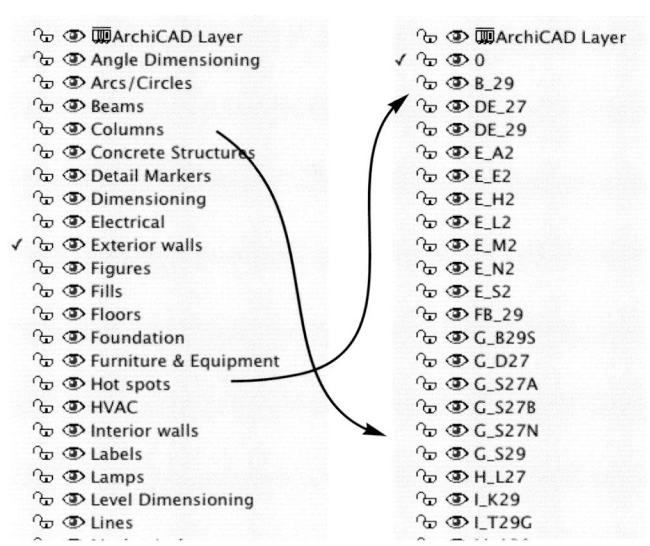

```
    ⌕ 👁 🏛ArchiCAD Layer              ⌕ 👁 🏛ArchiCAD Layer
    ⌕ 👁 Angle Dimensioning          ✓ ⌕ 👁 0
    ⌕ 👁 Arcs/Circles                  ⌕ 👁 B_29
    ⌕ 👁 Beams                         ⌕ 👁 DE_27
    ⌕ 👁 Columns                       ⌕ 👁 DE_29
    ⌕ 👁 Concrete Structures           ⌕ 👁 E_A2
    ⌕ 👁 Detail Markers                ⌕ 👁 E_E2
    ⌕ 👁 Dimensioning                  ⌕ 👁 E_H2
    ⌕ 👁 Electrical                    ⌕ 👁 E_L2
✓   ⌕ 👁 Exterior walls                ⌕ 👁 E_M2
    ⌕ 👁 Figures                       ⌕ 👁 E_N2
    ⌕ 👁 Fills                         ⌕ 👁 E_S2
    ⌕ 👁 Floors                        ⌕ 👁 FB_29
    ⌕ 👁 Foundation                    ⌕ 👁 G_B29S
    ⌕ 👁 Furniture & Equipment         ⌕ 👁 G_D27
    ⌕ 👁 Hot spots                     ⌕ 👁 G_S27A
    ⌕ 👁 HVAC                          ⌕ 👁 G_S27B
    ⌕ 👁 Interior walls                ⌕ 👁 G_S27N
    ⌕ 👁 Labels                        ⌕ 👁 G_S29
    ⌕ 👁 Lamps                         ⌕ 👁 H_L27
    ⌕ 👁 Level Dimensioning            ⌕ 👁 I_K29
    ⌕ 👁 Lines                         ⌕ 👁 I_T29G
```

Abb. 2.27 Standardebenen vs. Ebenendefinition gemäß der CAD-Richtlinie Hochbau

Wie viele Ebenen werden mindestens benötigt? Genau genommen kann mit lediglich zwei Ebenen das Auslangen gefunden werden. Eine davon würde die sichtbaren Zeichnungselemente enthalten und die andere Ebene die gerade ausgeblendeten Elemente. Vielleicht wäre in dieser äußerst reduzierten Variante Spielraum für eine dritte Ebene, auf der jene Elemente untergebracht werden, bei denen nicht in eindeutiger Weise zu Gunsten einer der beiden genannten Ebenen (*sichtbar* oder *ausgeblendet*) entschieden werden kann. Wäre eine solche Systematik realisierbar? Theoretisch lautet die Anwort: „ja". Die *Suchen-und-Aktivieren*-Funktionen in ArchiCAD sind mittlerweile so umfangreich, dass mit wenigen (gezielten) Suchkriterien eine bestimmte Auswahl aktiviert und auf die Ebene *unsichtbar* umgelegt werden kann.

Nun soll diese Idee anhand eines Ausführungsplans durchgespielt werden. Würde es auch hier funktionieren? Könnte man damit eine reibungslose Planungsdokumentation ausführen, ohne den Rückschritt in das „Ein Plan ist ein

Projekt"-Zeitalter zu riskieren? Das Virtuelle Gebäudekonzept stellt im Hintergrund eine umfangreiche *Projektdatenbank* zur Verfügung. Je mehr strukturierte Informationen in dieser Datenbank vorhanden sind, desto profunder können gezielte, in diesem Fall auf unterschiedliche Planinhalte bezogene Auswertungen durchgeführt werden. Das würde für unser Gedankenbeispiel mit nur zwei Ebenen bedeuten, dass die Datenbankstruktur beschränkte Auswertungsmöglichkeiten bietet. Die Möglichkeiten des Virtuellen Gebäudekonzeptes bleiben daher weitgehend ungenutzt. Wenn z.B. 0,25 mm breite Linien, die einen Deckendurchbruch symbolisieren, und 0,25 mm breite Linien, welche einen Bodenbelagswechsel anzeigen, im Plan *sichtbar* gemacht sind und nun lediglich einer der beiden Planinhalte *unsichtbar* geschaltet werden sollte, stößt der Anwender sofort auf die Grenzen der vorhandenen Strukturierung und muss also Linie für Linie heraussuchen. Für die unterschiedlichen Bedeutungen der grafisch identischen Zeichnungselemente ist eine Differenzierung mittels Ebenenzuordnung vonnöten, um eine Sortierung zu ermöglichen.

Zeichnungsinhalte mit gleicher Bedeutung (= gleichem Planungsinhalt) werden daher sinnvollerweise ein und derselben Ebene zugeordnet. Dabei ist es unerheblich, welches Werkzeug aus der ArchiCAD-Palette verwendet wird. Die grafischen Anforderungen an die Zeichnungselemente wie Farbe und Linienstärke ordnen sich der Ebenenstruktur unter und können unabhängig davon eingesetzt werden.

Es wurde bereits darauf hingewiesen, dass die Bezeichnung der Ebenen in früheren ArchiCAD-Versionen auf einfache Weise geregelt war (Nummerierung von 1 bis maximal 16). Die Möglichkeit, ansprechende *Ebenennamen* verwenden zu können, führte dazu, dass die Anwender ihrer Fantasie freien Lauf ließen. Bezeichnungen, welche für Arbeitskollegen nicht immer nachvollziehbar waren, brachten zusätzliche Verwirrung in die Planung. Zwar kannten die Mitbewerber von ArchiCAD zu dieser Zeit auch alphanumerische Ebenenbezeichnungen, doch war deren Buchstabenanzahl auf maximal acht Zeichen beschränkt. Aus dieser Limitierung heraus entwickelte sich eine „kryptische Kürzelsprache", bei der die Anwender die Inhalte der Ebenen über Abkürzungen und Zahlenkombinationen erraten konnten. Für Außenstehende war diese „Nomenklatur" allerdings nur schwer verständlich. Die ideale Lösung stellt eine sinnvolle Kombination beider Ansätze dar. Bezeichnungen wie: „Wände tragend", „Wände nicht tragend", oder „Innenwände", „Außenwände" verweisen eindeutig auf die Zuordnung und sind allgemein verständlich. Etwas schwieriger wird es bei grafischen Ergänzungen zu den geometrischen Informationen. Hier kann nachfolgende Absprache am Beispiel der Ebene *Außenwände* hilfreich sein: „Wenn das Element inhaltlich eine dazu notwendige grafische Ergänzung aus Linien oder Bauteilschraffuren darstellt, soll es sich auf der gleichen Ebene wie die Basisinformation befinden." In diesem Fall also ebenfalls auf der Ebene *Außenwände*. Somit ist die Zuordnung nicht nur auf die eingesetzten ArchiCAD-Werkzeuge, sondern auch auf den planerischen Inhalt ausgerichtet.

Aus welchem Grund macht es Sinn, zusätzlich zur Ebenenbezeichnung eine Nummerierung zu verwenden? Diese Ergänzung kann zur weiteren Hierarchisierung innerhalb der Ebenenstruktur fungieren. Beispielsweise markiert die Zahl *01* sämtliche Ebenen, welche inhaltlich mit *Wänden* zu tun haben.

Zeichnet ein Anwender im Rahmen seiner Planungsdokumentation Elemente, die er keiner bestehenden Ebene inhaltlich zuordnen kann, so legt er eine neue Ebene an und ergänzt diese um die Gruppenzahl 01. Damit ist für alle anderen Beteiligten klar, dass es sich bei der neuen Ebene um eine inhaltlich den *Wänden* zugeordnete Ebene handelt. Diese Systematik kann auch dazu verwendet werden, um mehrfach benötigte Ebenenzuordnungen in der automatischen Sortierung der Ebenenliste zahlenmäßig zu reihen. Eine besonders ausgeklügelte Zahlen-Namen-Bezeichnung zeigt das folgende Beispiel. Hier wird je nach Planungsfortschritt jeweils eine weitere Gruppe an Ebenen hinzugefügt, die den einzelnen Gewerken oder Fachplanern zugeordnet ist.

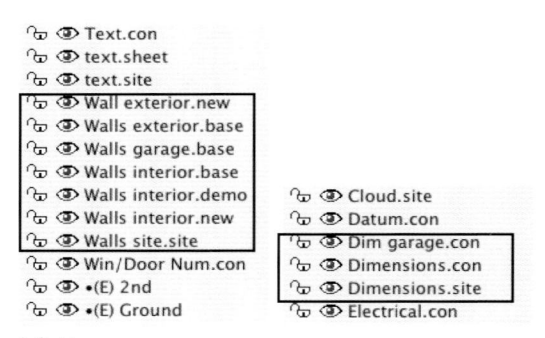

```
  Text.con
  text.sheet
  text.site
  Wall exterior.new
  Walls exterior.base
  Walls garage.base
  Walls interior.base
  Walls interior.demo        Cloud.site
  Walls interior.new         Datum.con
  Walls site.site            Dim garage.con
  Win/Door Num.con           Dimensions.con
  •(E) 2nd                   Dimensions.site
  •(E) Ground                Electrical.con
```

Fig. 2.28 Beispiel einer differenzierten Ebenendefinition

```
  Walls exterior
  Walls interior             Dimensions.con
```

Abb. 2.29 Fehlende Differenzierung in der Ebenendefinition

Abschließend gilt es festzuhalten, dass Anwender eigene, also auf die unmittelbare Arbeitsumgebung bezogene Bürostandards entwickeln und nutzen sollten. Es erscheint nicht sinnvoll, fremdbestimmte Strukturen unreflektiert zu übernehmen. Insbesondere dort, wo eine größere Personenzahl an einem Projektdokument arbeitet, ist der logische Nachvollzug von individuellen Eingaben auch ohne Rücksprache von großer Bedeutung. Eine fundierte Ebenenstruktur lohnt sich, verlangt jedoch Überlegungen vorab. Schließlich stellt nicht der Planausdruck, sondern das Virtuelle Gebäudemodell mit der integrierten Projektdatenbankstruktur ein wichtiges Kapital dar. Nachträgliche Adaptierungen sind letztlich immer mit hohem Arbeitsaufwand verbunden.

2.5.2 Praktischer Umgang mit der Geschoßverwaltung

Im direkten Vergleich mit anderen CAD-Softwareprogrammen weist ArchiCAD ein besonderes Unterscheidungsmerkmal in Form einer Geschoßverwaltung auf. Zur Verfügung steht eine nützliche Struktur zur Verwaltung aller vertikal im Raum befindlichen Elemente. Waren in den ersten ArchiCAD-Versionen die Geschoße zwar auch schon „übereinander" situiert, so erfolgte mit dem Ausbau des ArchiCAD-Konzeptes und der damit einhergehenden Erweiterung um die gleichzeitige Darstellung von Elementen in mehreren Geschoßen eine Steigerung der Leistungsfähigkeit zur Organisation von grafischen Plandarstellungen eines Projektes.

Die gleichzeitige Verwendung von Regel-, Fundament-, Dach- oder Zwischengeschoßen ermöglicht in Kombination mit der Ebenenverwaltung eine Vielfalt von Plandarstellungen. Es ist nicht (mehr) notwendig, eine externe Dokumentenstruktur mittels einzeln ausgelagerter Projektdateien anzulegen. Darüber hinaus stellt die Geschoßverwaltung auch eine Erleichterung hinsichtlich der Bemaßung von Schnitt- und Höhenkotierungen dar. Der Anwender kann zwischen einem absoluten und einem auf ein relatives Null-Geschoß bezogenen Bemaßungssystem während der Dateneingabe wählen. Komplizierte Umrechnungen von absoluten auf relative Höhenniveaus und die damit verbundene Entstehung von Fehlerquellen können damit ausgeschaltet werden. Auch bei nachträglichen Änderungen von Geschoßhöhen bietet eine integrierte Geschoßverwaltung Vorteile. Die Elemente des darüber liegenden Geschoßes haben ihre Basis automatisch an der vom Anwender gewählten Oberkante eines darunter befindlichen Geschoßes. Bei Veränderung der Geschoßhöhe wird die Basis der darüber befindlichen Geschoße ebenfalls automatisch in diese Änderung miteinbezogen.

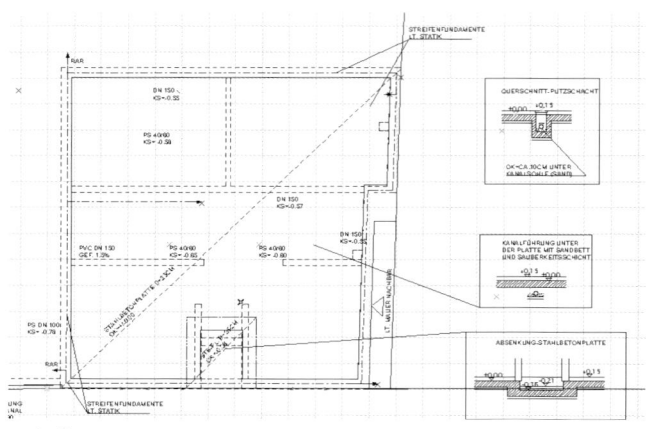

Abb. 2.30 Beispiel: „Fundamentgeschoß"

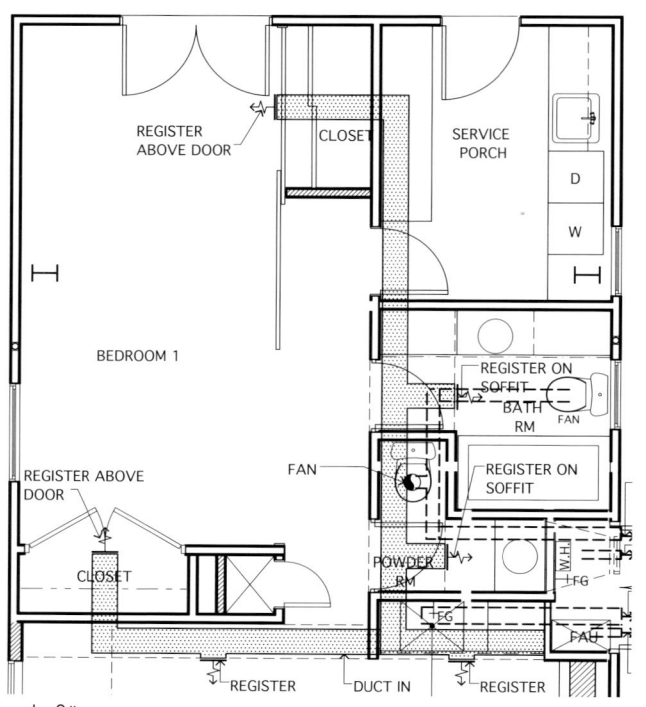

Abb. 2.31 Beispiel: „Haustechnikgeschoß"

In den Anwendungsbeispielen wird aufgezeigt, auf welche Weise die Geschoßstruktur in eine erweiterte Verwendung eingebunden werden kann. Manche der dargestellten Lösungen aus der Praxis scheinen zwar dem Konzept des *Virtuellen Gebäudes* zu widersprechen, stellen aber bei genauer Betrachtung aus der Anwendersicht eher eine Erweiterung denn eine Einschränkung der Möglichkeiten dar. Verschiedene Gebäudeinhalte können beispielsweise in mehreren Geschoßen dargestellt werden. Ebenso wird der Zugang zu den geschoßübergreifenden Planungsinformationen in einem Projekt erleichtert, wenn z.B. bei Bedarf der Garagenraster im Dachgeschoß ohne weiteren Zeichenaufwand „durchscheinend" abgebildet werden kann.

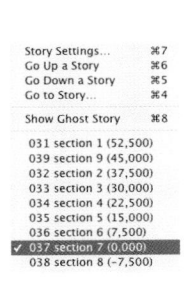

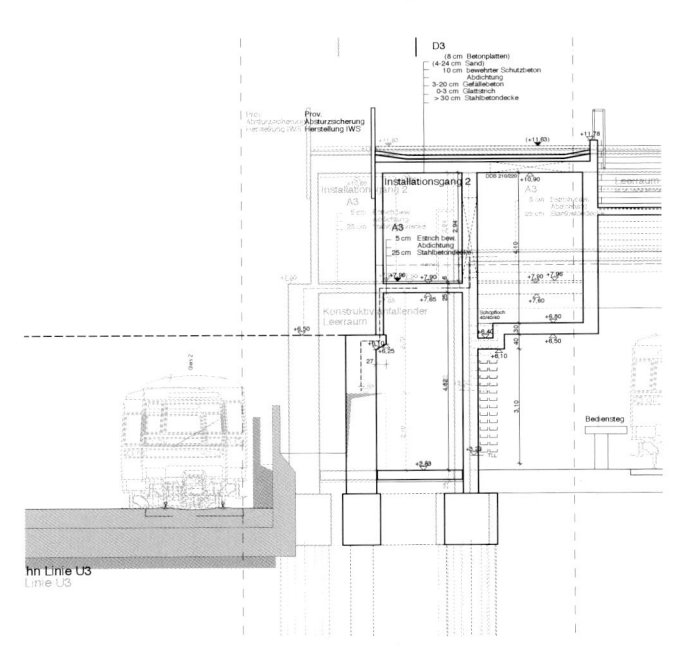

Abb. 2.32 Beispiel: „Schnitt-/Ansichtengeschoß" (Architektengruppe U-Bahn)

Die vertikale Gebäudestruktur fordert vom Anwender, dass er sich mit der Überlagerung von Bauelementen und deren Darstellung in den unterschiedlichen Plänen auseinander setzt. Transparente Geschoßinhalte unterstützen diese Anforderungen, indem nach freier Auswahl durch den Anwender sowohl Gesamt- als auch Teilinformationen von darüber oder darunter liegenden Geschoßen in jedem beliebigen Grundrissplan dargestellt und ausgedruckt werden können.

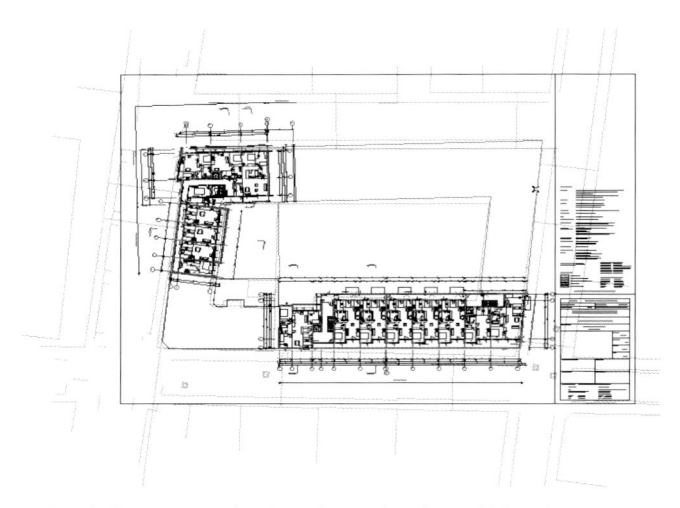

Abb. 2.33 Beispiel: „Transparentes Geschoß" mit Lageplandarstellung (Ifsits/Ganahl/Larch)

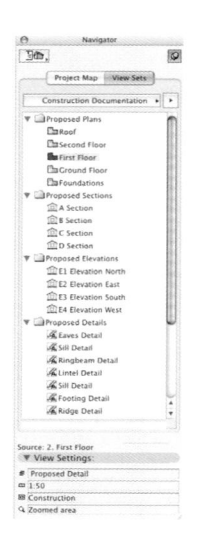

Für gewöhnlich wird ein Lageplan samt Darstellung der Gebäudeumrisse als ein eigenes Plandokument erstellt. Die Geschoßverwaltung in ArchiCAD bietet die Möglichkeit, solche Lagepläne mitsamt den aus Geometerplänen dazu geladenen Umgebungsdaten auf eine vernünftige Art und Weise in das *Virtuelle Gebäude* zu integrieren. Indem ein eigenes Geschoß „Lageplan" angelegt wird, dessen Daten hauptsächlich aus importierten 2D-Informationen bestehen, kann z.B. auch in Kombination mit der Funktionalität eines transparenten Geschoßes rasch ein Lageplandokument erzeugt werden, ohne dabei im Geringsten die Grundrissdarstellungen der anderen Geschoße zu beeinflussen. Mittels speicherbarer Navigator-Einstellungen wird man sowohl den maßstäblichen als auch den reduzierten grafischen Inhalten eines Lageplanes auf einfache Art und Weise gerecht.

2.5.3 TeamWork-Funktionalität für eine effiziente Arbeitsteilung

Bei gleichzeitigem Zugriff mehrerer Mitarbeiter auf die gleichen Projektdaten sind grundsätzlich zwei verschiedene Vorgangsweisen zu unterscheiden. Ein Projekt kann zunächst in Einzelzeichnungen (z.B. je eine Datei pro Ebene) abgespeichert werden. Ergänzend benötigte Zeichnungsteile werden in weiterer Folge mittels einer Referenzierung lokal dazu geladen. Eine solche Vorgangsweise erfordert allerdings eine zusätzliche Management-Software, um den Überblick über das gesamte Projekt zu behalten. Andererseits kann sich aber auch die Organisation des Datenzugriffs über eine zentrale Projektdatei abspielen. Dieser Weg wird von ArchiCAD verfolgt und hängt aufs Engste mit dem Konzept des *Virtuellen Gebäudes* zusammen. ArchiCAD unterstützt mit der TeamWork-Option wesentliche Strukturen zur Bearbeitung und Verwaltung von arbeitsplatzübergreifenden Projekten. Wesentlich erscheint dabei die Möglichkeit zur Abbildung bestehender Arbeitsstrukturen.

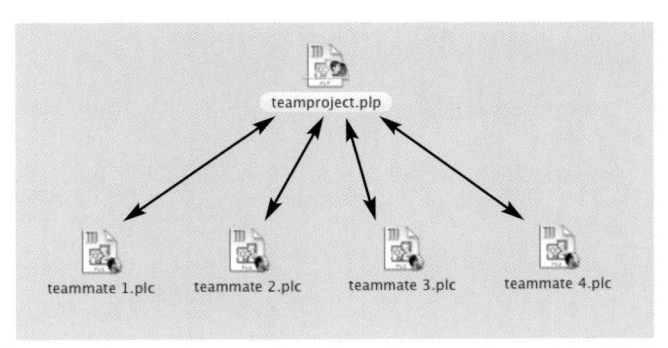

Abb. 2.34 Schematische Darstellung der Dokumentstruktur im TeamWork

Die interne Verwaltung von projektrelevanten Vorgaben wie Bauteilschraffur, Ebenenbezeichnung, Geschoßanzahl bzw. -höhe kann ausschließlich vom sog. „Teamleiter" angelegt oder abgeändert werden. *Teammitglieder* hingegen können sich beispielsweise exklusiv Geschoße oder Ebenen – und dies auch geschoßübergreifend – für die Bearbeitung im zentralen TeamWork-Dokument „reservieren". Alle betroffenen Benutzer ziehen – gegebenenfalls auch plattformübergreifend bzw. über größere Entfernungen hinweg – an einem Strang und haben Zugang zum selben Projektstand. Eine ständige Vernetzung ist nicht erforderlich, jedoch sollte in regelmäßigen Abständen eine Abgleichung stattfinden. Damit ist gemeint, dass die gemachten Eingaben an jenen Rechner (Server) gesendet werden, wo sich das Teamprojektdokument befindet. Dieses übernimmt mittels „Empfang" Ergänzungen und/oder Änderungen. Gezeichnet wird im sog. „Skizzen-Modus". Im Prinzip können sich beliebig viele Anwender an einem Projekt beteiligen, gibt es doch Mechanismen, mittels derer spezifische Zugangs- und Änderungsberechtigungen geregelt sind. So können beispielsweise bestimmte Arbeitsbereiche überhaupt gesperrt werden. Darüber hinaus ist eine Konflikterkennung in den Geschoßen und Ebenen gegeben.

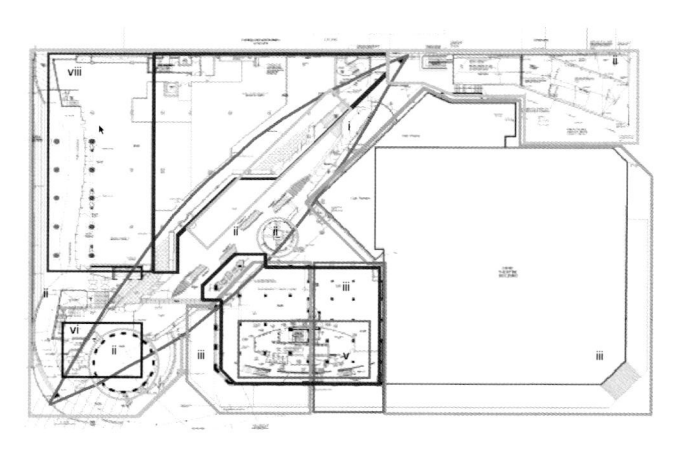

Abb. 2.35 Beispiel: Mögliche Reservierung von Arbeitsbereichen

Im Bedarfsfall kann ein Anwender sogar mehrere Rollen annehmen (Teamleiter und -mitglied). Des Weiteren muss festgehalten werden, dass mehrere Anwender die gleiche

Benutzerkennung verwenden können, wenn auch nicht gleichzeitig. Es ist sogar möglich, auch ohne Netzwerk ein Team an einem einzigen Rechner zu simulieren. Sollte es – aus welchen Gründen immer auch – erforderlich sein, kann aus der TeamWork-Konstellation in den Einzeldokumentenmodus gewechselt werden.

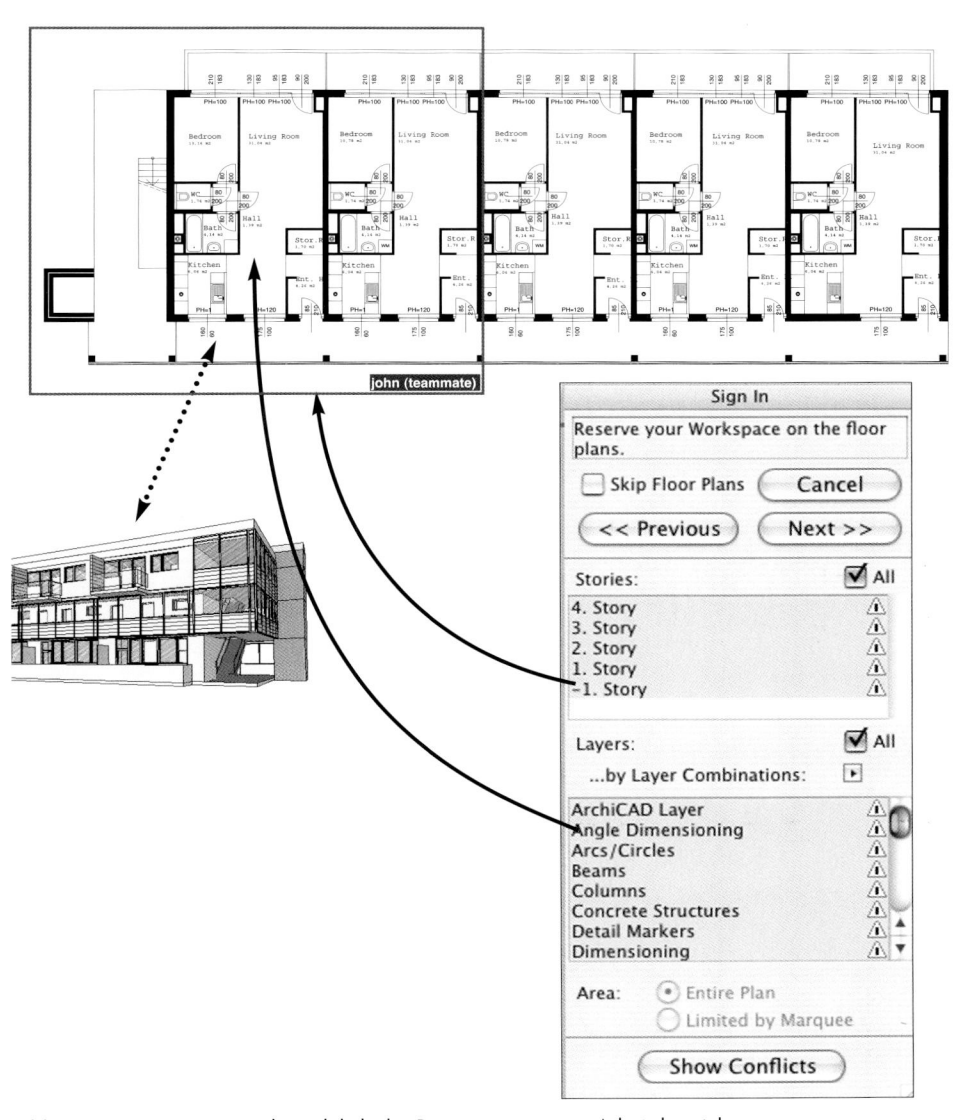

Abb. 2.36 Vorgangsweise hinsichtlich der Reservierung eines Arbeitsbereiches

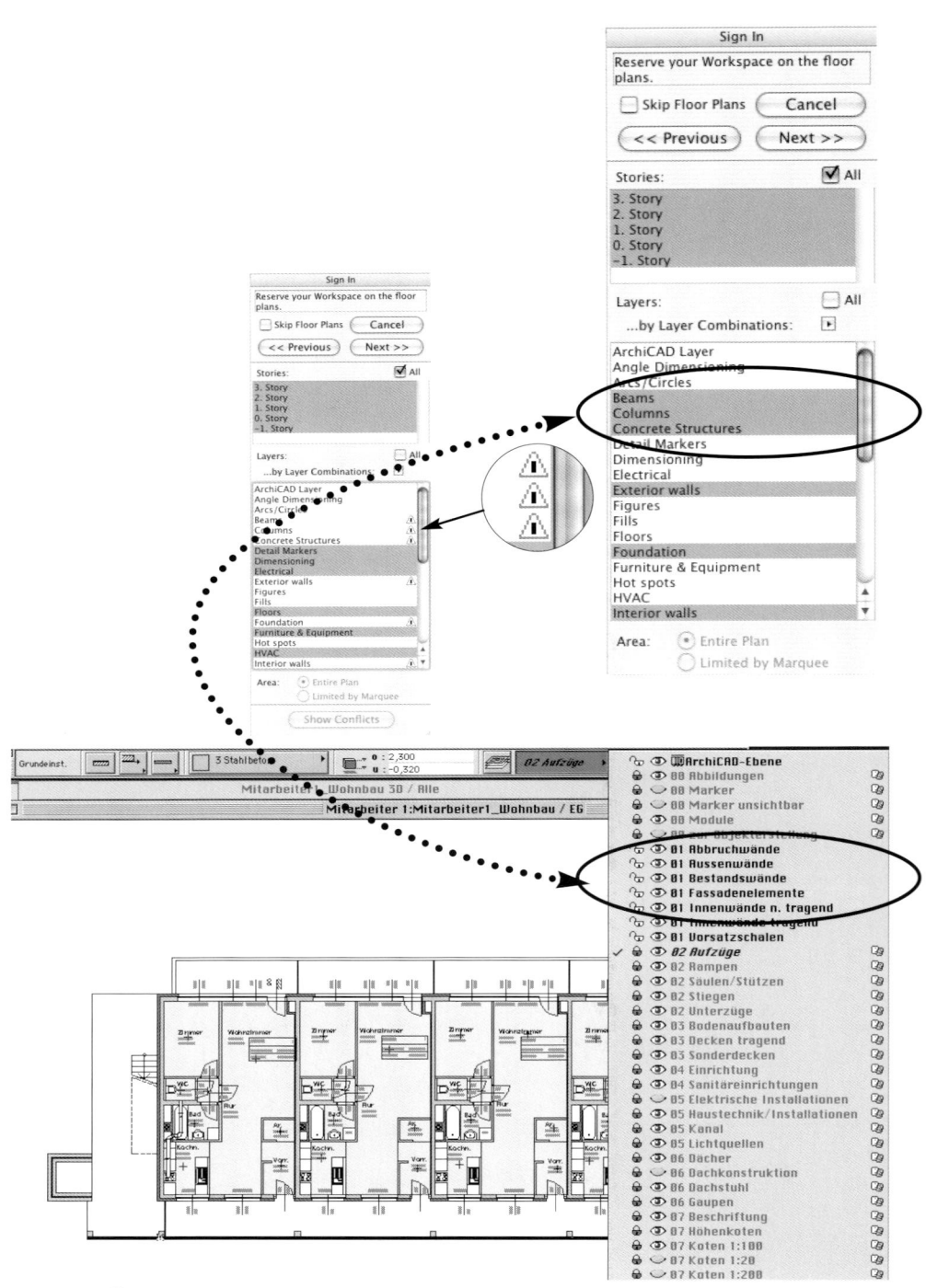

Abb. 2.37 Übersicht über reservierte Projektbereiche (Konfliktkontrolle)

Wie sähe eine alternative Vorgangsweise ohne Team-Work-Funktion aus? In diesem Fall müssen ArchiCAD-Projektdokumente zusammengestückelt werden. Obgleich diese Möglichkeit gegeben ist, muss von einem gewissen zeitlichen Zusatzaufwand ausgegangen werden. Nachteilig erscheint dabei die Tatsache, dass während der Eingabearbeit des Öfteren (Teil-)Bereiche hin- und hergeschickt werden müssen, um z.B. etwas zu abzulesen oder zu verifizieren (Abmessungen, Parameter etc.).

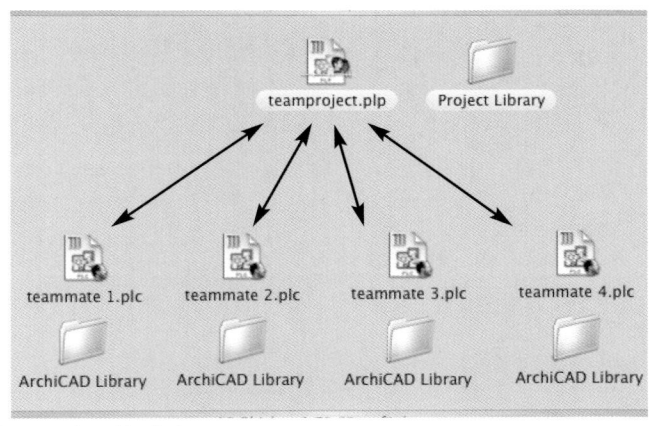

Abb. 2.38 Organisationsbeispiel: zentrale Bibliothek

Die Nutzung von sog. „Satellitenbibliotheken" bedeutet für den Anwender eine vereinfachte Verwaltung von GDL-Objekten, die in einem TeamWork-Projekt Verwendung finden. Die Satellitenbibliothek ist an sich nichts weiter als eine identische (indizierte) Kopie der mit dem Original-Teamprojekt verknüpften Objektbibliothek. Die Indizierung hat für den Anwender zur Folge, dass bei einer lokalen Änderung eines GDL-Objektes der Satellitenbibliothek beim nächsten TeamWork-Projektabgleich auch die Veränderung des referenzierten GDL-Objektes erkannt wird. Mittels einer Abfrage kann der Anwender zwischen dem geänderten und dem originalen GDL-Objekt als zukünftiger Referenz wählen.

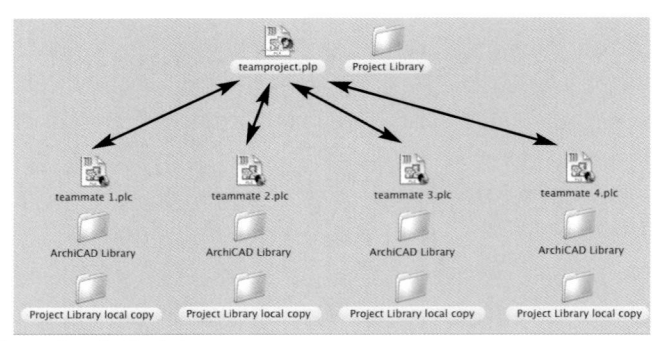

Abb. 2.39 Organisationsbeispiel: Satellitenbibliothek

Im Laufe der letzten Jahre haben sich in den verschiedenen Architekturbüros unterschiedliche Anwendungsformen der TeamWork-Funktionalität herauskristallisiert. Dabei stellt sich die grundsätzliche Frage, ab welchem Zeitpunkt bei einem Projekt sinnvollerweise im TeamWork-Modus gearbeitet bzw. unter welchen Bedingungen vielleicht eher für die Hotlink-Modulfunktion optiert werden soll.

Eine schlüssige Beantwortung dieser Frage ist nicht möglich, zumal Hotlink-Module auch als zusätzliche Projektorganisationsmethode im Rahmen des TeamWork-Modus verwendet werden können. Jedenfalls ist nach praktischen Erkenntnissen die Projektbearbeitung im TeamWork-Modus sinnvoll, sobald mehr als drei Mitarbeiter gemeinsam an einem Projekt arbeiten müssen, da vor allem die integrierten und automatischen Backup-Funktionen im TeamWork-Modus einen Vorteil gegenüber den lokalen und manuell zu sichernden Einzeldateien haben.

2.5.4 Planwechsel und Dokumentbezeichnung

Für die in einem Projekt auftretenden Planwechsel (Austausch von Planunterlagen aufgrund eines geänderten Wissensstandes) empfiehlt es sich, jeweils einen strukturellen Teilabschluss einzurichten. Die Projektdatei wird als nachvollziehbarer Planungsstand archiviert. Ab diesem Zeitpunkt wird an einer (digitalen!) Kopie dieser Projektdatei der Planwechsel vollzogen. Dabei können alle für diesen neuen Stand nicht mehr benötigten Planinhalte gelöscht werden, zumal die weiterführende Planung ggf. weitaus detailliertere Strukturen verwendet. Klassisches Beispiel für die Entfernung sind z.B. die Beschriftungen und Kotierungen einer Einreichplanung (M=1:100). Die danach benötigten Beschriftungen und Kotierungen in der Ausführungs-(M=1:50) oder Detailplanung (M=1:1, M=1:2, M=1:5, M=1:10, M=1:20) werden neu erstellt.

Parallel mit der Duplizierung der Projektdatei sind alle zu diesem Planungsstand gehörenden Dateien (z.B. externe Plotdateien oder Archive) in einem eigenen Verzeichnis abzulegen. Die Bezeichnung eines solchen Verzeichnisses ist am besten über die jeweilige Projektkennung und das dazugehörige Datum zu wählen, so z.B. „E_Hofgasse_01.05.2002.PLN". Bei Projektvarianten mit gleichem Datum sollten die Projektkennung, die Variantenbezeichnung und das aktuelle Datum als Bezeichnung herangezogen werden: „E_HofgasseV1_01.05.2002.PLN", „E_HofgasseV2_01.05.2002.PLN" Das Kürzel „E" steht für Einreichplan und bezeichnet den Planinhalt. Ein Ausführungsplan für das gleiche Projekt könnte z.B. „A_Hofgasse_01.05.2002.PLN" heißen.

Eine für jeden Projektmitarbeiter nachvollziehbare Kennung sollte verwendet werden, und Bezeichnungen wie: „Vormittag1.PLN", „Vormittag 1_NEU.PLN" sind tunlichst zu vermeiden. Letztlich sind solche Kennungen höchstens für eine kurze Zeit verständlich und für andere Mitarbeiter wohl kaum praktikabel. Auch für den Anwender selbst ist es nach einiger Zeit – vielleicht über mehrere Wochen oder gar Monate hinweg – nicht mehr rekonstruierbar, um welchen Planungsstand es sich genau handeln könnte. Andere Suchkriterien, wie Datum und Uhrzeit der letzten Änderung, sind in einem strukturierten Bezeichnungsschlüssel ohnehin eingebunden. Es gilt dennoch anzumerken, dass die Bezeichnung von Projektdokumenten nicht generell verordnet werden kann. Dies würde letztlich eine massive Einschränkung der individuellen Handlungsspielräume eines Architekturbüros beinhalten. Es sollte aber ein bürospezifischer Standard aufgestellt werden, welcher die jeweiligen Bedürfnisse abdeckt und allgemein verständlich ist. Bezeichnungsschlüssel sollten jedem Mitarbeiter ausgehändigt werden.

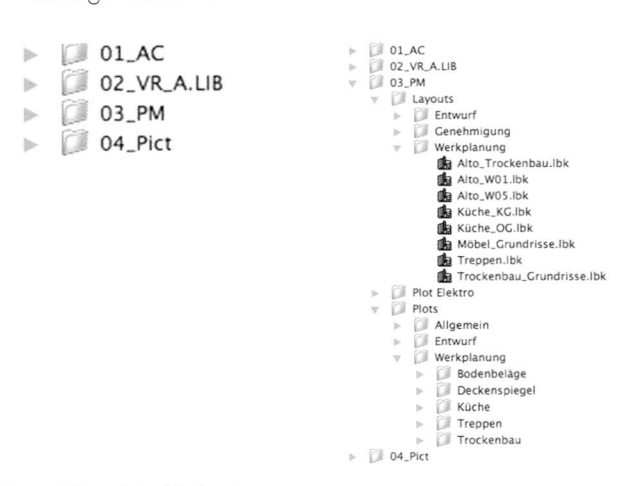

Abb. 2.40 Beispiel: Datenverwaltung (Dietzel Architekten)

Abb. 2.41 Beispiel: Datenverwaltung (AXIS Ingenieurleistungen)

Das Konzept des Virtuellen Gebäudes ermöglicht dem Anwender, neben der Geschoßverwaltung auch Schnitte und Ansichten eines Projektes innerhalb einer Projektdatei zu verwalten. Diese Funktionalität von Archi-CAD bietet bei Änderungen eine schnellere Aktualisierung aller in der Folge von dieser Maßnahme betroffenen Planungsdokumente. Letztlich entscheidet der Anwender zwischen einer automatischen Aktualisierungsdynamik oder einer Dynamik per „Knopfdruck". Das bedeutet jedoch, dass im zweiten Fall der Arbeitsprozess nicht aufgehalten, aber eine mögliche Fehlerquelle geschaffen wird, falls mittlerweile Änderungen im 3D-Modell stattfanden und die notwendige manuelle Aktualisierung vergessen wurde.

2.6 Nutzung von Informationen aus der internen Datenbank

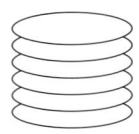

Das Konzept des *Virtuellen Gebäudes* baut auf einer integrierten Projektdatenbank auf. Wenn also eine Fülle an Informationen vorhanden ist, stellt sich die Frage, welche Arten von Auswertungen hiemit durchgeführt werden können. Die Möglichkeit einer Raumbeschriftung, einer automatischen Berechnung von Raumflächen und die dynamische Verbindung der Raumzone mit ihren umgebenden (raumbildenden) Elementen gehört seit einigen ArchiCAD-Versionen zum Standard. Die Funktionen des Raumstempelwerkzeuges erleichtern den Arbeitsalltag beträchtlich. Raumstempel zeigen nicht nur Basisinformationen im Grundriss an, sondern stellen einen zentralen Teil der Datenbankauswertungen dar. Wird ein Projektmitarbeiter im Zuge der Fertigstellung eines Architektur-Wettbewerbsbeitrags noch kurz vor der Abgabe aufgefordert, alle vorhandenen Flächenkategorien nachzuweisen, so bedeuten solche Berechnungen entweder einen hohen Zeitaufwand, oder es wird in der ArchiCAD-Umgebung einfach der „Berechnen"-Knopf betätigt. Da es im deutschsprachigen Raum unterschiedliche Berechnungsgrundlagen gibt (DIN, SIA- und Ö-Normen), ist eine nach vorgegebenen Regeln entsprechende Auswertung aus der Datenbank nützlich. Ein weiteres Beispiel stellt die Kalkulation von Bruttovolumen und -geschoßflächen aus einem Gebäude dar. Auch hier kann mittels Datenbankzugriff im Bedarfsfall ein sofortiger Überblick über die Kosten erlangt werden.

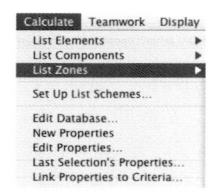

Im Rahmen einer Projektabwicklung ist die Auseinandersetzung mit dem Raum- und Funktionsprogramm einschließlich der Erstellung eines Raumbuches als zentrale Tätigkeit anzusehen. Oft wird dabei auf manuelle Hilfsmittel bzw. Tabellenkalkulationsprogramme zurückgegriffen, welche einen mehrfachen Arbeitsaufwand bedeuten. Aus der konsequenten Verwendung von integrierten Softwarefunktionen ergibt sich eine Kostenersparnis, d.h. eine nachhaltige Reduktion im Planungsaufwand (Fehlervermeidung, unnötige Eingabearbeit etc.). Musterraumbücher für standardisierte Raumtypen und deren Anforderungen in allen Bereichen einer Hochbauplanung können dabei eingesetzt werden. Dies betrifft nicht nur die Bereiche *Rohbau, Ausbau und Einrichtung*, sondern auch die *Sanitär-, Elektro- und HLK-Ausstattung*, weshalb Fachplaner zu einem frühen Zeitpunkt eingebunden werden können.

Die *Struktur* eines Raumbuches ist z.B. in Österreich nicht von einer ÖNORM festgelegt. Es hat sich jedoch in der Praxis längst ein umfassendes Ordnungsprinzip herausgebildet. Damit ist gemeint, dass das Projekt als solches die oberste Stufe in der Hierarchie bildet und das Gebäude nach *Geschoßen, Nutzungskategorien* (gem. ÖNORM 1801, DIN-Norm 277, SIA-Norm 416), Bereichen und Widmungen gegliedert wird. Sämtliche im Raum befindlichen und daran angrenzenden raumbildenden Elemente werden einer eindeutigen Raumkodierung („RaumID") zugewiesen. Die Zuordnung eines Raumes zu einer Nutzungskategorie, zu einem Geschoß oder zu einem Bereich (evt. Abteilung) definiert die exakte Raumposition im Gebäude. Die jeweilige Raumwidmung (z.B. Zimmer, Büro oder Flur etc.) kann in der nächst höheren Hierarchiestufe in mehreren Nutzungskategorien und auch in mehreren Geschoßen verwendet werden.

Abb. 2.42 Beispiel einer erzeugten Raumbuchliste

Unter einem Bereich wird die Zusammenfassung von Einzelräumen mit gleicher oder unterschiedlicher Widmung bzw. Nutzungskategorie in einem oder mehreren Geschoßen verstanden. Es ist darüber hinaus eine Zusammenfassung von Bereichen zwischen verschiedenen Gebäuden möglich.

Ein Raumbuch verwaltet grafische wie auch alphanumerische Daten, welche einer Raumkodierung eindeutig zugeordnet werden können. Diese Datensammlung kann zum Zeitpunkt der Projektübergabe dem Betreiber oder Gebäudenutzer zur Verfügung gestellt werden:

- Die Sammlung *Bautechnik* bezieht sich auf die Verwaltung sämtlicher Rohbau- und Ausbaudaten. Dabei handelt es sich um Wandflächen, Bodenflächen, Deckenflächen und die Unterkonstruktion. Weiters können raumbezogene Informationen wie Netto- und Bruttoraumvolumen, Anzahl der Raumecken, Raumumfang usw. abgelegt sein.

- Sämtliche raumbildenden Elemente einschließlich ihrer Oberflächen werden in der Sammlung *Ausstattung* spezifiziert, so z.B die Verfliesung einer Wand wie auch die Art des Bodenbelags und eine etwaige Ausstattung mit Sesselleisten.

- Alle einem Raum zugeordneten *Fenster* und *Türen* sind samt ihren Flächenmaßen und Leibungstiefen in der korrespondierenden Sammlung zu dokumentieren. Auch produkt- und ausführungsspezifische Attribute sind zu berücksichtigen. Ebenso kann die Art der Ausführung oder das eingesetzte Beschlagssystem etc. definiert werden.

Notwendige Grunddaten, welche zur Erstellung komplexer Auswertungen in ArchiCAD benötigt werden, sind bereits in den Datensets der aktiven Bibliotheken enthalten, doch ist eine anwenderspezifische Erweiterung, Abänderung und Aktualisierung dieser Datensets möglich. Es lassen sich auch gleichzeitig mehrere aufgabenspezifische Datensets vom Anwender einrichten, welche Bestandteile, Beschreibungen und Einheiten (Mengen, Massen, Gewichte etc.) enthalten. Eine Gruppierung ist mittels Datenschlüssel (sog. „keys") möglich und folgt einer anwenderspezifischen Logik. Häufig wird hiefür der länderspezifische Materiallistenstandard verwendet. Eigenschaften können nach Konstruktionstypen wie Wände, Stützen, Dächer, nach Materialien wie Beton, Holz, Stahl oder nach Arbeitsschritten wie Fundament, elektrische Einrichtung und Möblierung geordnet werden.

Jeder *Datenschlüssel* beinhaltet eine Bezeichnung („keyname") und eine Nummerierung („keycode"), welche beide alphanumerisch definiert werden. Der Datenschlüssel wird gemäß den korrespondierenden Codes alphabetisch sortiert, wobei die „keys" untereinander hierarchisch geordnet sein können. Dies trifft auch für die Nummerierung zu, die zur Identifizierung dient und deren Bezeichnung beschreibender Natur ist. Erst wenn eigens erstellte Datensets in der aktiven Bibliothek geladen sind, ist eine Verwendung in der ArchiCAD-Umgebung möglich. Die Verknüpfung von baulichen Elementen mit Datensets erfolgt immer über die Funktion „Eigenschaften-Objekte". Um solche „Eigenschaften-Objekte" funktionell verknüpfen zu können, müssen diese in der Objektbibliothek angelegt werden.

Abb. 2.43 Einstellungen der Datenbasis und zugehörigen „keys"

In ArchiCAD wird zwischen zwei Möglichkeiten der Verknüpfung von Datensets mit Zeichnungselementen (z.B Wände, Fenster etc.) unterschieden. Bei der *direkten Verknüpfung* wird zuerst das Element einzeln ausgewählt (z.B. eine Wand aus Leichtbeton) und über die Funktion „Individuelle Zuordnung" mit einem „Eigenschaften-Objekt" verbunden. Für den Fall, dass eine *generelle Zuordnung* von Eigenschaften zu Element-, Schraffur- oder Materialtypen getroffen werden soll, kann diese über die sog. „Kriterien-Verknüpfungen-Funktion" festgelegt werden. Dabei wird jedes Mal, wenn einem Kriterium entsprochen wird, automatisch die Eigenschaft in der Mengenermittlungsliste neu berechnet.

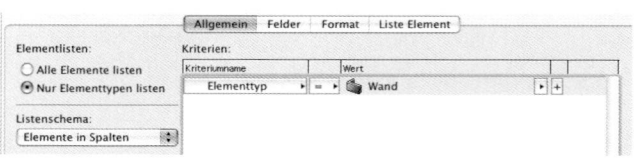

Abb. 2.44 Datenbank: Elementauswahl-Kriterien und Sortierreihenfolge (Spalten/Reihen)

Abb. 2.45 Datenbank: Attributauswahl und Listenreihenfolge

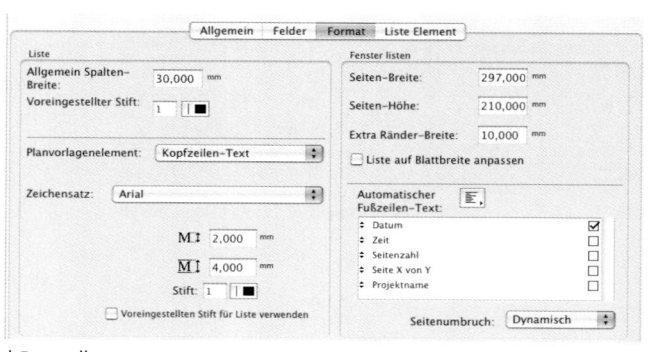

Abb. 2.46 Datenbank: Format und Darstellung

Schemata mit Elementlisten sollen primär dazu verwendet werden, um Konstruktionselemente in ArchiCAD-Projekten zu sortieren, zu zählen und in Mengenauswertungen zu erfassen. Die in den Elementlisten enthaltenen Informationen können sich auch auf Elementparameter, -bestandteile und -beschreibungen beziehen.

Bestandteillisten sind zu verwenden, wenn es darum geht, Bestandteile und Beschreibungen von Konstruktionselementen zu sortieren und zu zählen bzw. Massenermittlungen, Materialmengen, Preislisten oder ähnliche Auswertungen zu erstellen. Die Anweisungen in Bestandteillisten können sich auch auf Elementparameter beziehen.

Vorschau der berechneten Massen-Elemente

Auswertung aller Wand-Parameter								
Typ	Wand	Wand	Wand	Wand	Wand	Wand	Wand	Wand
Ebene	01 Aussenwände	01 Aussenwände	01 Aussenwände	01 Aussenwände	01 Aussenwände	01 Aussenwände	01 Aussenwände	01 Aussenwände
Schraffur	AW 01_39cm	AW 01_39cm	AW 01_39cm	AW 01_39cm	AW 01_39cm	AW 01_39cm	AW 01_39cm	AW 01_39cm
Höhe (m)	2,620	2,620	2,620	2,620	2,620	2,620	2,620	2,620
Dicke (m)	0,390	0,390	0,390	0,390	0,390	0,390	0,390	0,390
Fläche der Wand	1,40	1,40	2,27	3,47	3,53	5,38	5,38	9,27
Floor (Geschoss)	0	0	0	0	0	0	0	0
ID	Wand 008	Wand 010	Wand 009	Wand 007	Wand 011	Wand 006	Wand 012	Wand 005
2005/05/28								

Berechnungstabelle nach Spalten

Auswertung aller Wand-Parameter							
Typ	Ebene	Schraffur	Höhe (m)	Dicke (m)	Fläche der Wand	Floor (Geschoss)	ID
Wand	01 Aussenwände	AW 01_39cm	2,620	0,390	1,40	0	Wand 008
Wand	01 Aussenwände	AW 01_39cm	2,620	0,390	1,40	0	Wand 010
Wand	01 Aussenwände	AW 01_39cm	2,620	0,390	2,27	0	Wand 009
Wand	01 Aussenwände	AW 01_39cm	2,620	0,390	3,47	0	Wand 007
Wand	01 Aussenwände	AW 01_39cm	2,620	0,390	3,53	0	Wand 011
Wand	01 Aussenwände	AW 01_39cm	2,620	0,390	5,38	0	Wand 006
Wand	01 Aussenwände	AW 01_39cm	2,620	0,390	5,38	0	Wand 012
Wand	01 Aussenwände	AW 01_39cm	2,620	0,390	9,27	0	Wand 005

Abb. 2.47a-c Datenbank: Interaktive Berechnungen

Berechnungstabelle nach Reihen

2.7 Projektbezogene Kommunikation und Präsentation

Betrachtet man traditionelle Entwurfs- und Planungspräsentationen, so scheinen sich die eingesetzten Kommunikationsmittel nicht wesentlich vom papierbasierten Medium zu entfernen. Der Informationsträger, welcher letztendlich auf der Baustelle landet und nach dessen Plansymbolik das „reale Gebäude" errichtet wird, stellt die Interpretationsgrundlage dar. Analog dazu ist auch das physische Maßstabsmodell zu erwähnen. Vor allem detaillierte Modelle sind im Stande, einen besonderen Eindruck beim Betrachter zu hinterlassen. Die mitunter mangelnde Fähigkeit eines Laien, technische Baupläne richtig zu verstehen, stellt ein potenzielles Kommunikationsproblem dar. Er wäre durchaus zu vergleichen mit einem Analphabeten, der das Geschriebene als wahre Niederschrift des von ihm Gesprochenen akzeptieren muss. Ein des Lesens Kundiger wird den geschriebenen Text kaum anzweifeln, da er die dem Text zu Grunde liegende Kommunikation nicht kennt. Visualisierungen wie z.B. perspektivische Darstellungen sind in einer solchen Konstellation als Instrument der Informationsübermittlung nützlich. Diese „Erkenntnis" stellt an sich keine Novität dar. Doch welche Standpunkte werden gezeigt? Sind es überhaupt vom Menschen einnehmbare Positionen? Hier steht eine randvoll gefüllte Trickkiste zur Verfügung.

In der Architektur wird die grafische Darstellung für gewöhnlich durch eine verbale Absichtserklärung oder eine anderweitige Form der Kommunikation ergänzt. Neben der externen Kommunikation mit den verschiedenen Parteien ist aber auch die interne Kommunikation – und zwar zwischen den beteiligten Projektmitarbeitern – zu berücksichtigen. Letztere sind grundsätzlich im Stande, die technische Symbolik eines Bauplans zu interpretieren. Allein schon die Rollen „Architekt" und „Statiker" sind von unterschiedlichen Betrachtungsweisen geprägt, welche sich in verschiedenen Plandarstellungen von ein und demselben Gebäude (-Teil) widerspiegeln.

Mit der ArchiCAD-Version 9 gibt es bereits die vierte Generation von Werkzeugen, welche die Arbeitsabläufe im Rahmen der Kommunikation mit z.B. Fachplanern und Auftraggebern unterstützt. Damit werden manche notwendige Arbeitsschritte des Projektalltages vereinfacht. Die *projectXchange-Funktionen* – bestehend aus *project publisher*, *reviewer* und *marker* – stellen diesbezüglich nützliche (internetbasierte) Hilfsmittel dar. Nachdem die zu übermittelnden Plandarstellungen mit dem publisher aufbereitet sind, können Beteiligte Kommentare dazu abgeben. Dies kann auch ohne Verwendung von ArchiCAD geschehen, zumal die zu diesem Zwecke aufbereiteten Plandarstellungen im Internetbrowser betrachtet und mit Hilfe der sog. „redlining-Funktion" mit Kommentaren versehen werden können. Mit Hilfe des *publishers* lässt sich auch eine Stapelverarbeitung ausführen, die mit einem „einzigen Mausklick" alle zu übermittelnden Grundrisse, Schnitte, Ansichten oder auch Visualisierungen und Massenlisten aus dem *Virtuellen Gebäude* generiert, in ein gewähltes Datenformat exportiert und via „ftp-upload" dem Fachplaner zur Verfügung stellt. Der *reviewer* inkludiert neben dem direkten Zugriff auf die Informationen mittels Internetbrowser auch die *redlining*-Funktion. Diese ermöglicht grafische bzw. textuelle Anmerkungen innerhalb der publizierten Zeichnungen mit der Option auf Rück-Import in die ursprüngliche Projektdatei. Der in diesem Fall zur Anwendung gelangende *project marker* gibt gleichzeitig über die aktuellen wie auch über alle früheren Änderungen und Anmerkungen des externen Anwenders Auskunft. Änderungsschritte können somit auf einfache Weise nachvollzogen und dokumentiert werden. *ProjectXchange* ermöglicht somit dem Anwender eine effektive Kontrolle und Organisation des Informationsflusses.

2.7.1 Strategien im Wege der Visualisierung

Vielfältige Instrumente zur Visualisierung sind heutzutage ohne allzu große Hürden jedem Anwender zugänglich und dies gemäß dem (abgedroschenen) Spruch „Ein Bild sagt mehr als tausend Worte". Eine Zeit lang hat es gar ausgesehen, als würde bald eine eigene olympische Disziplin für die „fotorealistische Computerdarstellung" eingerichtet werden. In der Tat wurde es immer schwieriger festzustellen, ob und inwiefern eine vorgelegte bildhafte Darstellung (zur Gänze oder zum Teil) nun „künstlich" oder „natürlich" sei. Das Auge entdeckt rasch Unterscheidungsmerkmale. Die Darstellung von Gebrauchsspuren oder Detailreichtum – man denke an vegetabile Strukturen – würde so manche Rechner (oder gar Rechnernetzwerke) zum Erliegen bringen. Doch wird dies alles wirklich benötigt? Es wird eine komfortable Grundausstattung angeboten, welche sich durchaus eine gewisse Abstraktion zu Nutze macht. Zur Ergänzung stehen im Bedarfsfall Techniken der Bildbearbeitung zur Verfügung. Das bedeutet, dass zum Beispiel Retouchierungen und Ergänzungen als manipulative Mittel eingesetzt werden können. Wird ein „Mehr" an fotorealistischer Qualität benötigt, bietet eine Auswahl verschiedener Rendering-Engines eine Erweiterung der Darstellungsmöglichkeiten. So kann z.B. zwischen einer Preview-Engine im openGL-Modus, der Phong-Shading Engine von Graphisoft oder einer komplexen Raytracing-Engine von Lightworks gewählt werden. Alle diese *internen Engines* bieten zwar eine große Vielfalt, allein das Berechnungstempo von eigenständigen Rendering-Applikationen wird dennoch nicht annähernd erreicht. Herstellerseits wird in diesem Zusammenhang die Verbindung ArchiCAD-Art•lantis favorisiert. Darüber hinaus werden Schnittstellen zu anderen Spezialprogrammen wie *3D Studio*, *CinemaXL* oder *Lightscape* angeboten. Unabhängig von der gewählten Renderingsoftware (speziell aber bei der Wahl von externen Programmen) liegt in der Organisation

Abb. 2.48 Visualisierung Deutscher Pavillon – Biennale / Venedig (Projekt: LengyelToulouse Architekten)

Abb. 2.49 Visualisierung Alte Turnhalle Bitburg (LengyelToulouse Architekten / Projekt: J. Götz)

Abb. 2.50 Visualisierung: ehemaliges Kino (Projekt: LengyelToulouse Architekten)

Abb. 2.51 Visualisierung: Detail einer Glasfassade (LengyelToulouse Architekten / Projekt: Klaus Müller)

und Dokumentation des Gebäudemodells der Schlüssel zu einer professionellen Visualisierung. Je undurchsichtiger die Modellstruktur (z.B. Ebenen- und Geschoßstruktur etc.) organisiert ist, desto komplizierter wird die „schnelle Visualisierung", da in den meisten Fällen eine weitreichende Reorganisation der Modelle erfolgen muss. Visualisierungsspezialisten können allerdings diesen Schritt aber auch bewusst setzen, um das Modell von all seinen unnötigen Details zu befreien und den Blick auf das Wesentliche zu lenken.

Im Bereich der professionellen Visualisierung hat sich inzwischen eine Reihe von Dienstleistern etabliert, welche diesbezüglich spezifische Aufträge durchführen. An dieser Stelle scheint ein Vergleich mit dem Berufsstand des Übersetzers sinnvoll. Textvorlagen sind von unterschiedlichen Schwierigkeitsgraden gekennzeichnet, und ein entsprechendes Hineinleben ist daher vonnöten. Dies ist insbesondere dann der Fall, wenn der Verfasser den „Geschwätzmaker" eingeschaltet hat und eine präzise Formulierung der eigentlichen oder vermeintlichen Aussage auf dem Wege der „Übersetzung" nachträglich stattfindet. Maschinelle Übersetzungen gewährleisten nur ein globales Verständnis: Anspruchsvolle Textierungen geraten in Mitleidenschaft.

Grundsätzlich nimmt die Auftragsvisualisierung eine „extreme" Position ein. Mitunter gilt es, eine Idealsituation herbeizuführen, die Entscheidungsträger entsprechend einstimmen soll. Die computergestützte Visualisierung stellt dabei u.U. eine tradierte Eintrittskarte in eine weitere Verfahrensrunde dar. Umgekehrt, z.B. im Falle einer gewünschten Projektverhinderung, soll mittels der (fotorealistischen) Darstellung eine abschreckende Wahrnehmung projizierter Realität herbeigeführt werden. Blickwinkel, Standpunkt und Lichtwirkung beinhalten diesbezüglich wichtige Einstellungen. Überdies stellen menschliche Figuren wie auch vegetabile Elemente und Gebrauchsgegenstände wichtige Ergänzungen in der Visualisierung dar.

Abschließend muss festgehalten werden, dass ArchiCAD-Anwender über eine breite Palette an Darstellungsmethoden und -werkzeugen verfügen, welche von den verschiedenen QuickTime-Techniken (QTVR) bis hin zu Animationen reichen. Je nach Schwerpunktsetzung können diese entweder direkt aus dem ArchiCAD-Modell generiert oder über Schnittstellen anderen Softwareprodukten zur Verfügung gestellt werden.

Abb. 2.52 Abwicklung eines Standortes aus der QTVR-Szenerie „FAUSTs Labor" (H. Peter / K. Wilhelm)

Abb. 2.53 Einzelbilder aus der QTVR-Szenerie „FAUSTs Labor" (Herbert Peter / Kurt Wilhelm)

2.7.2 Drucken und Plotten

Für eine gewisse Zeit reicht dem ArchiCAD-Anwender die Bildschirmumgebung, dennoch sind irgendwann papierbasierte Ausdrucke vonnöten. Kleinformatige Ergebnisse – für gewöhnlich bis zum Format A3 – werden mittels Druckern ausgegeben, während größere Formate vom Plotter (Großformat-Drucker) erledigt werden. Bei manchen Applikationen stellt die Benützung des Druckbefehls kein allzu großes Problem dar. Wenn es sich jedoch um Ausdrucke aus einem CAD-Softwareprodukt handelt, kommt es gelegentlich zu überraschenden Ergebnissen und zwar insbesondere hinsichtlich abgebildeter *Farbe* und *Strichstärke*. Aufgrund der fortschreitenden technischen Entwicklungen in den letzten Jahren haben etwaige Probleme beim Drucken und Plotten wesentlich an Bedeutung verloren, jedoch sind nach wie vor richtige Treiber zu installieren. Wenn z.B. ein neues Ausgabegerät erhältlich wird, kann es vorkommen, dass für dieses Modell nicht sofort ein vollumfänglich funktionsfähiger Treiber verfügbar ist. Die Folge ist, dass (geringfügige) Probleme in der gedruckten Projektdarstellung auftreten können.

Ist ein Plotter mit unterdotiertem Arbeitsspeicher ausgestattet, so stellt dies eine weitere potenzielle Fehlerquelle dar. Vor allem bei jenen Darstellungen, welche hoch auflösende Bilder enthalten, reicht der im Plotter vorhandene Arbeitsspeicher oftmals nicht aus, um die Rasterung der Daten auf den Papierausdruck umzusetzen. Das Plotergebnis glänzt dann durch fehlende Zeichnungsteile, welche in vielen Fällen bei der flüchtigen Durchsicht nicht sofort auffallen (z.B. Fehlen bestimmter Beschriftungen). Solche Problemfälle sind normalerweise nicht dramatisch, würden sie nicht wie durch ein Wunder immer dann auftreten, wenn Zeitdruck gegeben und ein verlässliches Ausgabeergebnis dringend vonnöten ist. Ein Nachteil gegenüber traditionellen (papierbasierten) Darstellungsmethoden kann hier festgestellt

| Custom |
| 1:1 |
| 1:2 |
| 1:5 |
| 1:10 |
| 1:20 |
| 1:50 |
| 1:100 |
| ✓ 1:200 |
| 1:500 |
| 1:1000 |
| 1:2000 |
| 1:5000 |

werden: Eine fertige elektronische Plandarstellung ist kaum nützlich für die Baustelle, solange diese sich „im Computer befindet" und nicht in ausgedruckter Form geliefert werden kann. Vor wichtigen Terminarbeiten sollte daher keine neue Konstellation erprobt werden.

Der Export von fertigen Projektdokumentationen in andere Datenformate (Grafikformate) wie z.B. PDF erfreut sich seit geraumer Zeit großer Beliebtheit. Damit ist es nicht nur möglich, komplexe Plottereinstellungen zu umgehen, sondern mittels eines „neutralen Datenformates" die Dokumentation allen Ausgabegeräten in gleicher Qualität zur Verfügung zu stellen. Die Möglichkeit eines maßstäblichen Ausdruckes von Planausschnitten, einzelnen Zeichnungen oder gesamten Projektdokumentationen ist das tägliche Brot eines Planungsbüros, da erst der gedruckte Plan das rechtsgültige Dokument darstellt. Genau hier ist auch eine Unterstützung durch ein CAD-Softwarepaket zu suchen, um in der Abbildung von Arbeitsprozessen eine Produktivitätssteigerung zu erzielen oder die Konzentration auf wesentliche Aspekte eines Planungsprozesses zu lenken. So z.B. auf die Skalierbarkeit von Planausschnitten mit veränderbaren Inhalten und unproportional vergrößerten oder verkleinerten Beschriftungen. Eine oftmals gewünschte Verkleinerung der Plandarstellung bei gleichzeitiger Beibehaltung bisheriger Schriftgrößen (zur Gewährleistung der Lesbarkeit) ist leider noch nicht möglich und muss nach wie vor durch doppelte Bearbeitung und Verwaltung von verschiedenen Inhalten auf zwei unterschiedlichen Layern durchgeführt werden. Die Unterstützung der Software setzt jedoch hier an, sodass von Anwendern definierte Ausschnitt-Sets mit Ebenenkombinationen und Darstellungsmaßstäben gespeichert und direkt bei der Layout-Gestaltung abgerufen werden können. Eine solche Anforderung tritt hauptsächlich dann in Erscheinung, wenn im Darstellungsmaßstab 1:100 – also mit größerem Detailreichtum – eingegeben und für einen Planausdruck im

Maßstab 1:50 mittels Skalierung bloß vergrößert wird, ohne dabei den Darstellungsmaßstab in der Plandokumentation umzustellen. Der umgekehrte Fall kann eintreten, wenn aus bestehenden Ausführungsplänen (M =1:50) Bestands- oder Auswechslungspläne erstellt werden müssen, welche im Maßstab 1:100 auszugeben sind.

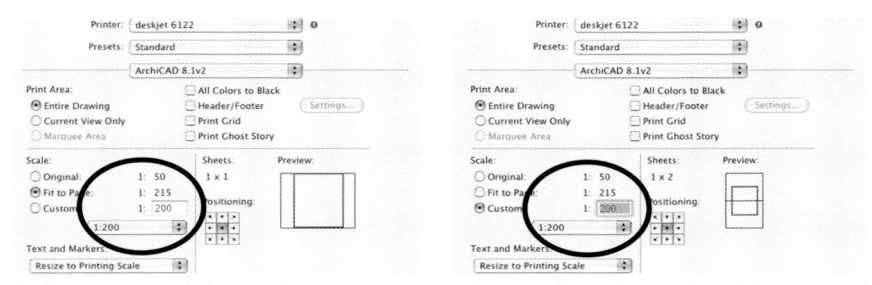

Abb. 2.54a-b Druckdialog: Verhältnis von Druckmaßstab zu Papierformat (Beispiel A4-Format)

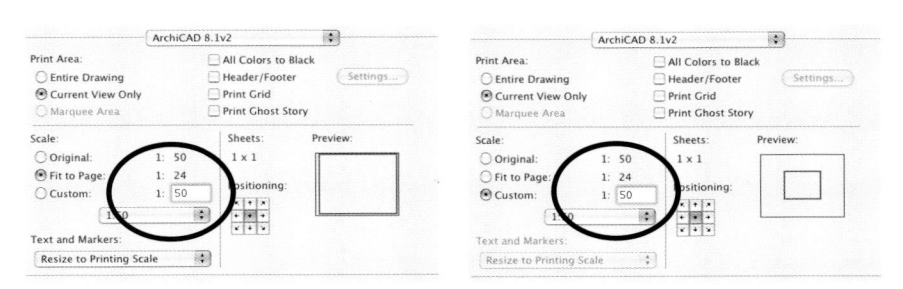

Abb. 2.55a-b Druckdialog: Verhältnis von Planausschnitt zu Normmaßstab

Wurde eine digitale Planzeichnung über einen Drucker oder Plotter ausgegeben, gilt diese als Dokument, weil letztlich damit auf der Baustelle gearbeitet wird. Der Dokumentenstatus beinhaltet somit auch eine Haftungskomponente für den Planer. Es ist deshalb zu empfehlen, wichtige Planungsstadien nicht nur auf direktem Wege zum Plotter zu senden, sondern mit dem jeweiligen Datum versehen auch als „Plotdatei" in der Projektstruktur mit zu archivieren. Solche Dateien sind mit der Erweiterung *.plt versehen. Bei Anfragen seitens ausführender Firmen oder im Wege rechtlicher Auseinandersetzungen bezüglich Planungsfehler und Baumängel ist es nun jederzeit möglich, den Wahrheitsbeweis mit dem jeweiligen Nachweis der Datierung anzutreten. Zu diesem Zwecke sind die mit dem relevanten Datum archivierten Plotdateien neuerlich auszuplotten. Der ausgedruckte Planinhalt entspricht dem damals abgespeicherten Inhalt. Jede nachträgliche Manipulation an einer Plotdatei würde durch das geänderte Datum der Dokumenterstellung aufscheinen. Deshalb sind wichtige Planungsstadien auch parallel in ein Planbuch einzutragen, welches handschriftlich oder elektronisch im Rahmen einer Büroverwaltungssoftware geführt werden kann.

Für das Planlayout wird im Wege der ArchiCAD-Grundausstattung die Software *PlotMaker* mitgeliefert. Es handelt sich hierbei um ein Werkzeug zur Produktion von Plandokumentationen. Neben der Möglichkeit, Planungsdokumente direkt zum Plotter (und Drucker!) zu schicken, bietet *PlotMaker* eine Verwaltung von Plandokumenten an. Aufgrund des Direktzugriffs auf ArchiCAD-Daten ist die Möglichkeit einer dynamischen Aktualisierung gegeben.

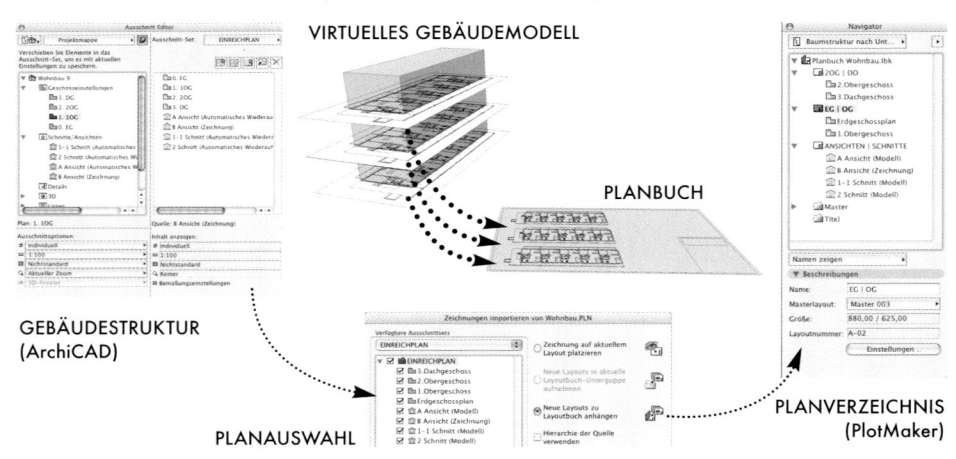

Abb. 2.56 Schematische Darstellung der Verbindung zwischen ArchiCAD und PlotMaker

Die Bequemlichkeit, mit welcher eine „Produktion" von Plänen bzw. Planbüchern erfolgen kann, ist ausschlaggebend für die Qualität der Benutzung einer Layout-Software.

PlotMaker bietet hier nicht nur den direkten Zugriff auf die gesamten ArchiCAD-Gebäudemodelle mit allen darin festgelegten *views* und *sets*, sondern hat mit einer automatisierbaren „Stapelverarbeitung" einen großen Schritt in eine reale Automatisierung von Prozessen in einem Planungsbüro abgebildet. Einmal eingerichtete Spezifikationen für unterschiedliche Plangrößen, grafische Darstellungsmerkmale, deren Ausgabeoptionen (Druck in Farbe oder Schwarzweiß, Export in verschiedene Dateiformate, Sichern von externen Plotfiles, ...) sowie Maßstäblichkeit und Planausschnitte können im günstigsten Fall mittels eines einzigen Mausklicks aktualisiert und/oder ausgeführt werden. Eine automatisierbare Plannummerierung ergänzt diesen Komfort.

■ Ist es möglich, einen Grundriss so zu speichern, dass die Bildauflösung mehr als 72 dpi (= Bildschirmauflösung) beträgt? Wenn beispielsweise eine Auflösung von 300 dpi gewünscht ist, muss zu diesem Zwecke zunächst ungefähr 5 Mal „eingezoomt" werden. Auch wenn nur ein Ausschnitt sichtbar ist, wird dennoch der gesamte Grundriss gespeichert und zwar im ausgewähltem Format (*.tif, *.pict, *.bmp, ...). In weiterer Folge ist die Datei in einem Bildbearbeitungsprogramm zu öffnen. Nun wird auf die „richtige" Größe verkleinert. Dadurch werden die Bildpunkte näher aneinander geschoben und die gewünschte Auflösung realisiert.

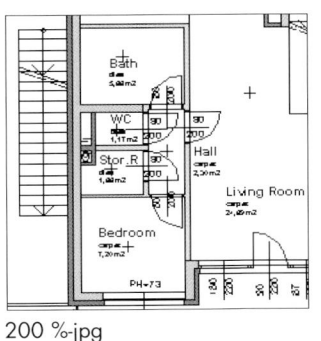

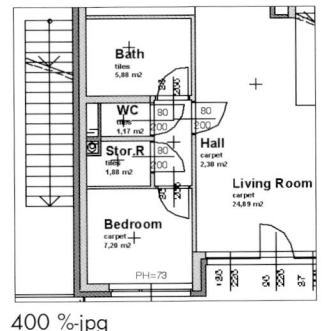

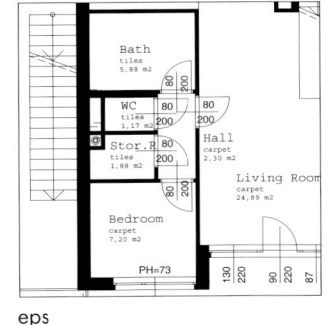

200 %-jpg   400 %-jpg   eps

2.7.3 Schnittstellen und Datenaustausch

Der Datenaustausch zwischen Anwendern – vor allem zwischen verschiedenen CAD-Softwareprodukten – ist paradoxerweise sowohl als Erleichterung und gelegentlich auch als Erschwernis in der Projektabwicklung zu betrachten. Die Verbesserung gegenüber der Übergabe von ausgedruckten Planabzügen besteht darin, dass der Fachplaner oder Konsulent die überantworteten Daten in seine eigene CAD-Anlage (direkt) übernehmen kann. Dadurch entfallen nochmalige Eingabearbeiten, bevor die hinzuzufügenden Ergänzungen in den Bestand integriert werden. Trotzdem tritt immer wieder zusätzliche Arbeitsbelastung auf, wenn die erforderliche Abstimmung über die auszutauschenden Datensätze nicht in ausreichender Weise vorgenommen wurde. Der Arbeitsaufwand steigert sich sogar, wenn die seitens der Konsulenten und Fachplaner ergänzten Planungsinformationen wieder zurückimportiert werden und dabei die Gefahr besteht, dass die Kontrolle über das Virtuelle Gebäudemodell (mitsamt integrierter Datenbank) verloren geht.

Diese Schilderung mutet wenig Hoffnung spendend an, ändert sich das Bewusstsein im Umgang mit Projektstrukturen bezogen auf ein CAD-Softwareprodukt (Ebenenbezeichnungen und Zuordnung von Planinhalten etc.) nur langsam. Wenn zwei Anwender büroübergreifend verschiedene interne Standards verwenden, so müssen sie in der Kommunikation miteinander die auszutauschenden Inhalte und deren Struktur gegenseitig abstimmen und in einer verbindlichen Form exekutieren. Dabei kommt insbesondere der Bezeichnung der Ebenen eine besondere Bedeutung zu. Ausschlaggebend ist nicht allein die Nomenklatur der Ebenenbezeichnungen, sondern auch die Konsequenz des jeweiligen Anwenders, nur jene Daten einer bestimmten Ebene zuzuordnen, welche auch wirklich dort anzusiedeln sind.

Die Möglichkeiten innerhalb der verfügbaren Datenformate zur Übergabe von Planungsinformationen setzen einen weiteren Handlungsrahmen, innerhalb dessen ein Datenaustausch stattfinden kann. Hier hat sich inzwischen das von Autodesk definierte DXF-Austauschformat faktisch als Standard durchgesetzt. Dieses Format ermöglicht es, sowohl 2D- als auch 3D-Daten (wenn auch meistens nicht gleichzeitig) zwischen CAD-Softwareprodukten auszutauschen, wobei die vorhandenen (Ebenen-)Strukturen weitgehend erhalten bleiben. Vordergründig werden jedoch überwiegend 2D- Informationen ausgetauscht. Eine solche Datenqualität bedeutet jedoch für den Anwender einen Informationsverlust durch die Reduktion von dreidimensionalen Elementen auf den grafischen Inhalt einer zweidimensionalen Strichzeichnung.

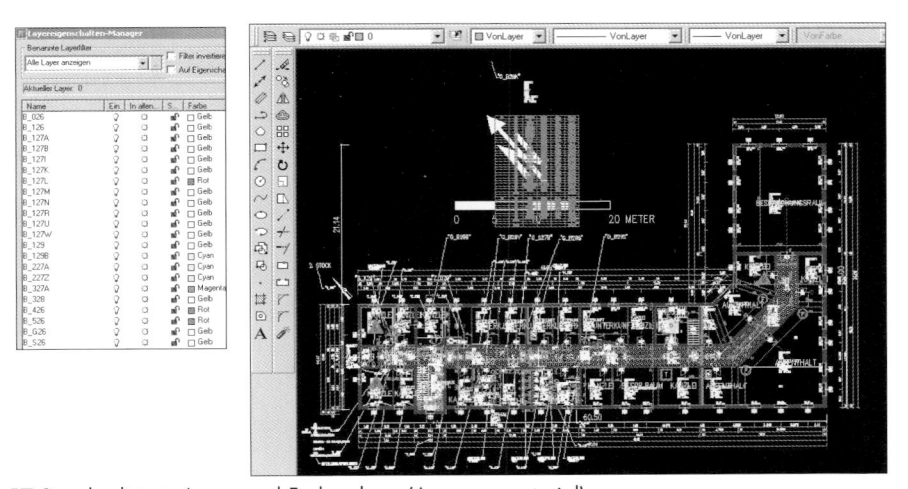

Abb. 2.57 Standardisierte Layer- und Farbvorlage (Ausgangsmaterial)

Das interne DWG-Format von Autocad hat an Bedeutung gewonnen. Allerdings ist durch die Möglichkeit einer jederzeitigen Abänderung dieses Formats (auch ohne Angabe von Gründen und entsprechende Dokumentation) seitens des herstellenden Unternehmens Autodesk der Datenaustausch auf diesem Wege gefährdet. Unterstützung im Zuge des Datenaustausches über die DXF-/DWG-Schnittstelle erhält der Archi-

CAD-Anwender mittels einer *Konfigurationstabelle* („DXF-DWG-Config.txt"). Die verschiedenen Zuordnungen und Veränderungen während des Datenaustausches werden hier festgelegt. Entsprechende Vereinbarungen mit dem jeweiligen Konsulenten ermöglichen in der Folge einen wirkungsvollen Datentausch zwischen zwei unterschiedlichen Bürostandards.

- Auswahl einer Konfigurationstabelle im Rahmen des Öffnen- oder Sichern-Dialoges.

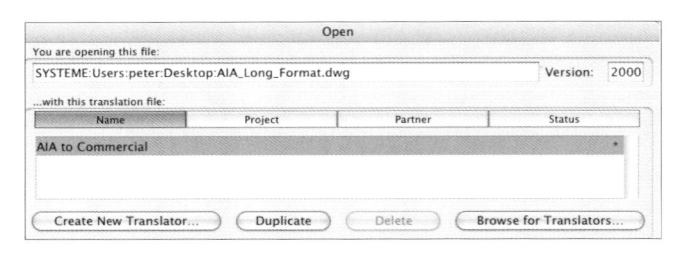

- Zuordnung von ursprünglichen Ebenenbezeichnungen aus der Ausgangsdatei in die Ebenenstruktur der Zieldatei.

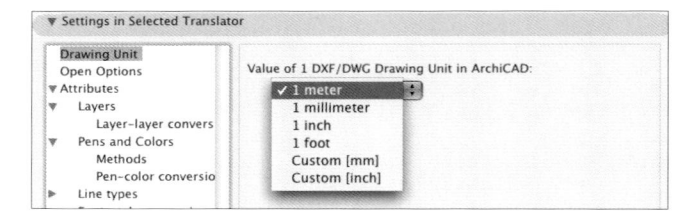

- Ergebnis der geänderten Ebenenbezeichnungen nach dem Import über die gewählte Konfigurationstabelle.

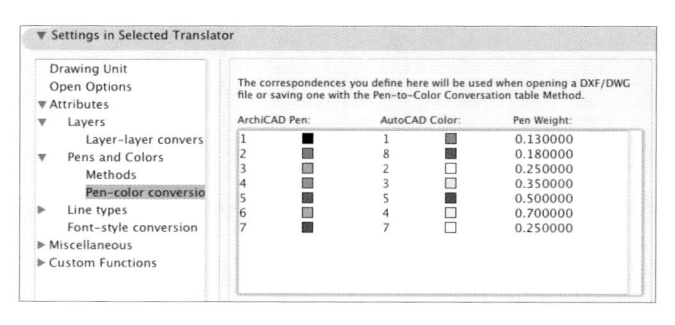

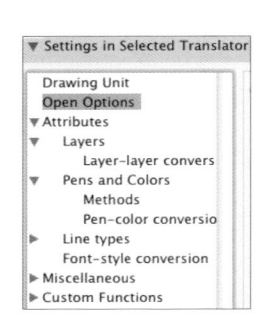

Seit der ArchiCAD-Version 7 besteht die Möglichkeit einer Erweiterung für den Austausch von Daten in beide Richtungen (also Im- und Export) in Form einer sog. „merge-engine". Eine Auswahl an Datenaustauschoptionen begleitet die Zusammenführung zweier Datenströme, ohne dass die vorhandenen Projektdaten unmittelbar tangiert werden. Im Sinne einer anwenderspezifischen Filterung können Optionen übergangen werden. Es handelt sich letztlich um ein Regelwerk mit „wenn-dann-Auslösungen". So kann beispielsweise festgelegt werden, dass bestimmte Elemente im Zuge des *merge*-Vorganges unverändert bleiben, gelöscht oder gar einer spezifischen Ebene zugeordnet werden. Aber auch Veränderungen an Daten, welche ursprünglich vom Architekten stammen, können mittels eines *merge*-Vorganges so eingefügt werden, dass es zu keinen Unstimmigkeiten mit dem aktuellen Projektstatus kommt. Solche Planungsinformationen können z.B. einer gewünschten Ebene zugeordnet und als 2D-Strichzeichnung mit dem vorliegenden Planungsstand abgeglichen werden.

Kein eigenes Datenformat stellt die sog. „XREF-Technik" aus der Autocad-Umgebung dar. XREF ist ein Kürzel für *eXterne REFerenz* und ist als Elementumwandlungsalgorithmus zu verstehen. Der Erscheinungsform nach handelt es sich um eine Art „Config-Datei". Die Vorgangsweise des Referenzierens ermöglicht es, Projektdaten aus anderen Plandokumenten über DXF- oder DWG-Format in der gegenständlichen Projektdatei sichtbar zu machen, ohne diese gänzlich zu importieren. Es wird lediglich eine Referenz – in ähnlicher Weise, wie dies bei einem genutzten GDL-Objekt aus der geladenen Bibliothek der Fall ist – zwischen der eigenen Projektdatei und dem Inhalt der referenzierten Datei hergestellt. Ändert sich das Original, so erfolgt eine Aktualisierung der referenzierten Zeichnungsinhalte. Der Nachteil bei der Anwendung von *externen Referenzen* besteht vor allem darin, dass jede referenzierte Datei die Ebenenverwaltung berührt. Die in den Referenzen enthaltenen Ebenen werden zu den bestehenden Ebenen addiert. Die sich daraus ergebende Unübersichtlichkeit erweist sich als nachteilig.

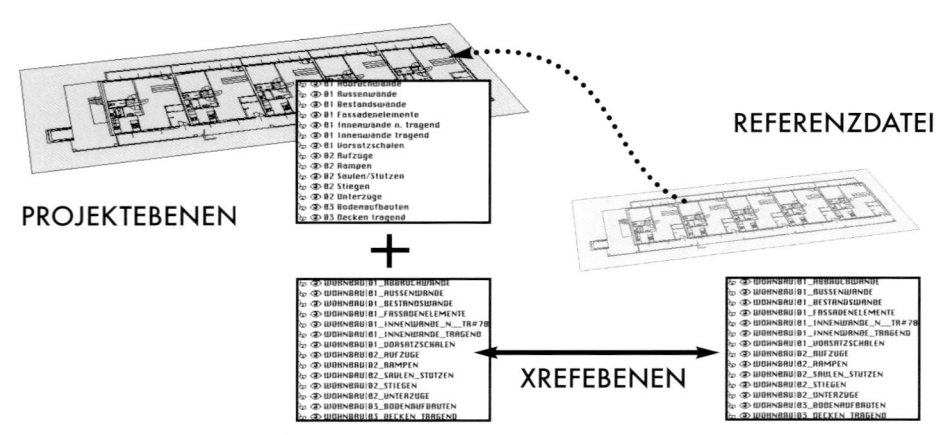

Abb. 2.58 Ebenenstruktur mit Referenzdatei aus XREF

Um eine solche Problematik zu vermeiden, kann auf die Technik der Hotlink-Module zurückgegriffen werden. Die vollständige Ebenenstruktur bleibt dabei innerhalb des Hotlink-Moduls erhalten, jedoch wird dieses Modul in der Projektdatei auf einer einzigen Ebene zugeordnet.

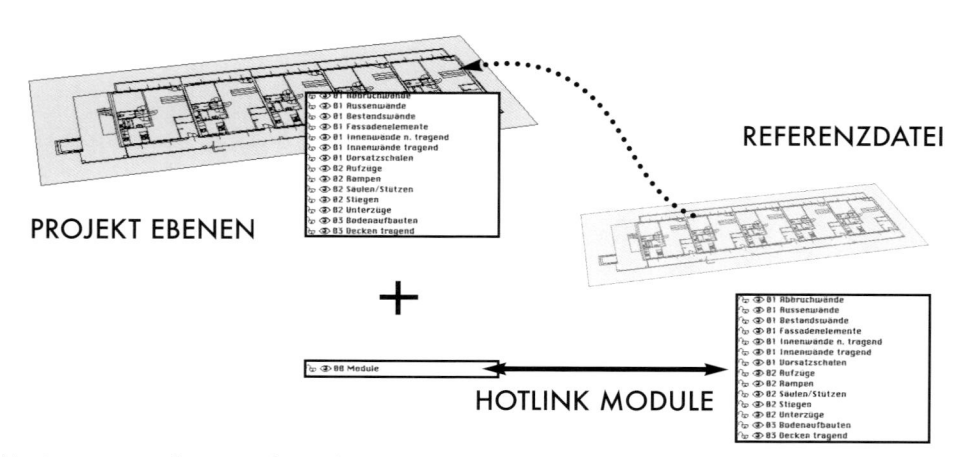

Abb. 2.59 Layerstruktur mit Referenzdatei aus einem Hotlink-Modul

Eine bemerkenswerte „Revolution" in der Entwicklung von Schnittstellen zwischen CAD-Softwareprodukten begann mit der weltweiten Einführung von IFC (Industry Foundation Classes) als herstellerunabhängiger Industriestandard. Der Vorteil von *IFC* gegenüber DXF besteht darin, dass von Beginn an die software-unabhängige Beschreibung von Bauelementen zum Ziel gesetzt worden war, welche von den jeweiligen Programmherstellern innerhalb ihrer Applikationen nach bestimmten Vorgaben interpretiert werden können. Diese Sichtweise ermöglichte es erst, Gebäudedaten nicht nur aus dem Blickwinkel des Architekten allein zu betrachten, sondern auch den jeweiligen Interpretationsspielraum der Fachplaner und Konsulenten in Bezug auf das Bauelement selbst zu minimieren. Die entsprechende Plandarstellung wird mit dem jeweiligen CAD-Werkzeug generiert und fügt sich so in die individuelle Arbeitsumgebung des jeweiligen Konsulenten oder Fachplaners ein.

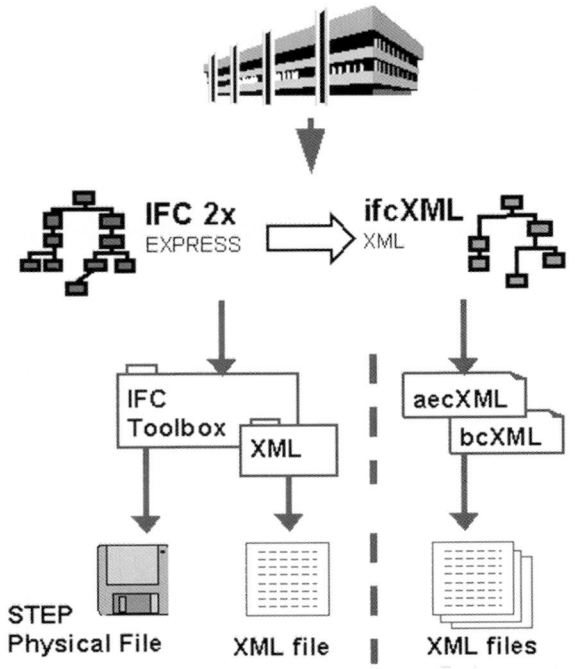

Abb. 2.60 IFC – Struktur des möglichen Datentausches (Quelle: IAI)

3. Charakteristische Einsatzbereiche aus der Praxis

Nachdem die „intelligente" Arbeitsumgebung von ArchiCAD im zweiten Kapitel ausführlich besprochen wurde, soll nun aufgezeigt werden, auf welche Weise damit in der Praxis umgegangen wird. Die bereits erörterten Themenbereiche lassen sich wie folgt zusammenfassen:

- Dreidimensionales Modellieren und Visualisieren
- GDL-Objekttechnologie
- Hotlink-Modultechnologie
- Ebenen- und Geschoßverwaltung
- TeamWork-Funktionalität
- Projektverwaltung/Datenorganisation/Schnittstellen
- Datenbanknutzung

Es wird keinesfalls davon ausgegangen, dass der meisterliche Umgang mit ArchiCAD nur dann gegeben ist, wenn sämtliche vorhandenen Befehlsketten in irgendeiner Weise gleichzeitig genutzt werden. Die Rahmenbedingungen in der vorhandenen Projektsituation spielen dabei letztlich eine wesentliche Rolle und sollen zu einer gesicherten Auswahl führen. Die Betrachtungen in diesem Kapitel sind aus diesem Grund den vielfältigen Anwendungen gewidmet. Überdies muss festgehalten werden, dass eine wirkungsvolle Vermittlung von Themenbereich zu Themenbereich verschieden ist. Es überrascht nicht, dass beispielsweise die Visualisierung kein allzu großes Kopfzerbrechen bereitet; Datenbankapplikationen sind in einem Buchmedium viel schwieriger zu vermitteln. So manche ArchiCAD-Funktion ließe sich interaktiv am Bildschirm weitaus besser demonstrieren. Wenn sich jedoch die Demonstration bloß auf die oberflächliche Vermittlung einer Bildersammlung im Sinne eines „Schönheitswettbewerbes" reduziert, wird das Interesse nicht von langer Dauer sein. Auf den ersten Blick erscheint es verlockend, bloß Endergebnisse anderer Nutzer zu zeigen. Bei eingehender Betrachtung ist aber die dem zu Grunde liegende Vorgangsweise – „the making of" – von weitaus größerer Bedeutung. Es sollen also nicht nur bildhafte Ergebnisse als solche dargestellt werden, sondern auch Informationen aufbereitet werden, welche verdeutlichen, auf welche Weise das jeweilige Ergebnis zustande gekommen ist. Die Devise dazu lautet: „Zur Nachahmung – und Verbesserung – freigegeben".

Manche der in diesem Kapitel genutzten Darstellungen wurden eigens zur Erklärung und Erläuterung generiert. Dies war möglich, da einige Nutzer dankenswerterweise ihre ArchiCAD-Projektdaten zur Verfügung stellten. Auf diese Weise konnte ein Blick hinter die „digitalen Kulissen" geworfen werden, was erlaubte, Informationen über den individuellen Umgang mit ArchiCAD zu erhalten. Eine solche Konstellation konnte freilich nicht bei allen gezeigten Projektbeispielen erreicht werden.

Traditioneller Einstieg für den Suchlauf nach Beispielen ist die Internetrecherche, zumal in diesem Medium auf einfache Weise Materialien unterschiedlichster Provenienz „publiziert" werden können. Zweifelsohne sind z.B. das Graphisoft-Internetportal (http://www.graphisoft.com) oder Webseiten der lokalen ArchiCAD-Distributoren als interessanter Einstiegspunkt zu betrachten.

3.1 Fallbeispiele aus den Architektur- und Planungswerkstätten

Im Zuge der Projektzusammenstellung fiel bald der kaleidoskopische Charakter der gesammelten Beispiele auf. Aus diesem Grund schien es zielführend, an einem Gliederungskatalog zu arbeiten. Die zuerst ins Auge gefasste Einteilung nach computergestützter Durchführung von Großprojekten einerseits bzw. Aufwand und Nutzen von CAAD im Kleinbüro andererseits gestaltete sich schwierig, zumal ein kleineres Büro durchwegs auch große Bauvolumina bearbeiten kann. Umgekehrt aber wird – aus welchen Gründen immer auch – ein größeres Büro mitunter kompakte Projekte abwickeln, wobei sich die Frage stellt, wo die genaue Grenze zwischen groß und klein liegt. Es steht hinter dieser Vorgangsweise die Idee, ein möglichst breites Anwendungsspektrum aufzuzeigen. Aus diesem Grund werden jeweils am Anfang und Ende der Betrachtungen „extreme" Positionen angeführt. Man könnte in diesem Zusammenhang über Anwendungen „von der Stadt bis zum Stuhl" sprechen.

Versuche einer Projektkategorisierung – bezogen auf eine Varietät an Bauaufgaben – kommen einer klassischen Gebäudelehre nahe. Es gilt dabei, sich der potenziellen Gefahr eines „starren Korsetts" bewusst zu sein. Die Verknüpfung mit den bereits ausführlich behandelten Themenbereichen (wie Ebenen- und Geschoßverwaltung, Hotlink-Modultechnologie, TeamWork-Funktionalität etc.) hingegen ist wesentlich für die Kategorisierung. So kann ein Hotelbau nach erfolgter Revitalisierung wieder als Hotel fungieren. In diesem Fall wird jedoch das Faktum der Revitalisierung nicht unbedingt als vorrangig betrachtet, es sei denn, es hätte eine Funktionsverlagerung stattgefunden. Jedes innerhalb einer Kategorie gezeigte Beispiel wird zum globalen Verständnis zunächst (kurz) beschrieben. In weiterer Folge wird auf die spezifische ArchiCAD-Nutzung eingegangen, da sich bekanntlich nicht alles in bildhaften Darstellungen einfangen lässt. Informationen zur Urheberschaft der gezeigten Bildmaterialien, Verfügbarkeit von Bürowebseiten und Ähnlichem und allfällige Projektangaben wie Mitarbeiterschaft etc. erfolgen im Bildnachweis. Die tatkräftige Unterstützung seitens der Anwenderschaft ist besonders positiv hervorzuheben, zumal auf diesem Wege eine wirkungsvolle Weitergabe von mit dem CAD-Softwareprodukt ArchiCAD gewonnenen Erfahrungen erfolgen kann. Bei der Recherche nach Büropräsentationen war es nicht überraschend, dass nach Abschluss der baulichen Realisierung vor allem fotografische Darstellungen des fertigen Produktes – der gebauten Wirklichkeit – gezeigt werden. Computergestützte Visualisierungsprodukte werden auf den Webseiten der Architekturbüros kaum noch publiziert, weil deren eigentliche Funktion nach Bauabschluss letztlich nicht mehr gegeben ist. So wurde nach Möglichkeit um Visualisierungsprodukte aus der Planungsphase gebeten (Welche bildhaften Darstellungen spielten beispielsweise eine Schlüsselrolle?). Fallweise werden auch Gegenüberstellungen („vorher – nachher") gezeigt.

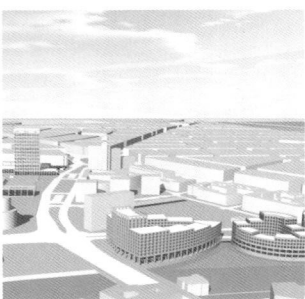

3.1.1 Großmaßstäbliche Anwendungen und 3D-Stadtmodellierung

Die Vorsilbe „Archi" in „ArchiCAD" suggeriert, dass städtebauliche Anwendungen auszuschließen sind. Dennoch ist die Auseinandersetzung mit dem Umgebungskontext – einschließlich dessen Modellierung – zweifelsohne als ureigenste Aufgabe für Architekturschaffende zu betrachten. Auch wenn die Bezeichnung „ArchiCAD" somit keine besondere Erwartungshaltung aufkommen lässt – einschlägiger wäre demnach die Bezeichnung „UrbanCAD" –, erscheint eine Beschäftigung mit stadträumlichen Modellen ohne Weiteres möglich und überdies sinnvoll. Die Modellierung von Baukörpern mit den Standardwerkzeugen (Wand-Decke-Dach) wurde bereits aufgezeigt. Es ist sogar mehr als vorteilhaft, mit überschaubarem Aufwand „digitale Styropormodelle" rasch erzeugen zu können. Das Ergebnis dieser Auseinandersetzung kann beliebig reproduziert und im Bedarfsfall an verschiedenen Orten verfügbar gemacht werden. Komplexer wird es, wenn die Absicht besteht, städtische Ballungszentren in flächendeckender Weise dreidimensional zu modellieren und eine Verknüpfung zu digitalen Stadtkarten zu realisieren. Im Hinblick auf fortwährend stattfindende bauliche Veränderungen sind Aktualisierungen an der Tagesordnung, und die Nachhaltigkeit einer Modelldatenstruktur stellt eine zentrale Problematik dar. Architekturschaffende werden jedoch solche Aufgaben in den seltensten Fällen übernehmen, dafür sehr wohl von Teilbereichen aus solchen Modellen Gebrauch machen.

- U3-Erdberg-Überplattung einer U-Bahn-Abstellanlage, Wien
  AGU-Bahn, Peichl+Partner, COOP Himmerlb(l)au, Wien (A)

Die Wiener Stadtwerke nutzen in diesem Projekt eigene Grundstücke, wobei im Zuge des U-Bahn-Ausbaues eine Überplattung der zu erweiternden U-Bahn-Abstellanlagen beabsichtigt ist. Auf dieser Platte soll ein neuer Stadtteil entstehen. In einem städtebaulichen Gutachterverfahren wurde das Konzept der „Architektengruppe U-Bahn" als Leitprojekt ausgewählt. Dieses besteht im Wesentlichen aus einer Ausrichtung von Bauten verschiedener Höhen parallel zu Donaukanal bzw. Erdbergstraße. Zwischen diesen beiden Zeilen entsteht eine durchgehende „Mall".

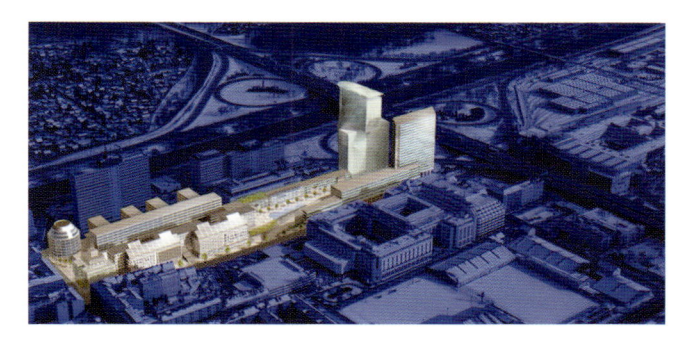

Die Nutzung von ArchiCAD in einem heterogenen Architekten- und CAD-Softwarekonglomerat sticht als wesentliches Merkmal hervor. Das Projekt wird nicht ausschließlich mittels ArchiCAD, sondern auch mit 2D-CAD-Softwareprodukten bearbeitet. Aus diesem Grund ist die Nutzbarkeit des virtuellen 3D-Gebäudemodells eingeschränkt. Die einzelnen Fachplaner (Statiker, Haustechniker, Kanalplaner und Elektro-Planer) liefern ihren jeweiligen Planungsstand als zweidimensionale Zeichnungen im DWG-Format ab, und es erfolgt eine Datenaufnahme in das ArchiCAD-Projekt. Auch wenn sich die Hotlink-Modul- und XREF-Technologie ohne Weiteres angeboten hätten, wurde in der gegenständlichen Konstellation auf eine Referenzierung verzichtet.

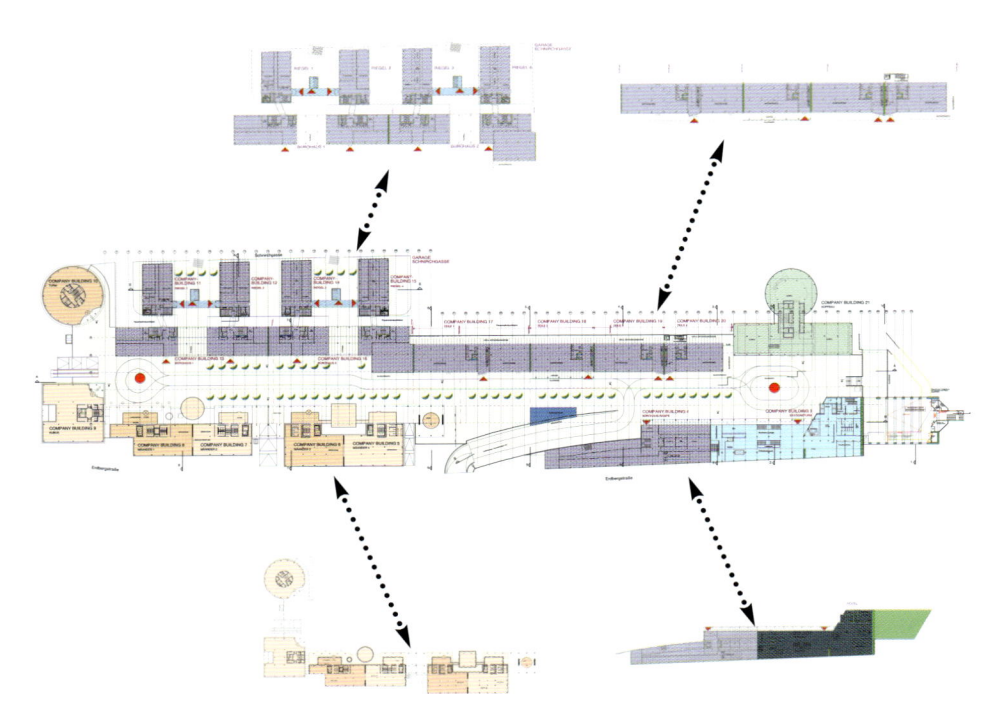

Wenn also ein neuer Planungsstand eintrifft, wird dieser einfach in das korrespondierende Geschoß hineinkopiert und der vorhergehende gelöscht.

In diesem komplexen Planungsumfeld wird die Geschoßverwaltung nützlich eingesetzt. Zur Gewährleistung einer optimalen Kontrolle in den sich überlagernden Bereichen wurden die Schnitte durch die Gebäudestruktur nicht in den Schnittfenstern gezeichnet, sondern in einer eigenen ArchiCAD-Projektdatei und in Form von Geschoßen übereinander angelegt. Sowohl Längs- als auch Querschnitte bis hin zu Außenansichten können somit bei voller Nutzung der Ebenenverwaltung und der Funktion des transparenten Geschoßes überblendet und auf Konsistenz geprüft werden. Die Geschoßverwaltung nimmt Bezug auf das sog. „Wiener Null"-Niveau bzw. die „Gauss-Krüger-Koordinaten" – dadurch ist eine eindeutige Positionierung möglich, und es kann eine potenzielle Fehlerquelle vermieden werden.

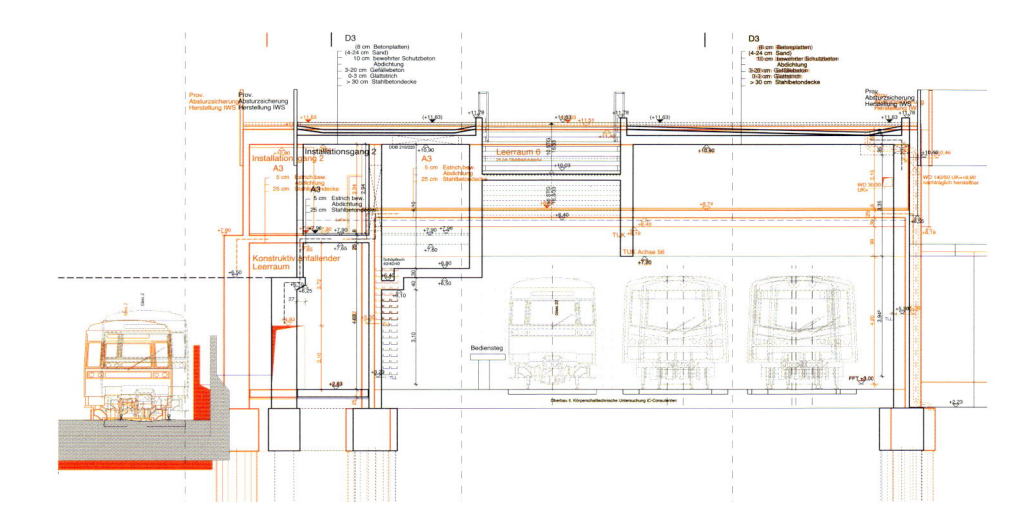

■ Urbanistische Projekte für Boston, Detroit, London und New York (USA/UK) I Urban Strategies, Toronto (CAN)

Im Zuge der *Greater Downtown Reinvestment Strategy* unterstützte Urban Strategies die Stadtverwaltung von Detroit im Bestreben, eine physische Regeneration zu erzielen, nachdem im Laufe mehrerer Jahrzehnte ein unübersehbarer Prozess des Verfalls eingetreten war. Insgesamt betraf es hier ein ca. 10 km² großes Gebiet, wobei die Verbindung zwischen Downtown Detroit und Hafenbereich wiederzubeleben war und auch eine Revitalisierung der Fußgängerzone ins Auge gefasst wurde.

In Fortsetzung eines internationalen Wettbewerbes für die *Silvertown Quays (Docklands)* wurde die Implementierung eines Entwicklungsplans betreffend das letzte größere, noch nicht ausgebaute Gelände in den Londoner Docklands in Auftrag gegeben. Die Planung umfasst kommerzielle und kulturelle Agenden und sieht auch eine um ein ausgedehntes Wasserbassin angeordnete Wohnumgebung vor.

Der *Brooklyn Bridge Park* erfüllt eine Erschließungs- wie eine Erholungsfunktion für Fußgänger, Radfahrer etc. und bildet das Bindeglied zum umgebenden Stadtgefüge. Beabsichtigt wurde dabei eine nachhaltige Entwicklung im Bereich der ehemaligen Hafenanlagen der Stadt New York. Im Zuge der Planung fand ein ausgedehnter Meinungsaustausch mit der Einwohnerschaft und Beteiligten auf einer interaktiven Website statt.

Für ein prominent im Hafen von Boston situiertes ehemaliges Industriegelände *Fan Pier* erfolgte die Entwicklung eines Masterplans. Im Zuge der Umnutzung soll eine breite Palette an urbanen Funktionen untergebracht werden und ein großzügiges Band an multifunktionellen offenen Stadträumen entlang der Wasserkante entstehen. Das Projektkonzept basiert auf neun kompakten Baublöcken, die den vorhandenen Straßenraster erweitern und einen Nutzungsmix bestehend aus Einzelhandel, Wohn-, Büro- und Hotelbauten sowie urbane und kulturelle Nutzungen zulassen.

Der Umgang mit CAD-Software stellt insofern eine Herausforderung dar, als für gewöhnlich ein hohes Maß an Genauigkeit und Detaillierung verlangt wird, welches sich nicht mit der Anfertigung solcher Visualisierungen verträgt. Auch wenn es manchmal schwierig erscheint, sich nicht den Zwängen der fotorealistischen Darstellung hinzugeben, wurde beispielsweise mit einer Visualisierungstechnik experimentiert, in der die 3D-Darstellung händisch nach-

gezeichnet wird. Das bedeutet, dass das Ergebnis nicht unbedingt nach ArchiCAD aussieht, jedoch sehr wohl als eine fundamentale Grundlage im Zuge der Erstellung zu betrachten ist.

- Digitales 3D-Stadtmodell von Hamburg | Freie und Hansestadt Hamburg, Landesbetrieb Geoinformation und Vermessung (D)

Im Jahre 1999 wurde der Beschluss gefasst, ein flächendeckendes 3D-Modell für das komplette Stadtgebiet der Freien und Hansestadt Hamburg aufzubauen. Als Grunddatensatz fungierte dabei die digitale Stadtgrundkarte (kurz „DSGK"; M=1:1000). Damit sind nicht nur dreidimensionale Daten, die ständig aktualisiert werden, permanent verfügbar, sondern kann überdies die stadtplanerische Auseinandersetzung betreffend die Industrie-, Hafen- und Anlagenentwicklung besser gesteuert werden. Auch wenn seitens der Nutzerschaft unterschiedliche Anforderungen an Detaillierung und Genauigkeit gestellt werden, verlangen architekturbezogene Aufgaben in jedem Fall einen hohen Detaillierungsgrad bzw. eine hohe Genauigkeit der Stadtmodellierung.

In Rahmen der bereits abgeschlossenen ersten Entwicklungsstufe wurden Gebäudestrukturen zunächst grob als Block dargestellt. In der zweiten Stufe wird eine realistische Annäherung an das Gebäude mit seiner Dachlandschaft anvisiert. Ein dreidimensionales Gebäudemodell setzt sich aus einzelnen Wand- und Dachflächen zusammen, wobei sämtliche Flächen erweitert und modifiziert werden können und jedes Gebäude über die Objektkennung eindeutig ansprechbar ist. Die Integration von Fenstern, Türen oder weiteren Gebäudeelementen ist grundsätzlich möglich, doch die diesbezügliche Einarbeitung ist im Rahmen von Projektbearbeitungen durch Dritte wahrzunehmen.

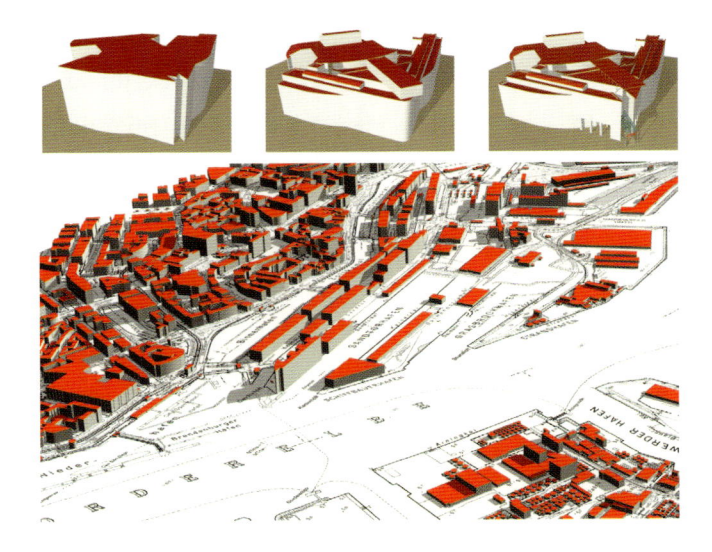

ArchiCAD trägt maßgeblich zur dreidimensionalen Modellierung des 755 Quadratkilometer großen Stadtgebietes bei. Als Grundlage für die Modellierung dient die digitale Stadtgrundkarte (DSGK). Allerdings musste ArchiCAD erweitert werden, um eine automatische Erfassung derartig komplexer Flächen zu beschleunigen. Zu diesem Zweck wurde ein eigener Zusatz („Add-On") entwickelt, mit dem aus den vorhandenen 2-dimensionalen Grundrissdaten der DSGK unter Einbe-

ziehung der Anzahl der Stockwerke sowie der Nutzung der Gebäude Volumenkörper berechnet werden. Überdies werden weitere Inhalte vorhandener Datenbestände (z.B. Lagebezeichnung) automatisiert eingelesen. Dadurch konnten innerhalb weniger Wochen 320.000 Gebäudeblöcke samt erweiterten ID-Nummern, die unter anderem aus Straßen- und Gebäudedaten bestehen, erfasst werden.

Der entstandene Projektdatensatz aus dieser Arbeitsstufe umfasst 245 Felder zu je 4 km². Die darauffolgende Fortsetzung konzentriert sich auf die Detaillierung eines zentralen Bereichs (Größe ca. 220 km²) in einem Genauigkeitsgrad, der sämtliche Dachlandschaften (inklusive kleinerer Dachaufbauten) und Geländedaten berücksichtigt. Dabei werden die aus Luftbildauswertung stammenden Dachlandschaften wiederum über ein eigenes programmiertes „Add-On" zu ArchiCAD übernommen.

■ Digitales 3D-Stadtmodell Berlin (D) | Senatsverwaltung für Stadtentwicklung, Berlin (D)

1999 beschloss der Berliner Senat das städtebauliche Leitbild für die Entwicklung der Berliner City, das Planwerk Innenstadt. Zu diesem Zweck wurde ein digitales Innenstadtmodell auf der Basis der Automatisierten Liegenschaftskarte (kurz: ALK; M=1:1000) in ArchiCAD erstellt. Der Bestand, die im Bau befindlichen und genehmigten Gebäude wurden auf diese Weise tagesaktuell fortgeschrieben; so konnten fortlaufend städtebauliche Konzepte zum Planwerk Innenstadt visualisiert werden. Durch Vorgaben an die 3D-Modelle der einzelnen Vertiefungsbereiche konnten sie später zu einem einzigen Stadtmodell zusammengeführt werden. Die erfassten Informationen schließen die Hausnummern, die Anzahl der Geschoße, die Straßennamen und die Grundstücksgrenzen ein. Die Dachformen bleiben bis auf wenige stadtbildprägende Gebäude weitgehend unberücksichtigt. Damit ist einerseits der für die städtebauliche Beurteilung entscheidende Abstraktionsgrad gegeben (Baumassenmodell), andererseits werden Aufwand und Nutzen in angemessenem Gleichgewicht gehalten. Auf dieser Basisgeometrie lassen sich in ausgewählten Bereichen präzise 3D-Stadtmodelle entwickeln.

Die computergestützte Modellierung zeigt in einer 85 MB großen ArchiCAD-Datei das Gebiet zwischen dem Westkreuz und dem Ostkreuz. Der Ausschnitt entspricht ca. 100 km². Die weitere Entwicklung zielt auf die Datenbankhaltung von ArchiCAD-Projektdaten ab. ArchiCAD-3D-Objekte sollen mit beliebigen geeigneten Fachdaten verknüpft werden können. So lassen sich u.a. alle Informationen der ALK (über Gebäudeart, -höhe, -nutzung etc.) im 3D-Modell auswerten. In Verbindung mit der ALK-eigenen Objektstrukturierung soll eine halbautomatische Synchronisierung des 3D-Modells mit dem Datenbestand der ALK ermöglicht werden, über die z.B. Gebäudeabrisse und Neubauten erfasst werden können. Ende 2005 soll das hierfür begonnene, von der EU geförderte Pilotprojekt zum vorläufigen Abschluss kommen.

- Digitales Stadtmodell, Auckland (NZ) | Cadimage, Auckland (New Zealand)

Diese Stadtmodellierung wurde vom lokalen ArchiCAD-Distributor realisiert, um projektierte Hochhausstrukturen im Zusammenhang mit dem umgebenden Baubestand abbilden zu können. Die flächendeckende Weiterentwicklung wurde bis dato allerdings nicht intensiv vorangetrieben, zumal sich die Zahl der projektierten Hochhäuser bislang in Grenzen hielt.

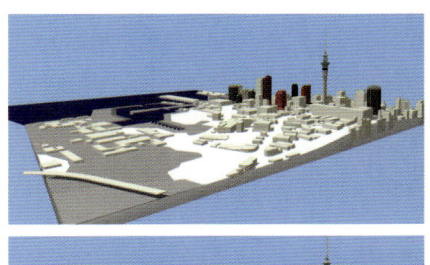

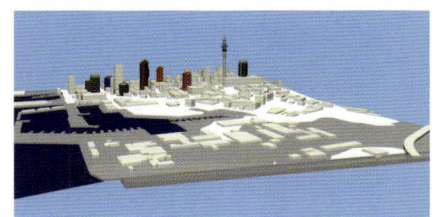

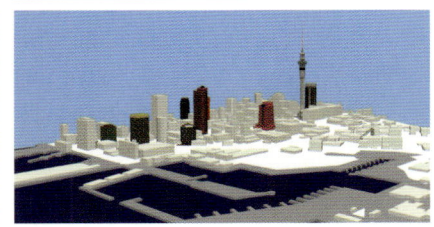

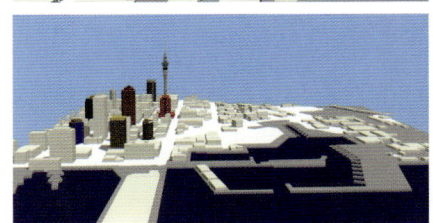

Der Basisdatensatz bestand aus Vermessungsdaten, welche einer Luftfotografie entnommen worden waren. Der Konvertierungsprozess gestaltete sich in diesem Zusammenhang zwar kompliziert, konnte jedoch letztlich erfolgreich durchgeführt werden. Darüber hinaus stand eine 3D-DXF-Datei mit blockhaften Darstellungen von XYZ-Standpunkten zur Verfügung. Hieraus wurde ein

ArchiCAD-Objekt erstellt, wodurch es möglich wurde, eine Liste mit sämtlichen XYZ-Punkten zu erstellen. Der erarbeitete Datensatz wurde nun mittels ArchiSITE in ein Geländemodell übertragen. Da auch Gebäudeumrisse (Draufsicht) in diesem DXF-Datensatz enthalten waren, konnten die einzelnen Baublöcke mit dem Deckenwerkzeug erstellt werden. Einige wenige Gebäude weisen dabei einen höheren Detaillierungsgrad auf.

- Digitales Stadtmodell Dresden-Neumarkt (D) | digital electronic kühn gmbh, Dresden (D)

Das Stadtmodell fungiert wie eine unabhängige bzw. „offene" Plattform für Architekten, Bauherren, Planer oder Institutionen, die ihre Entwürfe im Umgebungskontext visualisieren möchten, und bildet somit eine Diskussionsgrundlage für eine breite Öffentlichkeit. Es wurden bislang jene Gebäude modelliert, deren Fassade den Dresdner Neumarkt tangieren. Allgemein zugängliche Planunterlagen wurden dabei konsultiert und gegebenenfalls auch Bildmaterialien zur spezifischen Ermittlung des Aufrisses studiert. Zuweilen ist die Archivlage bei einigen Bauten dünn. Insbesondere zur farblichen Gestaltung konnten wenig Quellenmaterialien recherchiert werden. Geplant ist in weiterer Folge die Fortführung dieser Modellierungsarbeit in die angrenzenden Straßenzüge des sog. „Neumarktgebietes".

Eine eingescannte Stadtkarte wurde als Grundlage genutzt und in weiterer Folge manuell entzerrt bzw. danach vektorisiert. Die Eingabe erfolgte mittels konstruktiver Bauteile, einschließlich Fassaden, Gesimsen und Ornamenten. Das Innenleben der Baukörper wurde auch modelliert, damit keine hohlen Fassaden abgebildet werden. Pro Gebäude sind ungefähr 4 bis 8 Stunden zu veranschlagen, um die Fassaden in dem abgebildeten Detaillierungsgrad einzugeben. Aktuelle Entwürfe wurden an Hand des von den jeweiligen Entwurfsverfassern zur Verfügung gestellten Datenmaterials importiert. Die Datennutzung beschränkt sich nicht auf eine ArchiCAD-Umgebung allein, da in gängige Schnittstellenformate exportiert werden kann.

■ Landsberger Straße, München (D) | b17 Architekten, München (D)

Das neue Wohn- und Gewerbequartier ist durch seine Linearität geprägt: die Randlage zur breiten Hauptbahntrasse im Norden und zur stark befahrenen Landsberger Straße. Der Entwurf sieht vor, das Gebiet in vier sich abschirmende Großhofbereiche zu gliedern, die über öffentliche Platzbereiche aneinander gekoppelt sind und eine robuste Stadtstruktur ermöglichen.

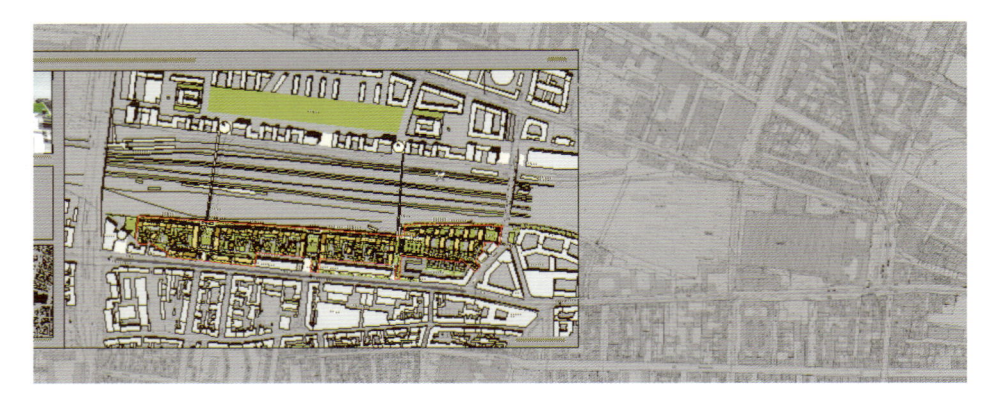

Auf der Basis eines eingescannten Stadtplans (Ausschnitt) wurde das Projektgrundstück mit umgebender Bebauung im 3D-Modell abgebildet. Die dargestellten Bebauungsstrukturen sind auch grafisch nach Bestand und Erweiterung ausgearbeitet und farblich differenziert. Aus diesem Lageplanmodel heraus kann jeder gewünschte Betrachterstandpunkt eingenommen und für eine Visualisierung genutzt werden.

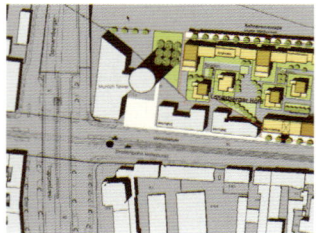

- Laaerberg – „Monte Laa", Wien (A) | Porr Immoprojekt GmbH, Wien (A)

Auf der 220 Meter langen Überplattung der Wiener Südost-Tangente nahe dem Laaerberg-Tunnel wird ein neuer Stadtteil für Favoriten errichtet. So entsteht neben den Büro- und Geschäftsflächen und den Wohneinheiten auch eine ausgedehnte Parklandschaft, die sich als Grünstreifen quer durch das Projekt ziehen wird. Als weithin sichtbares Wahrzeichen sind zwei Türme konzipiert.

In einem frühen Projektstadium findet eine Auseinandersetzung mit Bebauungsstudien statt. ArchiCAD unterstützt hier das „skizzenhafte" Arbeiten mit Volumina (Bauklötzchen). Im Handumdrehen können Eindrücke von verschiedenen Standpunkten erzeugt werden. In weiterer Folge findet eine Belegung mit Texturen statt, welche Gebäudestrukturen vortäuschen. Bei Konstruktionsvarianten helfen die im Projekt ständig aktuell gehaltenen Kalkulationsgrundlagen, preisliche Auswirkungen zu beobachten. Auch TeamWork bietet eine wesentliche Planungsunterstützung: In der Phase der Projektentwicklung können mehrere Mitarbeiter gleichzeitig an einer zentralen Datei arbeiten. Überlappungen und Missverständnisse werden dank dieser Arbeitsweise weitgehend ausgeschlossen. Für Online-Präsentationen hat sich die Verbindung zwischen ArchiCAD und PowerPoint bewährt. Über die Zwischenablage können Pläne und Baukörpermodelle nicht nur problemlos, sondern auch in guter grafischer Qualität sofort in eine Präsentationsfolie eingebaut werden. Die Übernahme der Projektdaten in die Ausführungsplanung und Detailplanung geht mit einem regen Datenaustausch zwischen Projektgruppe und Fachplanern einher, wobei hier die Datentausch-Funktionen der merge-engine und die XREF-Technologie eingesetzt werden.

Einen weiteren Schwerpunkt in der Nutzung von ArchCAD stellt in diesem Zusammenhang die Verwendung eigens erstellter Materialtexturen dar. Anhand dieses Projektes erkennt man deutlich, wie Bildvorlagen mit der Darstellung von abstrakten, auf einen Baukörper oder eine Fassade projizierten Strukturen schnell einen ersten Eindruck von der zukünftigen Tektonik der Gebäudehülle vermitteln können. Bei einer solchen Vorgangsweise liegt es auf der Hand, in Hinblick auf zukünftige Projekte eigens erstellte Texturen in einer Texturbibliothek zu sammeln.

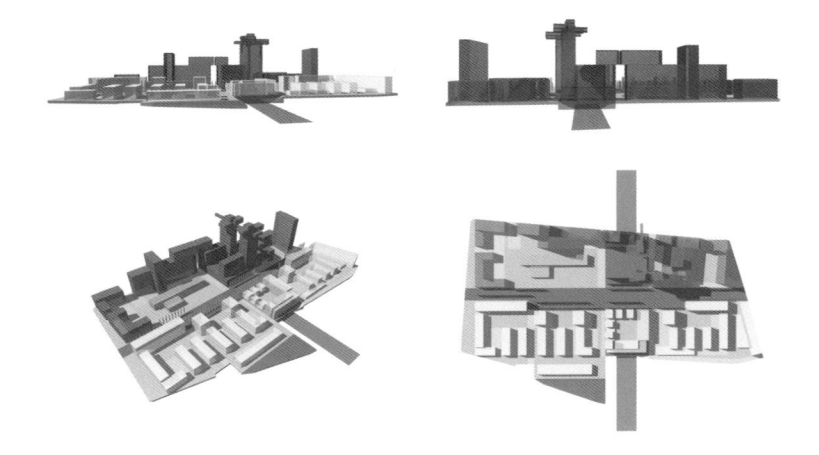

■ Gesundheitspark Ausseerland, Bad Aussee (A) | Werner Nußmüller, Graz (A)

Bei der Situierung der drei Bebauungsmodule – bestehend aus einem Landeskrankenhaus, einem Zentrum für ganzheitliche Medizin und einem Seniorenzentrum – wurde das Hauptaugenmerk sowohl auf Ausblicke nach Süden ins Tal als auch auf eine mit der vorhandenen Topografie korrespondierende Einbettung der Kubaturen gelegt. Sämtliche Module sind über einen internen Verteilerring unter Hofniveau miteinander verbunden. Hier wird auch die gesamte technische Infrastruktur mitgeführt.

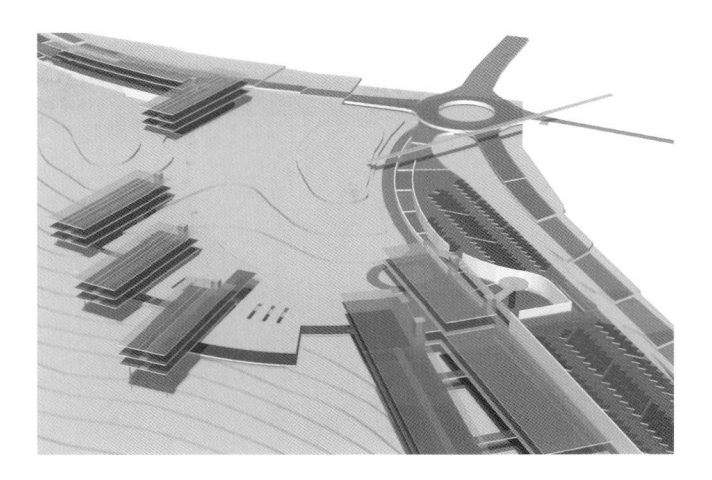

Der Geländemodellausschnitt ermöglicht ein gezieltes „Testen" der baulichen Auswirkung einzusetzender Kubaturen. Darüber hinaus findet bereits in diesem Stadium eine globale Auseinandersetzung mit dem Raumprogramm statt. Diese findet im Sun City Projekt insofern Niederschlag, als dass die Häuserzeilen bereits in architektonischer Weise überarbeitet werden. Ein Blick auf die Organisationsstruktur verrät, dass die vier Haustypen eine ideale Basis für die Verwendung der referenzierten Modul-Technologie bilden. Jeder Grundriss eines Hauses (Erdgeschoß und Obergeschoß) kann als Hotlink-Modul abgespeichert werden, um wahlweise zu einer Häuserzeile zusammengestellt zu werden. Änderungen innerhalb der Haustypen bedürfen dann keines weiteren Arbeitsaufwandes mehr. Auch kann bei entsprechender Ausarbeitung gleichzeitig die Visualisierung der Gesamtanlage mitberücksichtigt werden.

3.1.2 Hochhäuser als vertikale Herausforderung

Dass eine fundierte Datenstrukturierung innerhalb einer ArchiCAD-Projektdatei die reibungslose Bearbeitung eines Hochhauses wesentlich beeinflusst, leuchtet ein, nicht nur wegen der großen Anzahl, sondern auch in Anbetracht der vielen (manchmal nahezu) identischen Geschoße. Der Typus eines „Regelgeschoßes", welches einmal gezeichnet wird und mehrfach im Gebäude Verwendung findet, bietet sich für eine „automatisierte" Nutzung an.

Neben der inneren Organisation eines Hochhaus-Projektes sind auch Aspekte der stadträumlichen Auswirkungen bzw. der städtebaulichen Bezüge zu berücksichtigen. Gerade die Beziehung eines Hochhauses zum städtischen Umfeld führt zu politischen Auseinandersetzungen und erfordert intensive Aufklärungsarbeit hinsichtlich der Projektentwicklung. Diese erfolgt heutzutage in der Regel mittels computergestützten Visualisierungen des städtebaulichen Umfeldes. Sonnen- bzw. Beschattungssimulationen gehören in vielen Städten längst zum Standard. Ohne entsprechende Nachweise ist ein Hochhausprojekt wohl kaum mehr baulich realisierbar.

Unterstützende Arbeitstechniken in der Hochbauplanung zielen auf die automatisierte Nutzung von oft vorkommenden Gebäudeteilen ab. Im Bereich der Grundrissplanung stellt zweifelsohne die Hotlink-Modultechnologie eine geeignete Unterstützung dar, da bei Änderungen im "Regelgeschoß" diese sofort in jedem gleichartigen Geschoß – ohne weiteren Arbeitsaufwand – aktualisiert werden. Aber auch in der Fassadenplanung mit ebenfalls wiederkehrenden Systemelementen bietet die Verwendung von GDL-Objekten und/oder Hotlink-Modulen eine Möglichkeit der effizienteren Produktion von Plandokumenten. Schließlich sind Dateigrößen in einer Größenordnung von ca. 40-50 MB keine Seltenheit.

■ PZU-Tower und Intercontinental Hotel, Warschau (PL)
Tadeusz Spychala, Wien (A)

An einer Straßenkreuzung im Bezirk Srodmiescie wurde der PZU-Tower errichtet, dessen tragende Konstruktion aus Stahlbetonkernen, -platten und -säulen besteht. Als Besonderheit ist zu erwähnen, dass die Fassade als so genannte „Twin Face" mit zweischaliger Verglasung ausgebildet ist. Diese Lösung sichert bestmögliche Wärmedämmung sowie Lärm- und Sonnenschutz. Darüber hinaus ist eine natürliche Lüftung der Büro- und Konferenzräume ohne wetterseitige Beeinflussung gewährleistet. In den Kellergeschoßen sind Garagen sowie Technik- und Nebenräume angeordnet; im Erdgeschoß befinden sich Eingangshalle, Information und Kontrolle. Die Regelgeschoße sind vorwiegend als Büro- und Konferenzräume genutzt.

Im speziellen Fall wurde die vertikale Komponente des Gebäudes mit insgesamt 34 Stockwerken einer genauen Vorbereitung unterzogen. Manche Geschoße sind als Regelgeschoß angelegt und müssen deshalb nur einmal bearbeitet werden. Theoretisch könnten alle Regelgeschoße über Hotlink-Module in die anderen Geschoße referenziert werden. Im vorliegenden Fall wurden diese einfach vertikal kopiert. Eine interessante Arbeitsmethode wurde in der Konstruktion der Fassaden-Anschlussdetails entwickelt bzw. aus der grundsätzlichen Struktur von ArchiCAD angewendet: Das Regeldetail für die vorgehängte Fassade wurde als 2D-GDL-Objekt erzeugt und im Schnitt x-fach, je nach Bedarf, eingesetzt. Bei jeder Änderung des Anschlusses muss daher nur das GDL-Objekt verändert werden. In gleicher Weise wurde mit den Fassadenelementen in den Ansichten verfahren. Die exakte Aufteilung der Fassadenelemente mit all ihren Fugen und Abständen ist einem ständigen Änderungsprozess unterworfen, welcher durch diese Art der referenzierten Planungsunterstützung optimiert wurde.

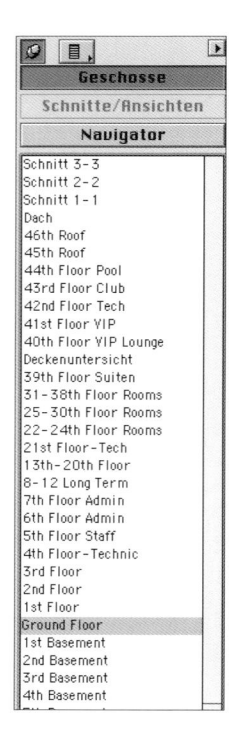

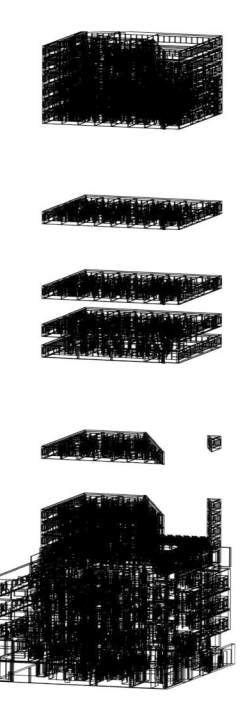

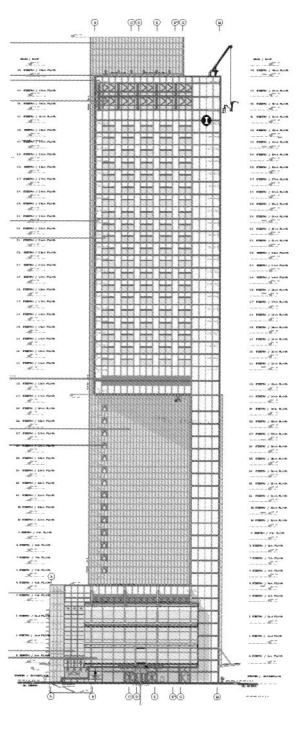

151

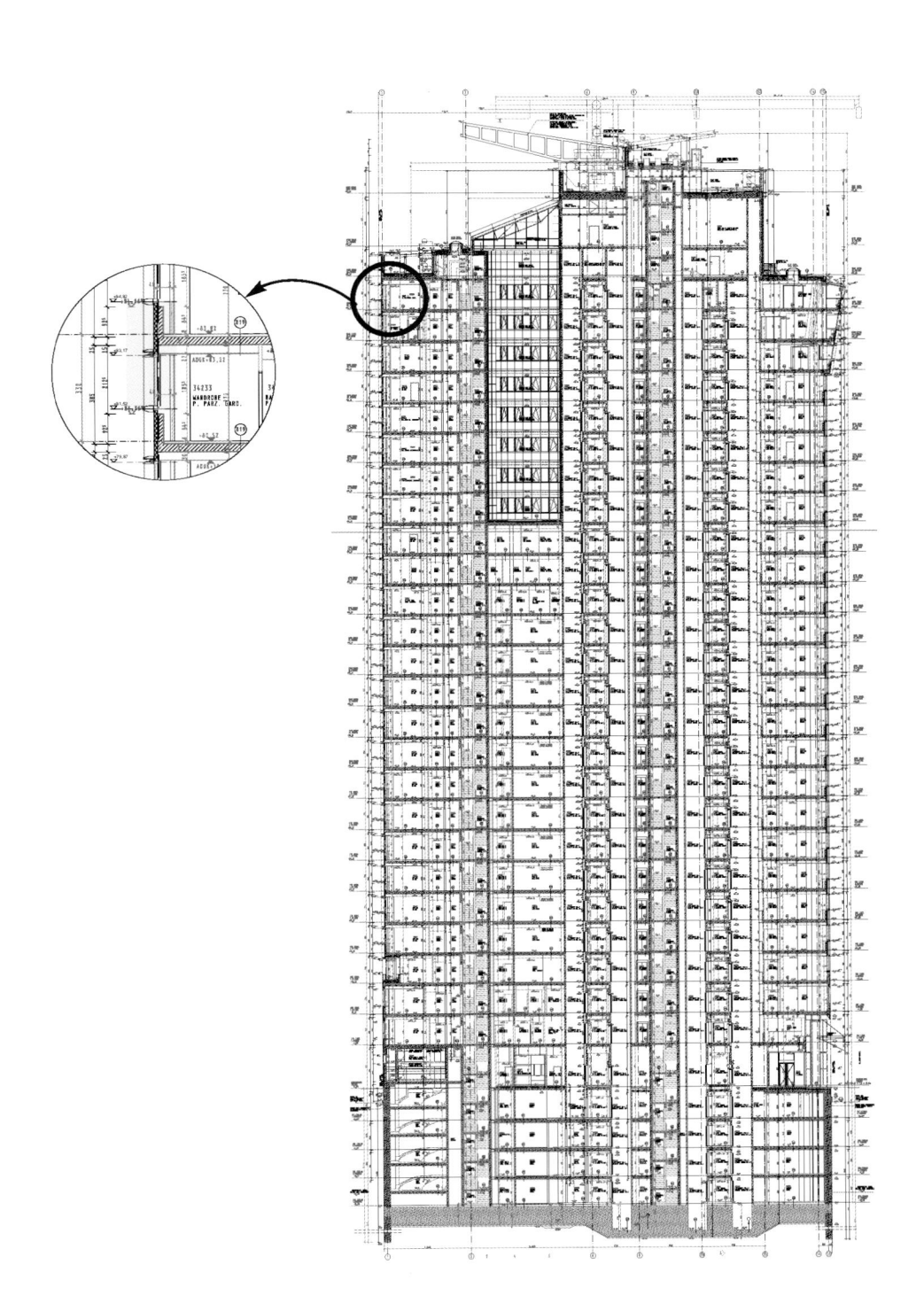

- Eureka Tower, Melbourne (AUS) | Fender Katsalidis Architects, Sydney-Melbourne (AUS)

Im Melbourner Bezirk Southgate gelegen, entsteht der Eureka Tower in unmittelbarer Nachbarschaft zum Fluss Yarra, der Southbank Promenade, dem Künstlerviertel sowie dem Crown Entertainment Center. Nach Ende der Bauphase wird sich der Wohnturm mit 90 Stockwerken (Gesamthöhe ca. 300 m) über Melbourne erheben. Zum Zeitpunkt des Grundstückserwerbs lag eine Baugenehmigung für zwei höhere Gebäude entlang der Hauptverkehrsstraße vor. Anstelle eines Nebeneinanders zweier Gebäude wurden die vorgesehenen Volumina aufeinander gestapelt. Dadurch entstand eine schlanke, wenn auch doppelt hohe Baulichkeit, welche jedoch den Straßenraum deutlich weniger verschattet.

Das Eureka-Tower-Projekt zeichnet sich durch eine überaus komplexe und umfangreiche Datenorganisation aus. Um zweidimensionale Zeichnungen zu generieren, welche Anforderungen wie Strichstärken, Füllfarben und Ausgabeart berücksichtigen, wird der PlotMaker eingesetzt. „Hotlinks" zwischen PlotMaker und ArchiCAD erlauben die automatische Aktualisierung von Änderungen. Darüber hinaus wird der Ausdruck dieser Zeichnungen mittels einer automatisierten Stapelverarbeitung durchgeführt. Für dieses Projekt wurden bislang rund 1.500 sortierte Zeichnungen in der Datenbank verwaltet. Das virtuelle Modell unterstützt somit die automatisierte Koordination und beinhaltet Fehlerprüfungsmechanismen, was insbesondere bei geschoßübergreifenden Haustechnik-Installationen von großer Bedeutung sein kann.

Das Projektteam bestand durchschnittlich aus 25 bis 30 Personen. Die Organisation kleinerer Teams orientierte

sich an zusammenhängenden Gebäudekomponenten. Kontrolle und Koordination der aus- und eingehenden Information lag in den Händen des jeweils verantwortlichen Projektarchitekten. Jedes Team war für ein Sub-Modell (im ArchiCAD-Jargon: Module) verantwortlich. Alle Submodelle wurden wiederum im virtuellen Gesamtmodell vereinigt.

Die Entscheidung für die TeamWork-Funktion im gegenständlichen Projekt wurde aufgrund der bestehenden Computerhardwarekapazität und der verfügbaren Bandbreite der Netzwerkverbindung getroffen. Immerhin beträgt der Speicherbedarf für dieses Projekt in etwa 350 MB. Eine anders gestaltete Handhabung würde sich in jedem Fall überaus schwerfällig gestalten. Es erfolgte daher eine Aufsplittung in ArchiCAD-Module. In der Tat wird das gesamte CAD-Modell nur selten für die eigentliche Produktion der Dokumente benötigt, da jeweils Packages von Teilbereichen angefertigt werden. Diese werden an Hand der Module generiert. Eine solche dezentrale Vorgehensweise bewirkt, dass kleine Teams untereinander gezielter kommunizieren und der Informationsaustausch weniger redundant ist. Dennoch ist die Koordination der einzelnen Module mit dem Gesamtmodell mittels Datenabgleich sicherzustellen. Überdies scheint die Position eines Modellmanagers unabdingbar, um die Korrektheit und Koordination der Datensätze gewährleisten zu können.

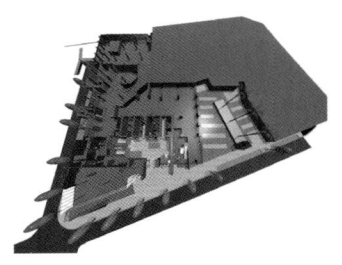

■ Business Tower Nürnberg, Nürnberg (D) | Dürschinger & Biefang, Fürth (D)

Bürokomplexe in Form einer siebengeschoßigen Blockrandbebauung gruppieren sich um einen großen Innenhof, der von einem Wasserbecken nahezu vollständig ausgefüllt wird. An einer Ecke des Hofes befindet sich Bayerns höchstes Hochhaus, welches in Stahlbetonskelettbauweise errichtet wurde. Mit seinen 135 Metern und 34 Geschoßen überragt das Verwaltungsgebäude (Business Tower) der Nürnberger Versicherungsgruppe Nürnberg gleichsam als neues Wahrzeichen die Stadt.

Charakteristisch für die gewählte Arbeitsweise ist der virtuelle Modellbau mittels des Deckenwerkzeuges; in einem frühen Projektstadium findet zunächst ein blockhaftes Arbeiten am (virtuellen) Massenmodell statt. Während des ersten Bauabschnittes wurde ArchiCAD überwiegend für die Erzeugung von zweidimensionalen Baudokumenten (Baueingabe, Werk- und Detailplanung) eingesetzt. Während des zweiten Bauabschnittes kommt die dritte Dimension vor allem für das Studium von Teilbereichen (Eingangshalle) der Gesamtbaumaßnahme hinzu. In beiden Phasen wurden umfangreiche Flächen- und Kubaturberechnungen mit Hilfe der Raumstempelfunktion durchgeführt.

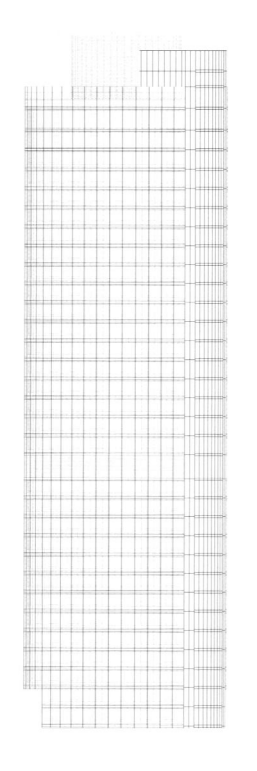

3.1.3 Krankenhausbau: Organisation von Raum und Zeit

Krankenhausbauten sind Ergebnis einer hochkomplexen Organisation und stellen für Architekturschaffende in der Planung eine große Herausforderung dar. Nicht nur die Strukturierung einzelner Bereiche, sondern auch die Verzahnung von mehreren Fachplanern bei gleichzeitiger Entwicklung und Dokumentation des Planungsprozesses stellt an die Mitarbeiter und an das CAD-Softwareprodukt beträchtliche Anforderungen. Aufgrund der externen Einwirkung seitens der Konsulenten muss das Datenmodell so „offen" wie möglich gehalten werden. Das bedeutet z.B. die Nutzung von Hotlink-Modulen und externen Referenzen im TeamWork-Modus, um relevante Planungsstände schnell und mit größtmöglicher Sicherheit aktualisieren zu können. Im Bereich von wiederkehrenden Konstruktionseinheiten (z.B. Krankenzimmer als Systemeinheit) bietet die Verwendung von Hotlink-Modulen eine perfekte Unterstützung der sich rasch verändernden Planung. Ebenso ist bei Bauaufgaben wie einem Krankenhaus davon auszugehen, dass die Grobkonzeption noch nicht in Form digitaler Pläne erfolgt, sondern üblicherweise mittels eines Raum- und Funktionsprogrammes auf dem Wege eines Raumbuches erstellt wird. Auch da bietet die Konzeption über modulare Musterräume sofort den Nutzen einer gleichzeitigen Auswertbarkeit von Raumbuch-relevanten Daten. Einen weiteren Faktor gilt es aber noch zu berücksichtigen: Krankenhausprojekte werden üblicherweise über einen langen Zeitraum hinweg geplant und gebaut. Zwischen drei und fünf Jahren Planungs- und Errichtungszeit bedeutet auch in der Verwendung von ArchiCAD, dass das Datenmodell in mehreren Programmversionen bearbeitet wird. Die Übernahme und Weiterbearbeitung der bestehenden Daten muss also reibungslos von Statten gehen. Praxisbeispiele zeigen, dass dies mit ArchiCAD möglich ist, werden die Mitarbeiter bei einem Versionsupdate sofort auf die neuen Funktionen und Möglichkeiten eingeschult. Durch die konsequente Weiterentwicklung von ArchiCAD wurde es einfacher, den Datentausch und die Einbindung von Fachplanerdaten mit individuellen Anforderungen zu verbinden. Ein wesentlicher Aspekt für den Einsatz von ArchiCAD ist in diesem Zusammenhang auch die Übernahme und Nutzung der Gebäudedaten in den Gebäudebetrieb (Facility Management) des späteren Betreibers, was in Kombination mit ArchiFM gewährleistet wird.

■ Universitätsklinik – Medizinzentrum Anichstraße, Innsbruck (A) | Paul Katzberger und Michael Loudon, Wien (A)

Dieser Neubau integriert ein beträchtliches Bauvolumen in die Heterogenität der Innsbrucker Altstadt. Unterzubringen waren die neue Notfallaufnahme, eine Chirurgie, OPs, Forschung wie auch Medizin-Pflegestationen. Zu diesem Zweck wurde ein in Ost-West-Richtung gestrecktes Rechteckvolumen um zwei Innenhöfe konzipiert. Die Hofstruktur und die spezielle Durchbildung der zweihüftigen Trakte ermöglichten ein Höchstmaß an natürlicher Belichtung und Belüftung für alle Gebäudeteile. Zudem brachten große, zweigeschoßige Öffnungen die Innenwelt des Baublocks in intensiven Kontakt mit dem umgebenden Stadtraum.

Die flächenmäßig beachtliche Ausdehnung des Krankenhauskomplexes und die außerordentlich aufwändige planerische Grundrissdokumentation erfordert eine ausgeklü-

gelte Ebenenverwaltung, mit Hilfe derer rasch auf die notwendigen Informationen zugegriffen werden kann. Der Anwendungsfall zeichnet sich durch einen vorbildlichen Gebrauch der Ebenenstruktur aus, sodass zu jedem Zeitpunkt Planinhalte des Architekten von jenen der Fachplaner auseinander zu halten sind. Die Kennzeichnung der Ebenen mit einem vorangestellten Großbuchstaben („A" für Architekt, „B" für Bauingenieur, „H" für Haustechniker etc.) ermöglichte es, ohne Angst vor Datenverlust sämtliche Ebenen mit „fremdem" Kennzeichen aus dem Projekt zu löschen. Externe Planungsdaten können aber auch jederzeit via externer Referenzen (XREFs) oder Hotlink-Modulen in die eigene Planungsumgebung re-integriert werden.

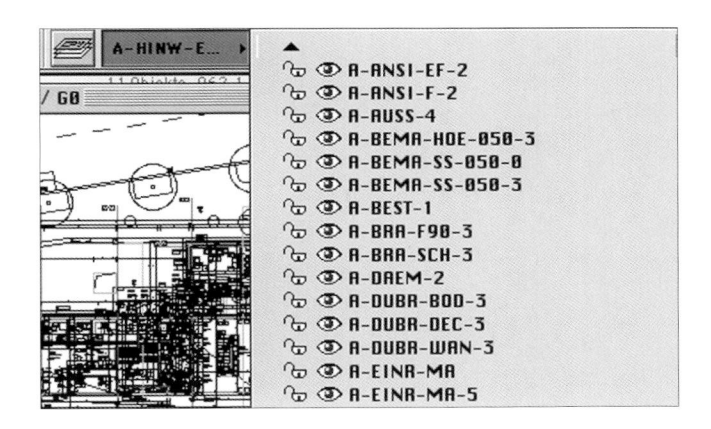

Die Trennung der Schnitte und Ansichten vom Grundriss und die Übernahme in eine ebenfalls über Geschoße organisierte zweite Projekt-Datei ermöglicht es aber, die Grundstrukturen aus dem Virtuellen Gebäude zu übernehmen und zusätzlich mit allen Standard-Werkzeugen (also auch z.B. dem Wand-Werkzeug) im Schnitt und in der Ansicht zu arbeiten. Diese Vorgangsweise ist dann von Vorteil, wenn viele mehrschichtige Bauteile zum Einsatz kommen. Letztlich gilt es, auf die Erstellung und Nutzung eigener GDL-Objekte hinzuweisen, um diese produktiv in der Fassadendetaillierung einzusetzen.

MODUL

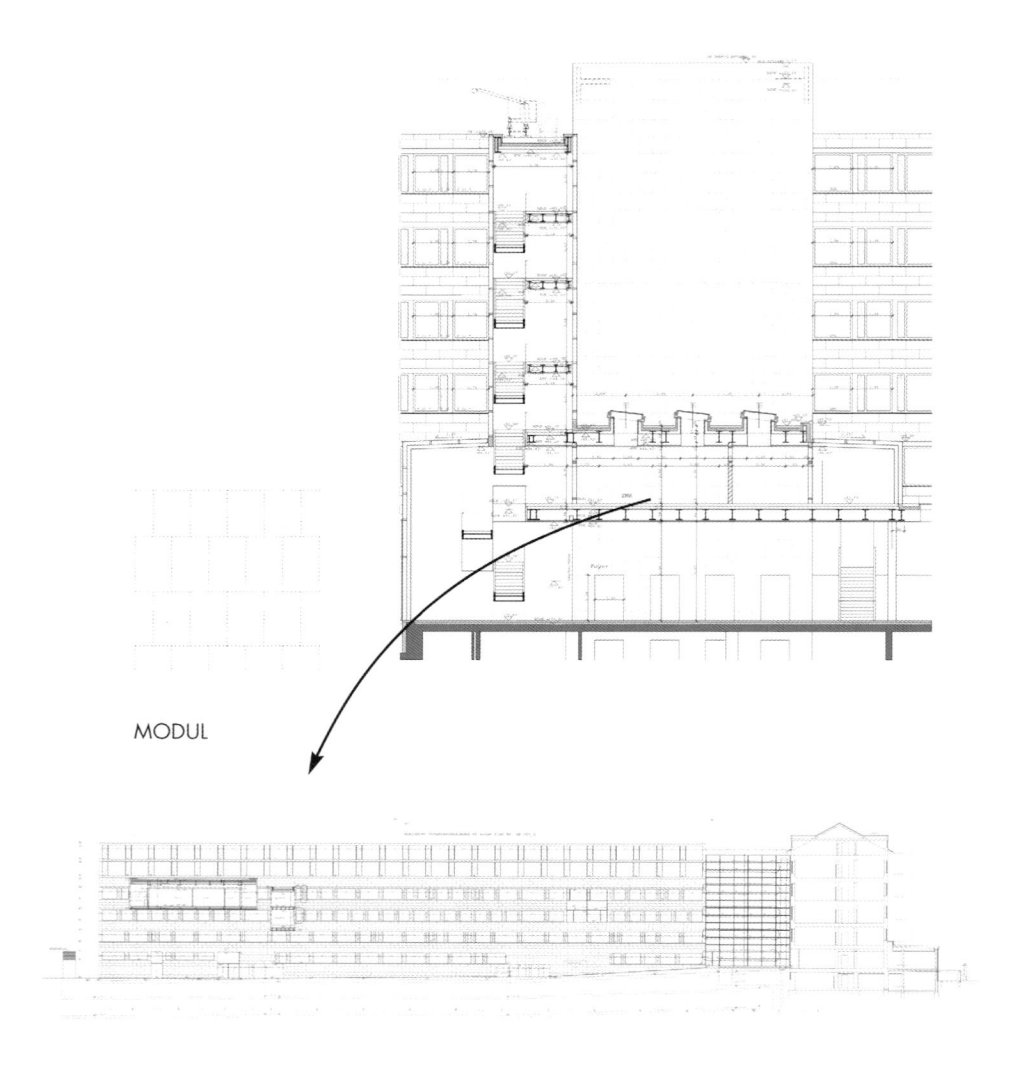

- Umbau und Erweiterung des Kreiskrankenhauses Böblingen (D) I Drees & Sommer GmbH, Stuttgart (D)

Mit der gegenständlichen Baumaßnahme wird zum einen das Ziel verfolgt, das Raumangebot zu erweitern und zum anderen die innere sowie die äußere Erschließung zu optimieren. Den von Drees & Sommer betreuten Wettbewerb gewannen die Architekten Freudenfeld+Krausen+Will aus München. Der Grundgedanke folgt dabei der Trennung der Bereiche Pflege von den Bereichen Untersuchung bzw. Behandlung. Der Entwurf sieht darum einen Anbau für das Hauptgebäude sowie den Umbau des Bestandes vor. Dabei wird der bisher zweigeschoßige Bauteil aufgestockt.

Den Schwerpunkt im Umgang mit ArchiCAD stellt die Baufortschrittssimulation (BFS) dar. Damit können komplexe Zeitplanungen vermittelt werden. Weil das Bauvorhaben bei laufendem Betrieb stattfindet, sind einige Zufahrten temporär zu verlegen. Hierzu müssen verlässliche Planungsgrundlagen mit Hilfe der BFS geschaffen werden. Die BFS fungiert demnach als ein wesentlicher Bestandteil der Terminsteuerung. Insbesondere bei Bauherrn bzw. deren Vertretern kann eine hohe Akzeptanz dieser Simulationsform festgestellt werden. Dadurch werden in der Folge schnellere Entscheidungen bezüglich der Terminkonzeption erzielt.

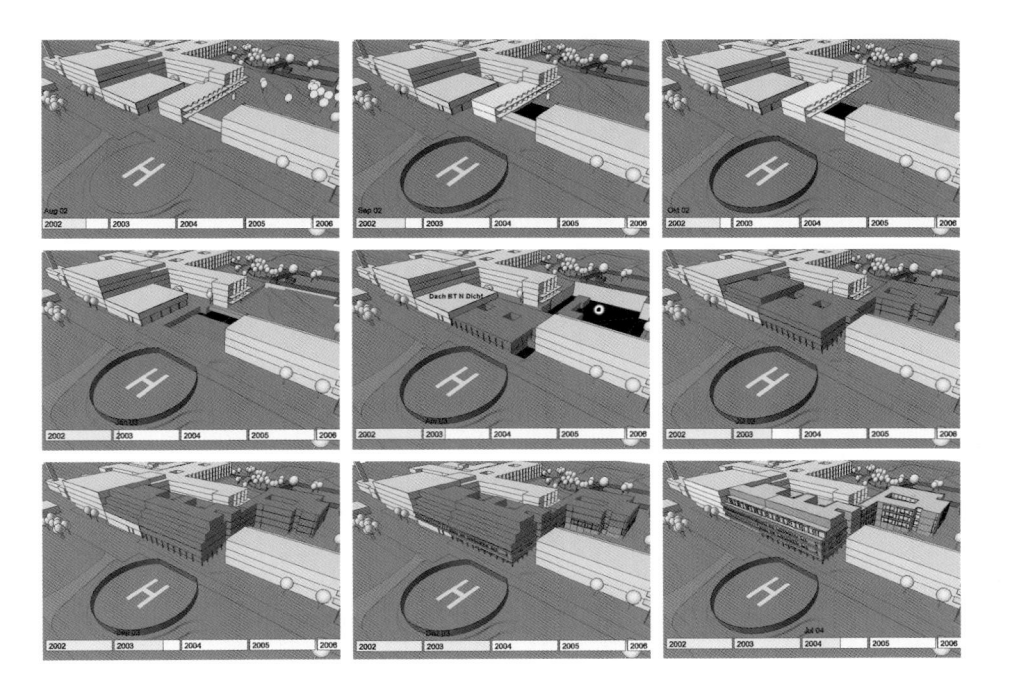

Die BFS basiert auf ArchiCAD-Daten und wird an Hand von 3D-GDL-Objekten realisiert, welche mittels einer Excel-Datei gesteuert werden. Dies betrifft sowohl die Termine als auch die Statik. Das Ergebnis wird in gängigen Datenformaten präsentiert (Pläne, Animationen, Präsentationen etc.). Obgleich die Möglichkeit, in Schnitten zu konstruieren, als besondere Stärke gewertet wird, hat die Modelldetaillierung in der Regel eine nachgeordnete Priorität. Letztlich steht die Reaktion auf terminliche bzw. planungsbedingte Änderungen im Mittelpunkt der Betrachtung.

■ Erweiterungsneubau Bezirkskrankenhaus Reutte, Reutte (A)
  Werner Wiedermann, Innsbruck (A)

Das vorhandene Bauvolumen aus dem Jahre 1968 wurde durch mehrere Zubauten (Kinderstation, Dialyse usw.) vergrößert. Im Zuge der Adaptierung des Bezirkskrankenhauses sollten in Zuordnung zu den einzelnen Betriebsflächen fehlende Nutzflächen geschaffen werden. Die Vorgaben erforderten eine Weiternutzung der etwa 10 Jahre zuvor fertig gestellten Bauabschnitte Kinderambulanz, Dialyse und Ambulanz für Innere Medizin im nordöstlichen Teil des Bestandes. Die Anbindung neuer Bauteile war deshalb nur im Osten realistisch. Hier wird das Gebäude nun auch betreten. Es eröffnet sich in Folge ein mit einem halben Tonnendach überdeckter hallenartiger Bauteil, welcher auch die Cafeteria aufnimmt.

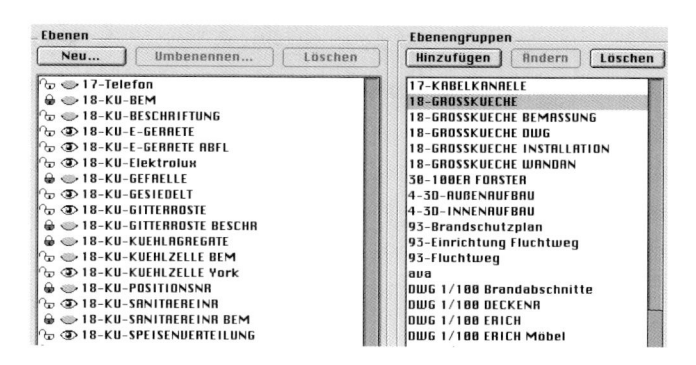

Neben der intensiven Nutzung der TeamWork-Funktionen wurde bei diesem Projekt auch die Verwaltung der Ebenen nach einem speziellen Schlüssel strukturiert. Kennzahlen sortieren je einen Themenbereich in der Ausführungsplanung. Da das Projekt über einen langen Zeitraum und deshalb auch mittels mehrerer ArchiCAD-Versionen bearbeitet wurde, stellte auch die Bibliotheken-Verwaltung eine Herausforderung dar. Jene GDL-Objekte, welche im Rahmen der Krankenhausplanung Verwendung fanden, sind allesamt in einer sog. „Projektbibliothek" zusammengefasst. Je nach ArchiCAD-Version wird neben der Projektbibliothek nur mehr die Standardbibliothek geladen, um auch aktuellere GDL-Objekte zur Verfügung zu haben. Erwähnenswert ist auch die Programmierung eines eigenen Raumstempels, welcher die Anforderungen an die Krankenhausplanung besser erfüllte als der Standard-Raumstempel. Da die Projektdatei zum gegenwärtigen Zeitpunkt der Ausführungsplanung bereits 100 MB Festplattenspeicher belegt, ist für die Bearbeitung im TeamWork-Modus mindestens die doppelte Menge Arbeitsspeicher – also 200 MB – erforderlich. In der Konzeption solcher Großprojekte sollte von Seiten des Systemadministrators darauf Rücksicht genommen werden, da sonst die Geschwindigkeit in der Bearbeitung zu Lasten der Zugriffsgeschwindigkeit (Festplatte) geht.

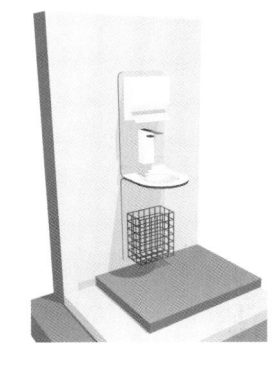

■ 1. Preis Wettbewerb Neubau Klinikum Minden, Minden (D) | Beeg Geiselbrecht Lemke Architekten, München (D)

Das Krankenhaus der Maximalversorgung (900 Betten) ist als ein Klinikum im Grünen konzipiert. Entlang einer mit mehreren Cafeterien und Läden belebten Magistrale liegen sich gegenüber nach dem Prinzip des optimalen Patientenworkflows straff organisierte Funktionsbereiche und die in drei Kompetenzzentren gegliederten, sich zum Gebirge nach Süden fingerartig auffächernden Bettenhäuser.

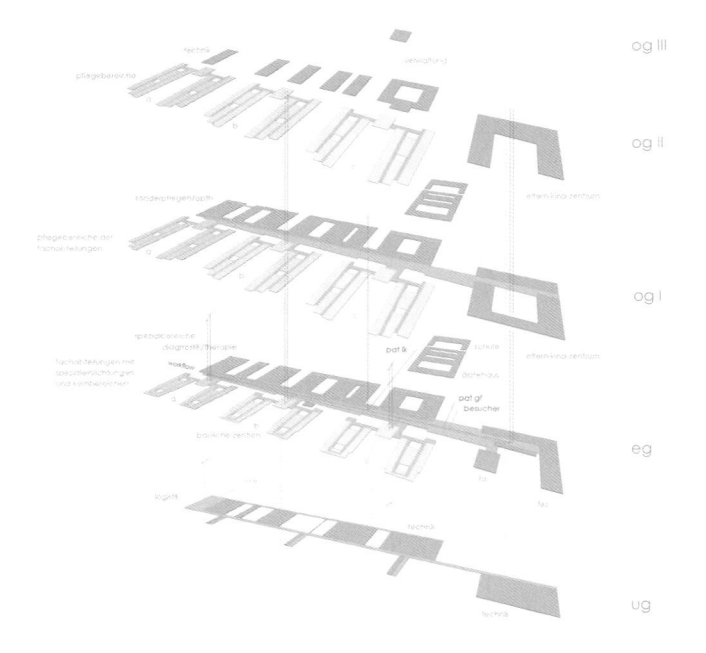

Dieses Projekt dokumentiert den Übergang vom städtebaulichen Modell in die nachfolgende Architekturgestaltung. Dies wird vor allem in der fortschreitenden Detaillierung der Gebäudeteile sichtbar. Einfache Baukörperdarstellungen mittels Deckenplatten, Dachschrägen und auch die transparent gehaltene Visualisierung der Haupterschließungsachse bilden die Kubatur wirkungsvoll ab und erzeugen Leichtigkeit in der Darstellung. Das Instrument der überhöhten Geschoßeinstellung kann wirkungsvoll genutzt werden, um eine Explosionszeichnung zu erzeugen. Mittels einer solchen Darstellungsform können komplexe Zusammenhänge rasch erfassbar gemacht werden.

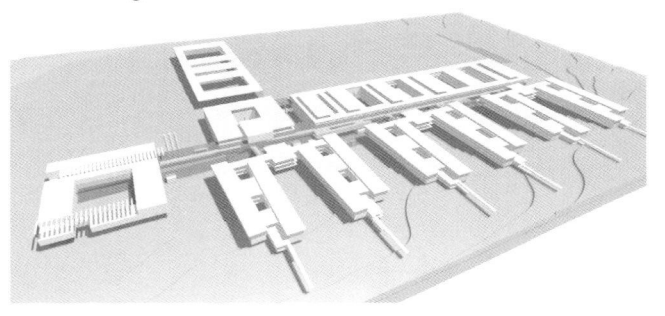

■ Consultorio Baeza Goñi, Santiago (CL) | Hombo & Bañados Arquitectos, Santiago de Chile (CL)

Dieses Projekt umfasst eine kompakte Gesundheitseinrichtung innerhalb eines problematischen sozialen Stadtumfeldes. Ein überdies knapp bemessenes Budget wie auch ein knapp dimensioniertes Baugrundstück für die geforderten Bauvolumina bilden weitere Kernparameter, welche es im Entwurf zu berücksichtigen galt.

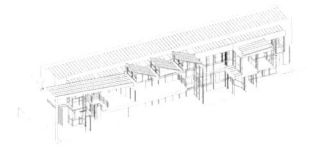

Mit überschaubarem Aufwand konnte zunächst eine „Raumnutzungskizze" erarbeitet werden. In weiterer Folge wurden farblich differenzierte Diagramme erstellt und in entsprechenden schriftlichen Berichten dokumen-

tiert. Die differenzierte Kennzeichnung einzelner Bereiche erlaubte einen direkten Vergleich zwischen ursprünglichem Raumprogramm und vorgeschlagener Adjustierung.

Eine wichtige Thematik stellt jene Vorgehensweise dar, innerhalb derer ArchiCAD-Berichte mit der spanischen Software „Presto" zum Zwecke der Kostenanalyse verknüpft wurden. Dies gestattete eine ausführliche Aufzeichnung hinsichtlich einer Vielzahl an Einträgen, wobei in etwa zwei Drittel der benötigten Informationen direkt aus dem Menü „Berechnen" übernommen werden konnten. Die Möglichkeit der präzisen Kennzeichnung sowie der exakten Ebenenzuordnung aller Bauelemente fungierte als Grundvoraussetzung für diese Vorgangsweise.

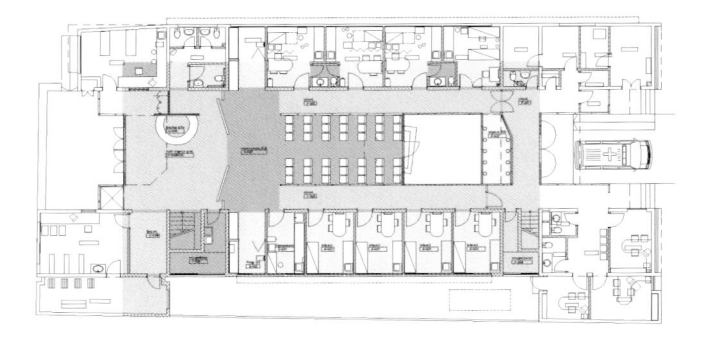

3.1.4 Wohn-, Hotel- und Bürobau: Variationen wiederkehrender Einheiten

In der computergestützten Bearbeitung von Wohn-, Hotel- und Bürobauprojekten gibt es auffällige Parallelen. Die Geschoßverwaltung basiert auf Regelgeschoßen, wobei von wiederkehrenden Einheiten wie „Küche", „Hotelzimmer" oder „Büroraum" Gebrauch gemacht wird. Der Umgang mit Modulen bezieht sich auch innerhalb eines Projektes auf wohl mehr als bloß einen einzigen Typus. Es sind demnach Überlegungen hinsichtlich einer vernünftigen Gliederung nach mehrfach vorkommenden zusammenhängenden Bereichen anzustellen. Verändert sich – aus welchen Gründen auch immer – etwas in einem Modul, werden die Veränderungen dort, wo dieses Modul eingesetzt ist, „per Knopfdruck" aktualisiert. Dennoch soll der Umgang mit Modulen nicht zu einem starren „Weiterstempeln" führen. Hier gilt es, die Variation in der Serienproduktion zu fördern.

GDL-Objekttechnologie wird in diesem Zusammenhang hauptsächlich in der Einrichtungsplanung genutzt. Dabei handelt es sich vordergründig um Standardeinrichtungen und Ausstattungen im Bereich der Haustechnik, so z.B. Heizkörper, Lichtauslässe und Steckdosen. Eine spätere Verwendung der Daten aus dem Gebäudemodell für FM-Zwecke ist nahe liegend. Darüber hinaus kann die Vorstufe zum Raumbuch beispielsweise für die Wohnbauförderung genutzt werden.

■ Wohnbau Gentzgasse, Wien (A) | Eduard Widmann, Salzburg (A)

Ausgehend von der städtebaulichen Situation einer geschlossenen Bebauung und einem nach Norden hin erheblich ansteigenden Grundstück bilden zwei L-förmig zueinander versetzte Baukörper einen Innenhof mit zwei Ebenen. Das Eingangsgeschoß ist zugleich das erste Garagengeschoß und läuft niveaugleich von der Gentzgasse in Richtung des Hanges. Die Garagendecke ist durchgehend begrünt und bildet einen Teil des Innenhofes bzw. verschwindet im ansteigenden Gelände. Die beiden Baukörper der Wohntrakte befinden sich somit um ein ganzes Geschoß erhöht über dem Garagengeschoß und verfügen über drei (bzw. zwei im Gartentrakt) Sockelgeschoße. Erkerartige Erweiterungen ermöglichen einen Blick längs der Gentzgasse. Ein weiteres wesentliches Gestaltungsmerkmal ist die Ausbildung durchgehender Terrassen in den Obergeschoßen. Zum Innenhof gerichtete Grüninseln mit Bäumen gliedern die einzelnen Terrassenbereiche und bilden „hängende Gärten" aus. Die Terrassengeschoße werden gestalterisch wie Schiffsbaukörper behandelt.

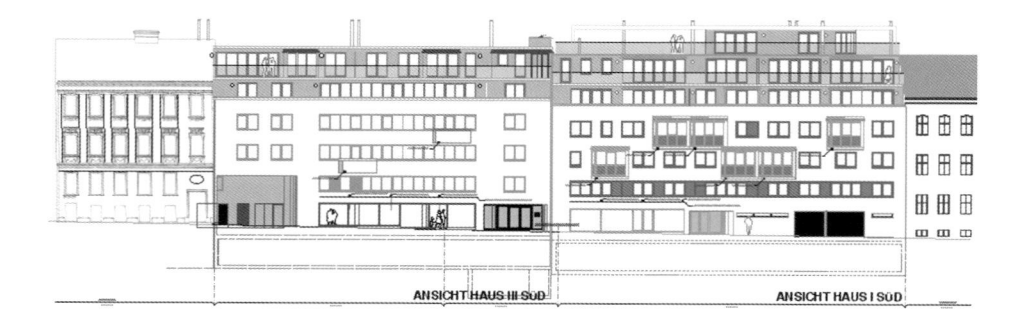

Von besonderer Bedeutung erscheint in diesem Projektbeispiel die Organisation einzelner Bauteile, zumal diese mittels der Bündelung in Ebenengruppen umgeschaltet werden können. So werden nicht nur die unterschiedlichen

Plangrafiken auf kurzem Wege freigeschaltet, sondern auch Projektinformationen hinsichtlich Kalkulation (Ausschreibungen) oder einfacher Brutto-Flächenermittlungen betreffend beider Gebäudeteile (un-)sichtbar gemacht. Während der Ausführungs- und Detailplanung wurden die „automatisch" aus dem virtuellen Gebäudemodell generierten Schnitte und Ansichten in ein eigenständiges Dokument übernommen. Begründbar ist dies dadurch, dass die Ablage von Schnitten und Ansichten in einzelnen Geschoßen die Nachverfolgung horizontaler Einbauten (z.B. Lüftungskanäle, E-Leitungsführungen etc.) durch transparente Geschoßdarstellung optimal unterstützt. Im Zuge der Ausführungsplanung wurde eine beträchtliche Anzahl von mehrschichtigen Bauteilen (Kalkulationselementen) verwendet, welche mittels einer eigenen Ebenengruppe die automatische Berechnung der Baumassen ermöglicht. Hiermit lässt sich auf rasche Weise eine Grobkostenschätzung der wesentlichen Massenpositionen erstellen.

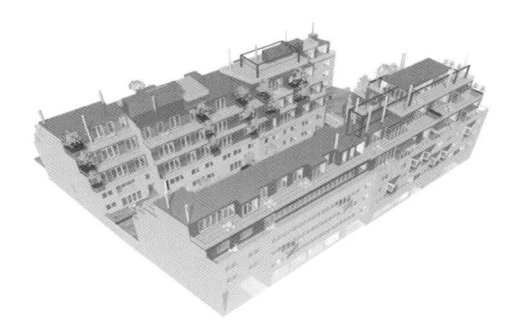

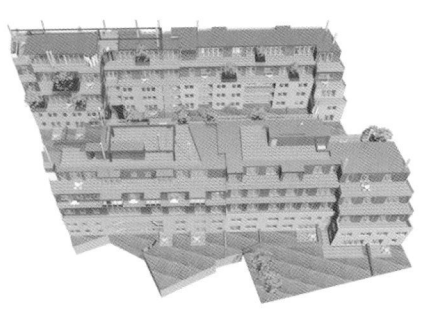

WALLS BY BUILDING MATERIALS						
BILL OF MATERIALS		STORY	WALL TYPE	COMPOSITE THICKNESS	HEIGHT	VOLUME
		1.st +280/+322	W3	0.35 m	2.60 m	4.83 m3
		1.st +280/+322	W3	0.35 m	2.60 m	9.60 m3
W1/30+5		1.st +280/+322 total				19.12 m3
W1/30+5		all stories total:				19.12 m3
		1.st +280/+322	Concrete S3	0.25 m	2.50 m	0.56 m3
		1.st +280/+322	W3	0.25 m	2.60 m	0.71 m3
W10/DOOR		1.st +280/+322 total:				1.47 m3
W10/DOOR		all stories total:				1.47 m3
		1.st +280/+322	Concrete S5	0.13 m	2.60 m	0.11 m3
W11/SMALL		1.st +280/+322 total				0.11 m3
W11/SMALL		all stories total:				0.11 m3

■ 2.Preis Wettbewerb Wohnungen am Stiftsbogen, München (D) I Beeg Geiselbrecht Lemke Architekten, München (D)

Die sich aus der Kurparksiedlung ergebende Grundstruktur wird fortgesetzt. Die freie Anordnung der Baukörper zueinander ergibt spannungsvolle Raumübergänge. Das Wechselspiel der Gebäude in der umgebenden Landschaft kehrt in den Grundrissen als fließender Wohnraum zwischen den Kernen der Individual- bzw. Intimbereiche wieder.

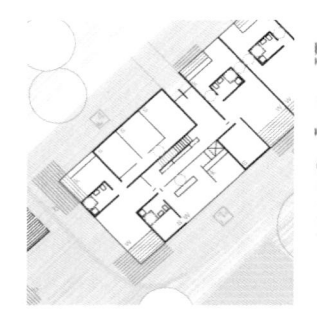

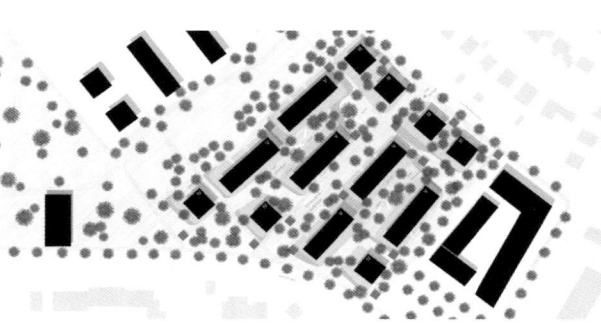

Mit einer einzigen ArchiCAD-Projektdatei kann die Darstellung zwischen Lageplan und Grundrissdarstellung von Wohnungen mittels verschiedener "Ausschnittsets" (views) gesteuert werden. Innerhalb dieser "views" werden automatisch sowohl der Darstellungsmaßstab als auch die erforderlichen grafischen Differenzierungen vorgenommen.

■ Wohnbauten Hammarby und Sjostadsporten, Stockholm (S) I Lund & Valentin, Stockholm (S)

Der Entwurf für das *Hammarby Waterfront City Gate* ist Teil eines größeren Stadterweiterungsplanes (Sjostad) der Stadt Stockholm, welcher Platz für rund 20.000 Einwohner schafft. An der Kreuzung zweier Haupterschließungsachsen gelegen, wird das geplante Vorhaben eine wesentliche Rolle im städtischen Kontext erfüllen. Das Projekt umfasst Wohnappartements, kommerziell genutzte Bereiche sowie Büros und eine Tiefgarage.

Der Einsatz von ArchiCAD bewirkte, dass auch der verantwortliche Projektarchitekt substanziell an der gesamten CAD-Arbeit beteiligt ist. Bereits zu einem frühen Zeitpunkt wurde das CAD-Softwarepaket als eine Art „3D sketchpad" eingesetzt. Die Erstellung von dreidimensionalen Darstellungen diente somit nicht alleinig der Erstellung von Präsentationsbildern, sondern ermöglichte während des Entwurfsprozesses, den jeweiligen Projektstand zu kontrollieren. Überdies wurde im Rahmen der Projektkommunikation eine intensive Diskussion mit den künftigen Bewohnern geführt. Deshalb erwies es sich als nützlich, ohne allzu hohen Aufwand etwaige Alternativen rasch generieren zu können.

■ Wohnbau Lehtovuori, Helsinki (FIN) | A-Konsultit, Helsinki (FIN)

Das Projekt über die Entwicklung von 90 Wohneinheiten, zumeist in Gestalt von Einfamilienhäusern, entspringt einem offenen Wettbewerb. Es galt, einer im Wesentlichen uniformen Baulichkeit Vielfalt zu verleihen, was durch Variantenreichtum und Einsatz unterschiedlichster Farben erreicht wurde.

Die Entwurfsarbeit wurde mittels zweier ArchiCAD-Projektdateien abgewickelt. Eine Datei beinhaltet sämtliche Haustypen mitsamt Varianten. Die zweite enthält den Lageplan, in welcher die einzelnen Häuser entsprechend der Geländeform als parametrische GDL-Objekte eingesetzt werden. Ebenen und Ebenengruppen gelangen zum Einsatz, um Grundrisspläne, Schnittdarstellungen und Ansichten aller Häuservariationen zu generieren. Um die unterschiedlichen Grundrissdarstellungen der Geschoße im Lageplan(-Modell) darstellen zu können, werden die internen Fragmente in den GDL-Objekten über eine Parametersteuerung genutzt.

■ Hotel IMC Krems, Krems (A) | Walter Hoffelner, Wien (A)

Der medizinische Schwerpunkt der IMC-Privatklinik („Innovative Medical Care") liegt auf Fachgebieten, die in Osteuropa und in Ländern aus dem arabischen Sprachraum bislang kaum abgedeckt werden. Da diese Patientenklientel in der Regel nicht alleine, sondern meist in Begleitung von einem oder mehreren Familienmitgliedern anreist, ist in Verbund mit dem IMC auf dem Klinikgelände die Errichtung eines Hotelkomplexes mit angegliedertem Konferenzzentrum vorgesehen. Der hier abgebildete Projektteil bezieht sich auf den Hotelkomplex.

Bereits in der Vorentwurfsphase wurde anhand eines rasch erstellten virtuellen Massenmodells das räumliche Zusammenspiel einzelner Bereiche des Hotelkomplexes in Form von Schaubildern („quick and dirty") dem zukünftigen Betreiber präsentiert. Wesentliche Merkmale wie Farblichkeit, Lichtgestaltung und Materialbeschaffenheit sind in diesem frühen Stadium bereits

erkennbar. Den hauptsächlichen Nutzen – neben einer Bauherrenpräsentation – stellt jedoch die Auswertung der diversen Flächenkategorien dar, welche über einen Kostenschlüssel zur Rohkalkulation des Projektes führt. Vor allem die Nutzung der Hotlink-Module half im Zuge der Detaillierung des Gebäudemodells, auftretende Änderungen hinsichtlich Raumanordnung und Ausstattung zu berücksichtigen. Das Projektdokument blieb bis zum Abschluss der Einreichplanung als zentrale Archi-CAD-Datei bestehen, welche zeitweise auch im Team-Work-Modus bearbeitet wurde. In weiterer Folge wurden die Schnitte und Ansichten in Grundrissgeschoße kopiert und dort als zweidimensionale Zeichnungen dokumentiert. Im Zuge der Ausführungsplanung wurde die Massenermittlung für eine Raumbuch-Dokumentation vorbereitet. Die Gliederung erfolgte unter dem Gesichtspunkt der späteren Nachnutzung durch den Betreiber mittels ArchiFM.

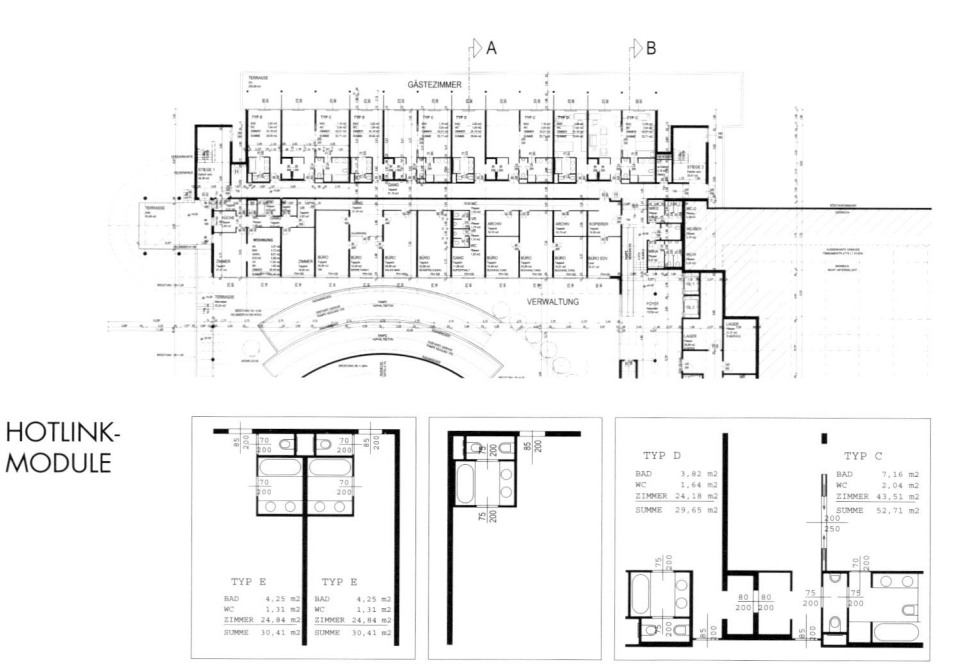

HOTLINK-MODULE

■ Austrian Airlines Group: Trainingscenter, Schwechat (A)
Tadayyon Gilani mit AXIS Ingenieurleistungen, Wien (A)

Die unterschiedlichsten Schulungseinrichtungen der Austrian Airlines sollten im Trainingscenter zusammengeführt werden. Der Komplex besteht aus einem achtgeschoßigen Verwaltungs- und Erschließungstrakt, einem dreigeschoßigen, L-förmigen Lehrsaaltrakt und einer Mock-up-Halle. In einem rechtwinkligen Hangar bleiben große Flächen in den Eckbereichen ungenutzt. Auf einer solchen „Restfläche" wird ein zweigeschoßiger Pavillon eingefügt.

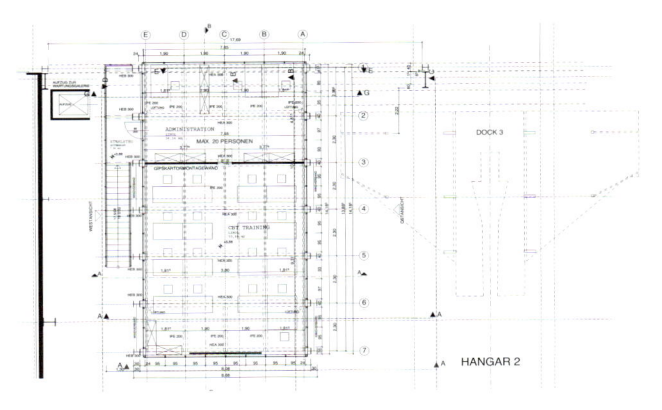

Das gegenständliche Projekt beinhaltet die Planungsdokumentation, beginnend bei der Vorstudie (mittels einfacher 3D-Gebäudevisualisierung) bis hin zur Detailplanung. Darüber hinaus ist auch der noch nicht realisierte zweite Bauabschnitt eingeschlossen.

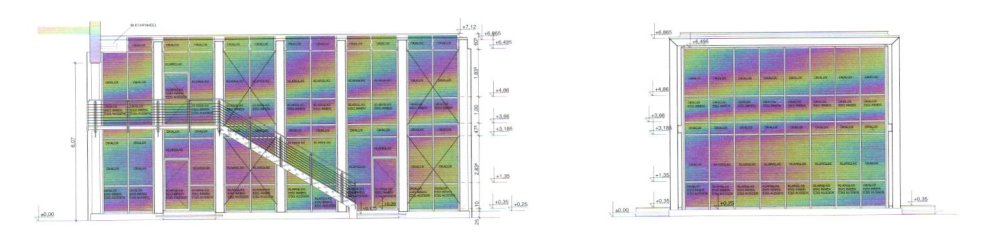

Die bestehende Halle für den Flugsimulator und der angrenzende mehrgeschoßige Bauteil mit Schulungsräu-

men zeigen, wie eine Geschoßverwaltung bei nebeneinander errichteten Gebäudeteilen unterschiedlicher Geschoßhöhen erzeugt werden kann. Die Abbildung der Schnitte und Ansichten erfolgte bis zum Zeitpunkt der Ausführungsplanung dreidimensional und wurde danach aufgrund des zugelieferten Datenmaterials (DXF/DWG) seitens der Fachplaner zweidimensional weitergeführt.

■ Amtsgebäude Körösistraße, Graz (A) | Werner Nußmüller, Graz (A)

Die Gestaltungsabsicht bestand darin, das neue Amtsgebäude in seiner Funktion als Dienstleistungsbetrieb für die Bevölkerung mittels einer einladenden Geste sowie der Ablesbarkeit einzelner Ämter durch geschoßweise Staffelungen und Auskragungen zu betonen. Das räumliche Konzept verfolgt das Ziel, die Wirtschaftlichkeit einer Mittelgangerschließung mit der räumlichen Großzügigkeit einer glasüberdachten fünfgeschoßigen Halle zu verbinden. Der Stahlbetonskelettbau gestattet darüber hinaus, die dem Entwurf zu Grunde liegende Verdrehung in den Obergeschoßen realisieren zu können. Hochfrequentierte Bereiche finden sich im Erdgeschoß wieder, weniger frequentierte Büros in den Obergeschoßen.

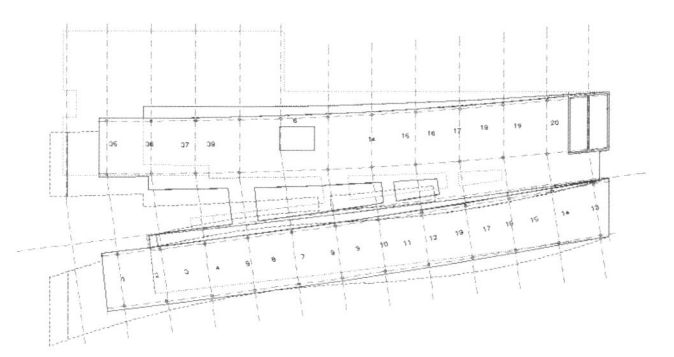

Der Einsatz von ArchiCAD im Rahmen eines Wettbewerbsprojektes ist meist durch einen eng gesteckten Zeit-

rahmen gekennzeichnet. Der Bau von Einsatz- und Entwurfsmodellen wird hier weitgehend durch die Verwendung eines Virtuellen Gebäudes ersetzt. Schnittperspektiven und Visualisierungen von maßgeblichen architektonischen Kernaussagen des Entwurfes kennzeichnen die ArchiCAD-Nutzung bei diesem Projekt. Es wird ohne zusätzlichen Zeitaufwand möglich, an jeder beliebigen Stelle einen Einblick in die dem Konzept zu Grunde liegenden Gedanken zu geben. Eine eigene Ebenengruppe macht z.B. nur die Tragstruktur sichtbar, um die vertikale und horizontale Entwicklung der einzelnen Gebäudebereiche darzustellen. Die Nutzung der transparenten Geschoße ermöglicht in diesem Beispiel eine permanente Kontrolle über die komplexen Überlappungen einzelner Geschoßbereiche während der Planungsphase.

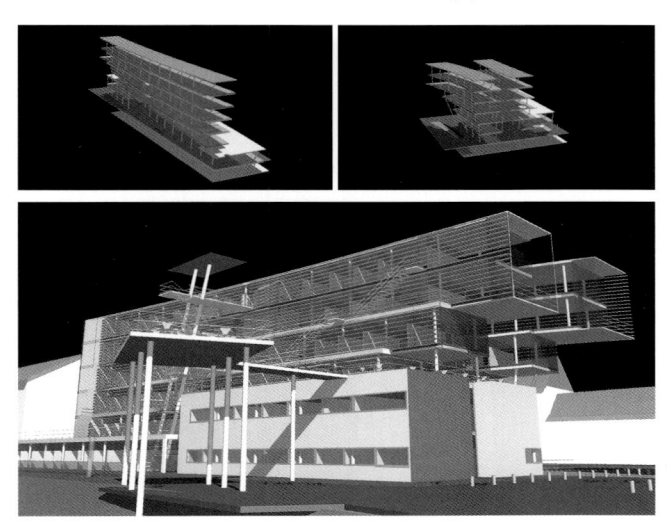

■ Bürogebäude mit Schauraum – Tischlerei Armellini, Hard (A) I Wimmer-Armellini, Bregenz (A)

Die bestehende Handwerkstatt wurde umgebaut, der Grundriss „bereinigt" und eine neue Spritz- und Trockenanlage eingebaut. Ein zweigeschoßiges Verwaltungs- und

Personalgebäude ist der „Kopf" des gesamten Gebäudekomplexes. Das Obergeschoß bildet der Schauraum, dessen großes, fassadenbündiges Fenster wie ein Auge auf den stark frequentierten Fuß- und Radweg entlang der Dornbirner Ache ausgerichtet ist. Alle anderen Fenster sind an der Innenseite der Außenwand positioniert. Ein horizontales Fensterband durchschneidet das Gebäude auf drei Seiten und weitet sich zum Eingang auf. Die skulpturale Umsetzung dieser Bauplastik wurde durch eine Kombination von tragenden Betondecken auf Stahlsäulen und rein selbst tragenden Außenwänden aus Holzleichtbauelementen ermöglicht.

Bestand und Neubau werden jeweils getrennt in einer eigenen Ebenengruppe verwaltet. Die Projektdatei beinhaltet alle nötigen Plandarstellungen (Grundrisse, Schnitte, Ansichten, ...). Im Zuge der Präsentation des Projektes wurde ein gesonderter Plan erstellt, welcher das gewünschte grafische Erscheinungsbild des Architekturbüros repräsentiert. In dieser Datei steht einzig die Planzusammenstellung in Kombination mit Fotografien des realisierten Projektes im Vordergrund.

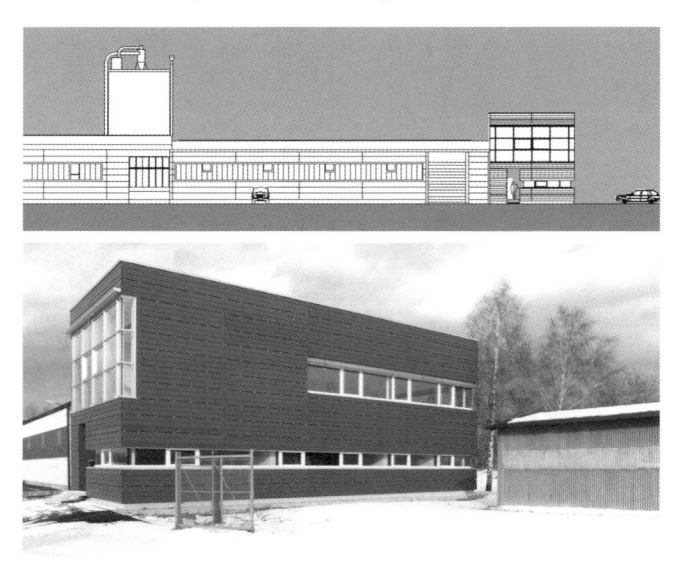

■ Biotechnology House, Göteborg/Änggården (S) | Liljewall Arkitekter, Stockholm (S)

Das Projekt bildet die zentrale Anlaufstelle medizinischer Forschung und Ausbildung in Göteborg. Das Gebäude selbst umfasst Labor- und Büroräume, ein Atrium, Parkflächen und verschiedenste Serviceeinrichtungen. Hangseitig gelegen, folgt der vierteilige Baukörper dem Verlauf des Geländes. Das zentrale Atrium fungiert dabei als verbindendes Element. Die überaus prominente Lage ermöglicht großzügige Blicke auf die umgebende Landschaft und sorgt im Gegenzug für eine weithin wirksame visuelle Präsenz.

Bei dem vorliegenden Projekt handelt es sich um das erste, welches vom planenden Büro zur Gänze mittels ArchiCAD bearbeitet wurde. Der Arbeitsbogen reicht von Volumensskizzen über 3D-Illustrationen bis hin zu Planunterlagen und Werkzeichnungen. Es gelangten sowohl 2D- als auch 3D-GDL-Objekte zum Einsatz. ArchiCAD war darüber hinaus dienlich, um die Komplexität des Geländes zu beherrschen wie auch unterschiedlichste dreidimensionale Schnittpunkte von Bauelementen und Detailanschlüssen entwickeln zu können.

- Ausbau Commerzbank, München (D) | Dietzel und Partner, München (D)

Das Gesamtobjekt besteht aus zwei Häusern. Durch die Verlagerung der Kundenhalle wurde ein Vorbau notwendig. Der Ausbau inkludierte die Entwurfsplanung (Raumbelegung und Möblierung) und Werkplanung (Deckenspiegel und Beleuchtungspläne).

Es fällt bei diesem Projekt die optimale Ausnutzung der Geschoßverwaltung und Ebenenstrukturierung auf. Neben einer ausgeklügelten Flächenzuordnung wurde auch mit Hilfe des Navigators jeder einzelne Raum als Planausschnitt definiert. Ein Doppelklick lässt sofort alle wesentlichen Rauminformationen in der richtigen Darstellungsgröße erscheinen. Bemerkenswert ist darüber hinaus, dass z.B. auch in der Verwendung der Türen auf sog. „Realobjekte" zurückgegriffen wurde (in diesem Fall: Novoferm-Stahlzargentüren), um alle Eigenschaften der realen Tür in einer späteren Nutzung des Gebäudemodells bereitzustellen (Facility Management). Auch die Programmierung eines eigenen „Türschild"-GDL-Objektes mit allen wesentlichen Informationen zum Zustand des Raumes (z.B. besetzt/frei) lässt eine optimale Datennutzung zwischen ArchiCAD-Projektdatei und einer Datenbank (z.B. Nutzung in ArchiFM) zu.

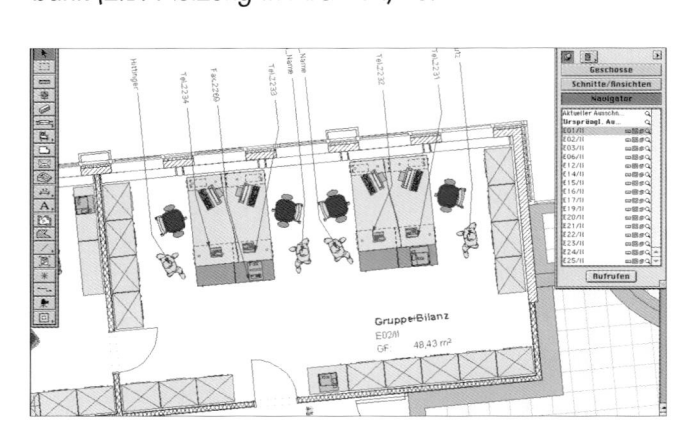

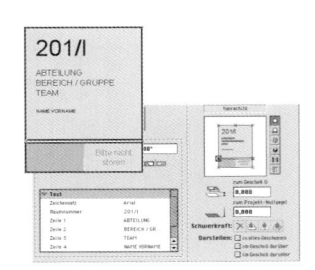

■ MK3 Theresienhöhe, München (D) | b17 Architekten, München (D)

Aufgrund der vorgesehenen Gebäudetiefe von 28 m wurde ein nutzungsgerechter und variabler Grundriss in Mäanderform entwickelt. Hierdurch entstehen zwei unterschiedliche Hofbereiche, die das Gebäude bis in die Tiefe natürlich belichten und eine gute Orientierung ermöglichen. Der nördliche „Hof" ist als große verglaste Eingangshalle ausgebildet und dient als Foyer. Das filigrane Glaslamellendach der Eingangshalle kann zur Belüftung und Wärmeregulierung ganz geöffnet werden.

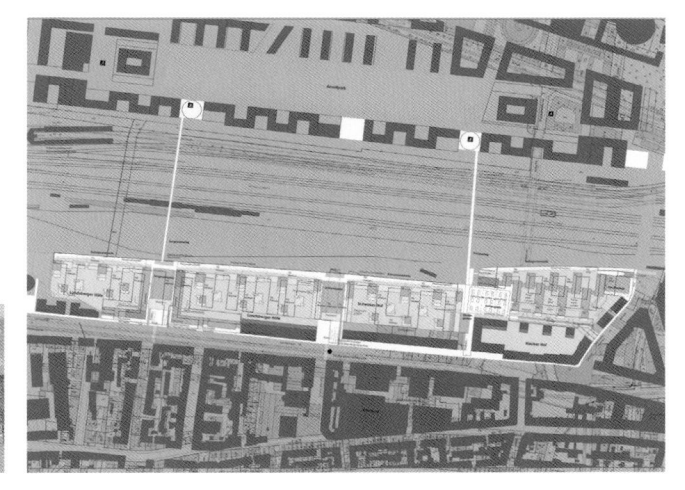

In diesem Projekt wurde von einer ausgeklügelten Dokumentenstruktur (Bürostandard) im Sinne des Virtuellen Gebäudemodells Gebrauch gemacht. So wird der Navigator umfassend eingesetzt und eine Fülle von Ebenengruppen genutzt. Verschiedenste Darstellungen wie Flächenbelegungen, Planbücher, technische Ausstattungen etc. können per Knopfdruck generiert werden.

- Wohnungsbau Fürstenrieder Straße, München (D) | Dietzel Architekten, München (D)

Aufgrund der hohen Verkehrbelastung sollten in diesem Projekt besondere Lärmschutzmaßnahmen getroffen werden. Zur Straße gerichtete Wohneinheiten waren schwer verkäuflich, und daher wurde eine Erweiterung der Nutzfläche zugunsten der gewerblichen Nutzung im Erdgeschoß vorgesehen.

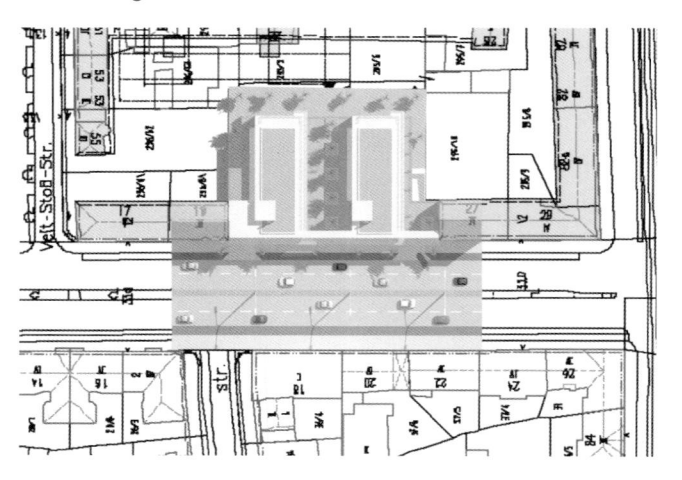

Die spezifische Problematik der Verkehrslage wurde mit ArchiCAD in einer entsprechenden Visualisierung aufbereitet. Mit Hilfe der Darstellung konnten Entscheidungsprozesse unterstützt werden.

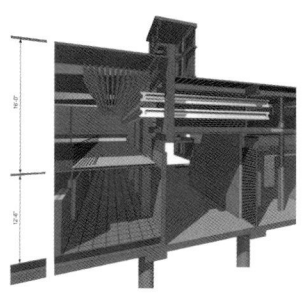

3.1.5 Revitalisierung oder der gleichzeitige Umgang mit Alt und Neu

Je breiter die Basis an digitalen Planungsdokumentationen wird, desto mehr entsteht der Wunsch, nicht nur „Zeichnungen" auf Knopfdruck zu generieren, sondern auch Daten aus dem CAAD-Modell anderwertig verwenden zu können. Immer öfter stehen für die Bearbeitung von Revitalisierungen und Umbauten bei Projektbeginn Bestandspläne in digitaler Form zur Verfügung. Diese werden dann als Planungsgrundlage in ein Projekt übernommen. Ein Faktor, der dabei leider oftmals unberücksichtigt bleibt, ist, dass die Gliederung der Daten eines Bestandsplanes sich wesentlich von der Datenstruktur eines Behörden- oder Ausführungsplanes unterscheidet. Damit wird vor allem die Ebenenverwaltung angesprochen, welche so organisiert ist, dass unterschiedliche Planinhalte im jeweiligen Bedarfsfall zusammengeschalten werden können. Es empfiehlt sich daher, die Bestandsdaten bloß als referenzierte Grundlage zu verwenden und für die Neubauplanung ein eigenständiges Gebäudemodell zu erstellen. Der Vorteil der Nutzung von Informationen aus dem Gebäudemodell rechtfertigt diesen Schritt in vielen Fällen. Im Vorfeld einer Revitalisierung auf Basis von übernommenen 2D-Bestandsplänen sollte dieser Punkt auf alle Fälle in Betracht gezogen werden. Es gibt auch Situationen, wo bei Projektbeginn keine digitalen Unterlagen zur Verfügung stehen. Hier stellt sich die Frage, inwieweit als Bildinformation existente oder computergestützte Vektorisierungen handgezeichneter Plandokumente verwendet werden können. Eine Empfehlung kann hier nicht generell abgegeben werden. Zu berücksichtigen ist allerdings, ob die Maßhaltigkeit der Vorlage gegeben ist, um darauf eine neue Planung aufzusetzen. Oft kommt es durch das Scannen von Planmaterial zu optischen Verzerrungen aus der Papiervorlage, welche in einer späteren Bearbeitung, ebenso wie die Abweichungen von Zeichnung und Bemaßung, eine potenzielle Fehlerquelle darstellen. Die Vermeidung solcher Fehlerquellen ist allerdings nur durch einen Neuaufbau eines Gebäudemodells nach Vorgabe der bestehenden Papierdokumente und in der Orientierung an den dort eingetragenen Maßzahlen möglich.

■ SOS Kinderdorf – Erweiterung des Verwaltungsgebäudes, Innsbruck (A) | maaars architecture, Innsbruck (A)

SOS Kinderdorf ist ein privates, politisch und konfessionell ungebundenes Sozialwerk. Das Projekt umfasst die Erweiterung des Hauptsitzes mitsamt einer damit einhergehenden Verbesserung der baulichen Erscheinung, ohne jedoch die projektimmanente „Angemessenheit" der gestalterischen Maßnahmen aus dem Auge zu verlieren. Ein aufgerichteter Gebäudewinkel, bestehend aus einem Turm und einem darüber gelagerten Riegel, soll die geforderten Funktionen aufnehmen und gleichzeitig zur Beruhigung der bestehenden baulichen Heterogenität beitragen.

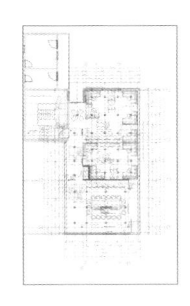

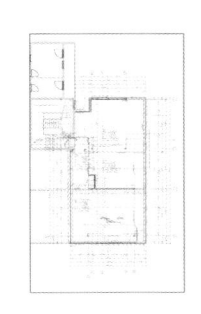

Die gleichzeitige Nutzung von Altbestands- und Neubaudaten stellt eine wichtige Herausforderung in diesem Projekt dar. Es kann als beispielgebend für die grundsätzliche Auseinandersetzung mit den technischen Rahmenbedingungen innerhalb einer Projektdatei angesehen werden. Der als dreidimensionaler Bestand eingegebene Altbau wird durch geschicktes Anlegen von Ebenen und Ebenengruppen in den verschiedenen Darstellungen frei schaltbar. Die Ebenengruppe „Einreichplan" stellt die grafischen Anforderungen für die Baueingabe dar, während in der Ebenengruppe „Beleuchtungsplan" oder „Bodenverlegeplan" bereits die Fachplanung im Rahmen der Ausführungs- und Detailplanung dokumentiert wird.

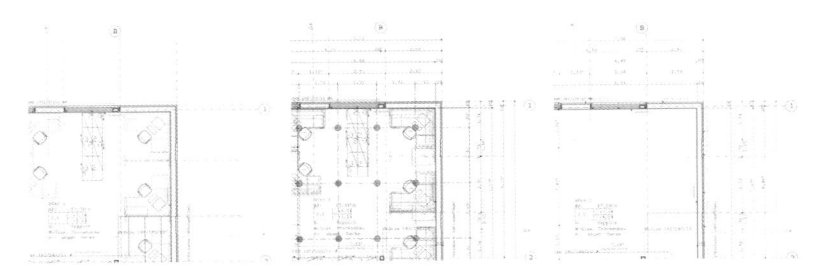

■ Revitalisierung des Stammhauses der Sparkasse Niederösterreich, St. Pölten (A) | Arge Beneder-Fischer, Wien (A)

Das Stammhaus der Sparkasse (1886) wurde zu einem Kunden- und Kompetenzzentrum umgebaut. Das Absenken des Hochparterres zu einem niveaugleichen Erdgeschoß stellte die Halle auf eine neue Ebene und führte die

Erschließung in Verlängerung der Hauptstiegenläufe direkt zum Eingang Herrengasse. Dieser Eingriff brachte auch eine großzügige Erweiterung der Kellerräume mit sich, steckte in dessen Mitte doch noch der Erdkörper des früheren Innenhofes.

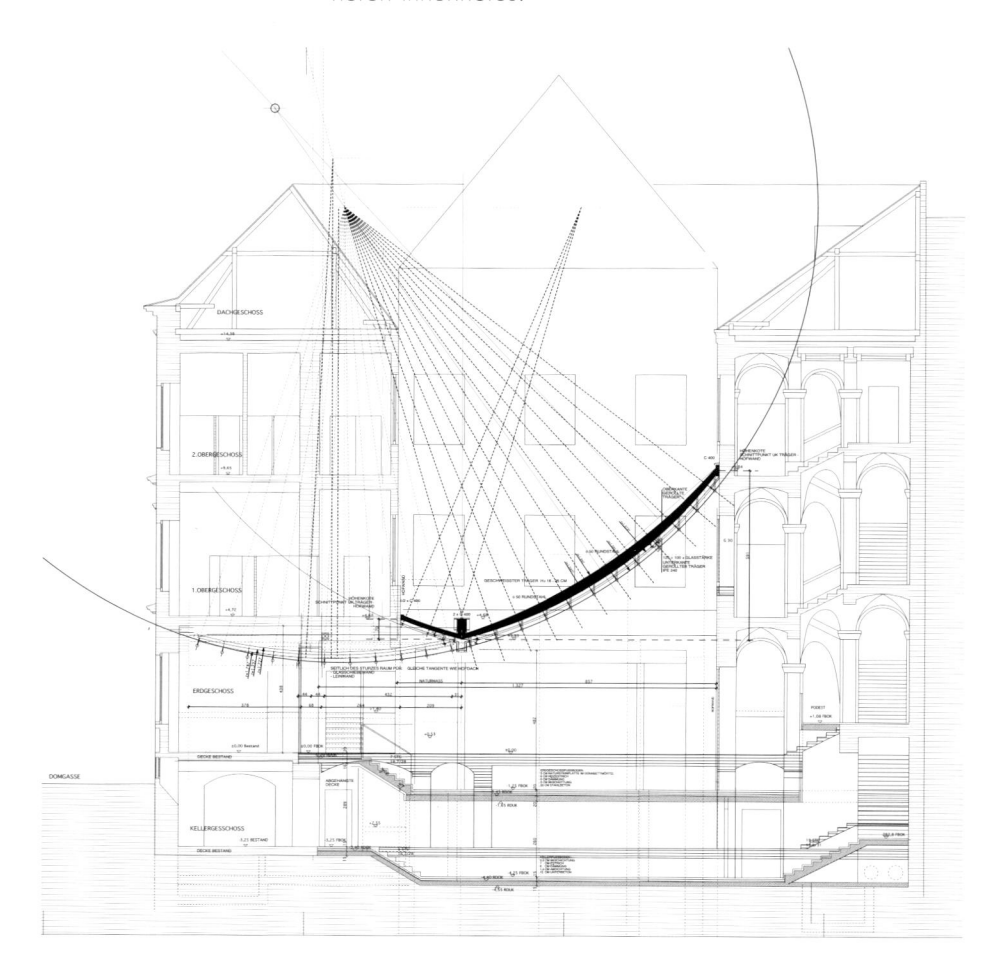

Der Innenhof wird durch eine geschwungene Stahl/Glaskonstruktion überdeckt. An ihrem hohen Ende holt sie die Prunkstiege in die Gesamtwirkung des Raumes herein. An ihrem tiefen Ende schwingt sie als hinterleuchtete Lichtdecke aus und verbindet so die Beratungseinheiten mit der Halle.

Zu einem frühen Zeitpunkt konnte mittels eines „virtuellen Massenmodells" die Raumentwicklung des geplanten Umbaus visuell überprüft und der Bauherrschaft vermittelt werden. Diese Möglichkeit einer Entwurfskontrolle ist vorteilhaft, um schon im frühen Projektstadium Schwächen im Planungskonzept zu erkennen. Vor allem im Zuge der Konzeption von technischen Details ist die Verwendung von ArchiCAD als konstruktives Skizzenwerkzeug hilfreich (z.B. Segmentierung von Kreisbögen).

■ Technische Fachhochschule Wildau, Wildau (D) | Anderhalten Architekten, Berlin (D)

Der Campus der neu gegründeten Hochschule Wildau ist auf dem Betriebsgelände der ehemaligen Schwartzkopffwerke angelegt. Unabhängig von der historischen Konstruktion werden zukünftig ein Hörsaal für 300 Studierende, Seminarräume und gerätetechnische Labore in die leere Halle eingestellt. Der Umbau der Halle 14 steht beispielhaft für die Konversion einer historischen Großhalle zu einer kleinteiligen Struktur.

EBENENGRUPPE

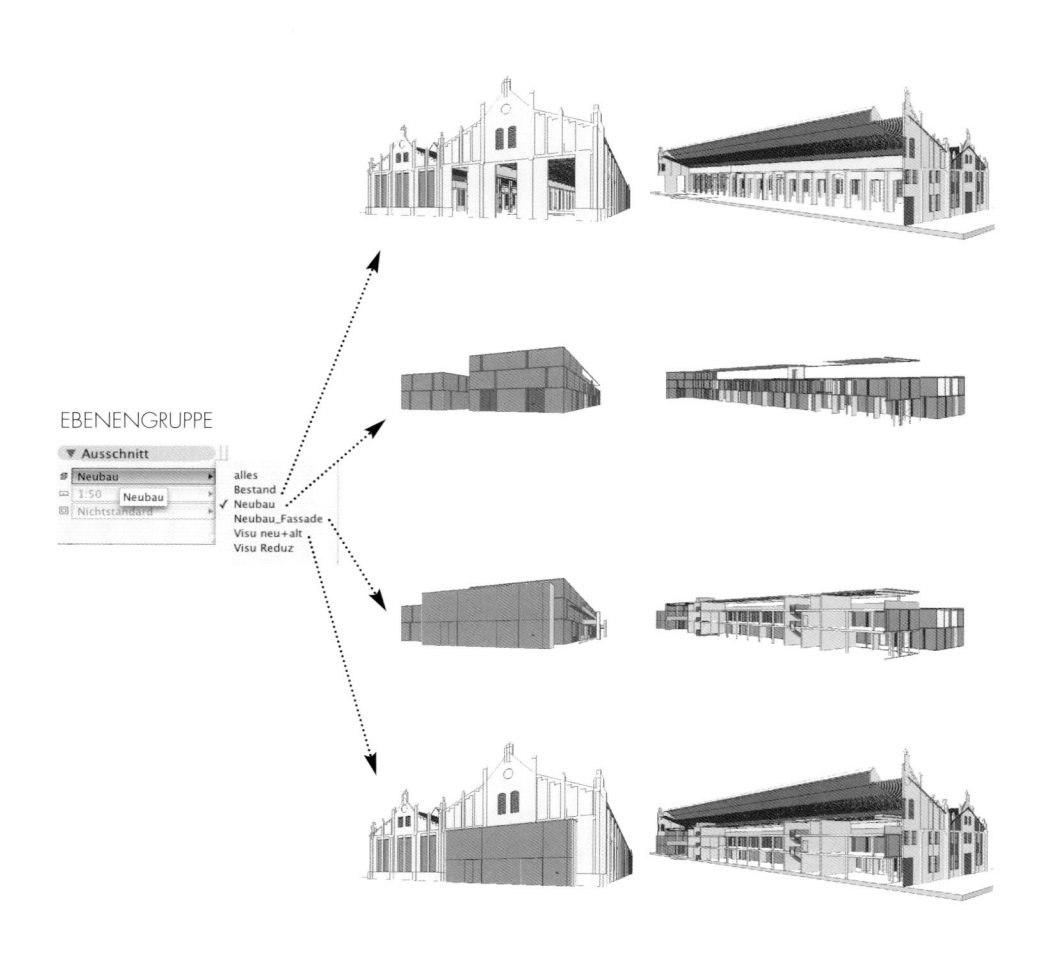

Das 3D-Modell erlaubt die visuelle Gegenüberstellung mehrerer Zustände (Bestand, Neubau, Bestand mit Neubau etc.), welche von der Definition der Ebenen- und Materialgruppen getragen wird.

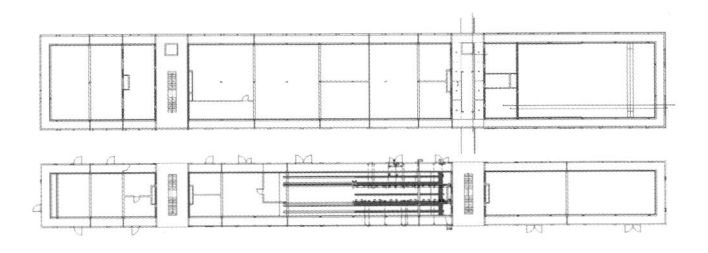

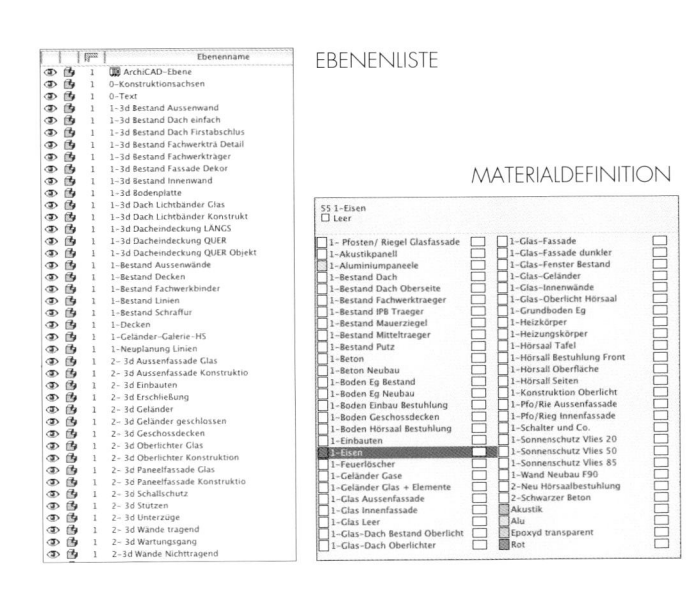

EBENENLISTE

MATERIALDEFINITION

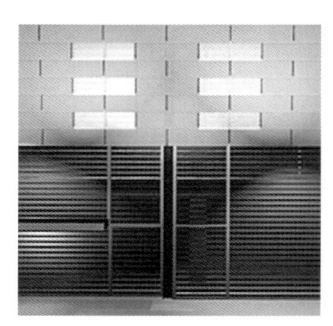

3.1.6 Industrie-, Gewerbe- und Ingenieurbau: Elementierung von Bauteilen

Die nachfolgende Vermittlung mehrerer Gebäudetypen in einem Atemzug ist, trotz großer Unterschiede, darauf zurückzuführen, dass die Elementierung von eingesetzten Bauteilen in diesem Zusammenhang eine bedeutende Rolle spielt. Es muss dabei nicht immer von Fertigteilen die Rede sein; der Bogen spannt sich von Betonfertigteil-Industriehallen bis zu komplexen Fertigungsstraßen. Das Element als Basis der Planung sticht allerdings im Umgang mit ArchiCAD hervor. Ob es sich nun um einen Bauteil, der mit Standardwerkzeugen erstellt wurde, oder um ein GDL-Objekt handelt, ist einerlei. Die Logik der Verbindung zwischen den einzelnen Elementen bzw. deren Aneinanderreihung ist der Schlüssel zum Erfolg. In der Organisation von elementierten Bauten mit verschiedenartigen Anforderungen sollten grundsätzliche Überlegungen zur Organisation des Virtuellen Gebäudemodells angestellt werden. Wird z.B. neben einer 10 m hohen, eingeschoßigen Produktionshalle ein viergeschoßiges Bürogebäude mit Regelgeschoßhöhe errichtet, ist die Sichtbarkeit und die Darstellung von plangrafischen Informationen in den einzelnen Geschoßen abzuklären. Soll z.B. eine Wandfläche über vier Geschoße eingegeben werden? Die Orientierung an der realen Bauweise (wie hoch sind z.B. die Fertigteilstützen wirklich?) kann hier Klärung bieten. Die Funktionalität der transparenten Geschoßdarstellung oder der Hotlink-Module stellt neben einer intensiven Verwendung von (eigen erstellten) GDL-Objekten eine wirkungsvolle Unterstützung des Planungsprozesses dar. Oft wird im Fertigteil-Industriebau der Versuch angestellt, den fehlenden architektonischen Anspruch mittels Visualisierungen und behübschten Fotomontagen zu kaschieren. Eine sinnvoll angewendete Form der Visualisierung von Struktur- und Produktionsabläufen kann allerdings im Industriebau die zu treffende Entscheidung wesentlich beeinflussen.

■ Profilier- und Stanzwerk – Welser Profile AG, Gresten (A)
AXIS Ingenieurleistungen, Wien (A)

Diese Betriebserweiterung gilt der maßgeschneiderten Veredelung und Weiterverarbeitung von Profilen. Zu diesem Zweck wurden sieben Hallen, ein dreigeschoßiges Bürogebäude sowie Verladestellen für den schienen- und straßengebundenen Güterverkehr neu errichtet. Während der Planung standen vor allem logistische Abläufe im Mittelpunkt der Betrachtung. Variantenuntersuchungen führten zur endgültigen Anordnung der Produktions-, Lager- und Dispositionsbereiche.

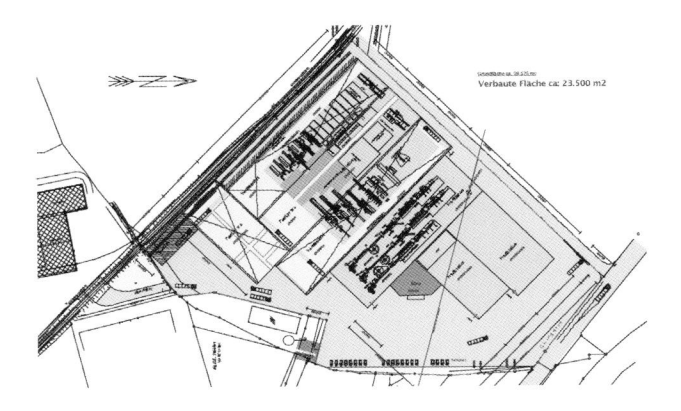

Durch den Einsatz von GDL-Objekten wurde in mehreren Planungsschritten die Lage, Position und Anordnung von Produktionseinheiten simuliert. Aus den dadurch gewon-

nenen Erkenntnissen konnte der geänderte Flächenbedarf auf einfache Weise mittels einer Datenbankabfrage aktualisiert werden. Das Projekt wurde im Vorfeld der behördlichen Genehmigung in ein Flugbild montiert, um Anrainer und eine interessierte Öffentlichkeit über die Folgen der Baumaßnahme ausreichend zu informieren.

■ Traunsteg, Wels-Thalheim (A) | Herbert Moser und Klaus Hagenauer, Linz (A)

Der Entwurf für eine Holzbrücke folgt der Prämisse, einen Ort der Kommunikation zu schaffen. Benutzerfreundlichkeit im Sinne der Eliminierung unnötiger Steigungen und Gefällsausbildungen trägt diesem Umstand Rechnung. Die Gestalt folgt weitestgehend dem Kräfteverlauf und schließt erhöhte Kosten – beispielsweise im Zuge einer Fundierung im Wasser – aus. Das Bauwerk nimmt sich somit zurück und trägt zu einer verstärkten Einbettung der Wegeführung in das nähere Umfeld bei.

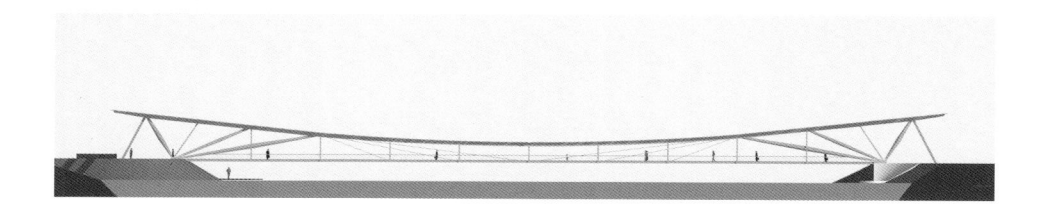

Bei diesem Projekt wurde ausgiebig mit der Option gearbeitet, über die Geschoßverwaltung vertikal übereinander liegende sowie ineinander verschachtelte Elemente zum Zwecke der Lesbarkeit in der Plandarstellung mittels Geschoßen zu strukturieren. Das ArchiCAD-Projektdokument besteht daher aus fünf Geschoßen (Dach, Brücke/Laufplatte, Gelände, Datenimport und Objekterstellung). Die Möglichkeit, ohne zusätzliche Aus- und Einschaltung von Ebenen Teilkonstruktionen zu bearbeiten bzw. darzustellen, schafft während der Konstruktionsphase eine klare Übersicht. Die Aufteilung von Modellelementen auf unterschiedliche Ebenen erscheint nützlich.

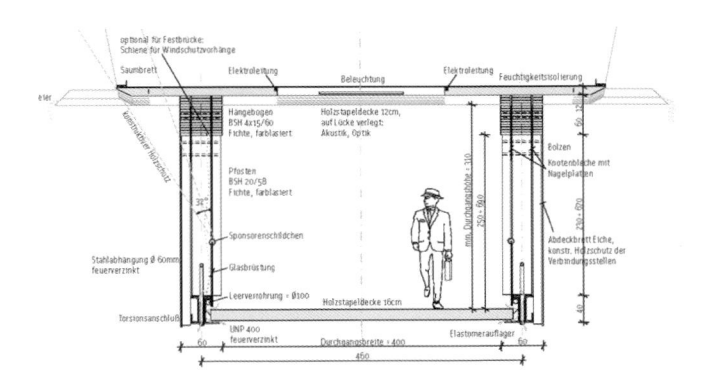

■ Seilbahnstation, Göstling am Hochkar (A) | Wimmer-Armellini, Bregenz (A)

Die massiven Teile der Bergstation in 1.800 m Höhe bilden eine Skulptur mit tektonischer Dynamik, die gleich der Situation in der Talstation im Dialog mit dem transparenten Körper des Glaskubus stehen. Die Talstation besteht aus dem Schrägförderer, Einhausung der Umlenkrolle und dem Dienstraumgebäude sowie einem begrünten Kellerbahnhof für die Beförderungsmittel. Diese Einzelgebäude werden zu einem Ensemble zusammengefasst und so positioniert, dass eine visuelle Überlagerung mit dem prägnanten

Dach des Altbestandes eintritt. Die begleitenden Baukörper Schrägförderer und Dienstraumgebäude sind in Sichtbeton ausgeführt. Als losgelöster, kristalliner Kubus schwebt die Einhausung der Umlenkrolle über diesen Seitenbauwerken.

Der Vorentwurf gleicht einer exakten Skizze, welche mit überschaubarem Aufwand eingegeben wird. Obwohl das Projekt zwei voneinander getrennte Gebäude umfasst, herrscht in der Ausarbeitung der Plandokumentation die Nutzung eines zentralen ArchiCAD-Dokuments vor. Letztlich wurde sogar das Präsentationslayout für beide Gebäude inklusive zweier unterschiedlicher Darstellungsmaßstäbe mittels dieser einzigen Datei umgesetzt. Eine jeweils eigene Ebenengruppe lässt zwischen Ausführungsplan (M=1:50) und Präsentationsplan (M=1:500) umschalten.

- Bay Bridge West Span Bicycle/Pedestrian Pathway, San Francisco (USA) | Donald McDonald, San Francisco (USA)

Die vorliegende Machbarkeitsstudie stellt eine – mit Beteiligung der Öffentlichkeit angestrengte – Bemühung dar, eine Querung der Bucht für Radfahrer und Fußgänger zu realisieren. Dabei wurden verschiedene Entwurfsvarianten konzipiert. Eine rundum aufsteigende Rampe bildet einen kleinen Park („Plaza"). Gestalterisch erfährt die Formensprache der bestehenden Brücke eine Integration in Form von Geländerelementen und Beleuchtungskörpern.

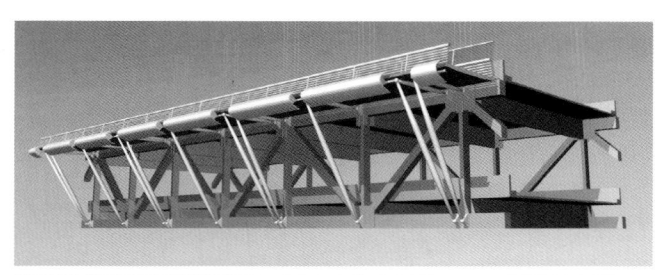

Fotorealistische Abbildungen veranschaulichen die Erweiterung einer befahrbaren historischen Brücke um einen Fußgängersteig. Da keine weiteren technischen Pläne gefordert waren, beschränkte sich die Tätigkeit auf die gestalterischen Überlegungen und deren Visualisierung. Im Zuge der Modellierung wurde eine PLN-Datei erstellt, welche jedoch unterschiedliche Ebenen für jeweils ein Gestaltungsschema beinhaltete. Die meisten Einzelkomponenten wurden als GDL-Objekte eingesetzt, einige davon selbst entwickelt, andere wiederum mit unterschiedlichen Archi-CAD-Werkzeugen erzeugt.

3.1.7 Gebäude für Bildung und Öffentliche Dienstleistung

Wenn man über Großprojekte spricht, sind Überlegungen hinsichtlich der bewältigbaren Größenordnung anzustellen. Wann stößt man denn eigentlich an die Grenzen einer sinnvollen Nutzung von ArchiCAD? Es ist dies weniger von der Hard- und Softwareleistung als solcher abhängig, sondern von der Qualifikation und den organisatorischen Fähigkeiten des Projektteams, wenngleich eine Projektdatei mit einer Größe von 1 GB so manchen Computer in die „virtuellen Knie" zwingen würde. Von den den Projektablauf unterstützenden Arbeitstechniken in ArchiCAD kann man aber nur dann sinnvoll Gebrauch machen, wenn das Planungsteam in einer überschaubaren Struktur innerhalb des Projektes arbeiten kann. Dazu gehören vor allem die sog. „Bürostandards" in Hinblick auf identische Projektgrundeinstellungen (Ebenenverwaltung, Linientypen, Bauteilschraffuren etc.). Große Planungsteams kombinieren die Nutzung von (eigens erstellten) GDL-Objekten, Hotlink-Modulen sowie der XREF-Technologie. Ab einer Teamgröße von drei Planern sollte überdies eine entsprechende TeamWork-Arbeitsstruktur ins Auge gefasst werden.

Das Spannungsfeld „2D oder 3D" stellt ebenfalls eine wichtige Thematik dar. Beginnt man mit einer zweidimensionalen Eingabe – mit geringerem Initialaufwand – oder soll man erst zu einem späteren Zeitpunkt die dritte Dimension einbeziehen? Bei manchen Bauaufgaben erscheint die Beschränkung auf bloß zwei Dimensionen durchaus verlockend, insbesondere dann, wenn es sich um „einfache" Geometrien handelt, also dort, wo gegebenenfalls ein simples Extrudieren ausreicht. Das ist bereits bei zimmermannsmäßig gefertigten Dachkonstruktionen nicht mehr der Fall. ArchiCAD begünstigt eine 3D-Modellierung von „Anfang" an. Doch sollte das 3D-Modell nicht beabsichtigte – „fehlerhafte" – Lösungen aufweisen, kann das 2D-Derivat trotzdem „korrekt" sein.

In manchen Projektsituationen wird die Nutzung des Virtuellen Gebäudemodells im Übergang von Entwurfs- zur Ausführungsplanung unterbrochen oder in abgespeckter Form weitergeführt. Das hängt oft mit dem Zeitpunkt der vielen, nicht unbedingt gleichzeitig einfließenden Planungsinformationen zusammen, welche aber für eine korrekte dreidimensionale Eingabe erforderlich sind. Trotzdem kann ArchiCAD dann noch immer sinnbringend eingesetzt werden, um z.B. sämtliche Ansichten und Schnitte innerhalb einer Projektdatei verwalten zu können und die Vorteile der Geschoßstruktur (z.B. in Form der Möglichkeiten des transparenten Geschoßes) planungsunterstützend zu nutzen.

■ Volksschule Donaucity, Wien (A) | Hans Hollein mit AXIS Ingenieurleistungen, Wien (A)

Komplexe Strukturen prägen die aus mehreren Baukörpern mit frei gestaffelter Höhenentwicklung bestehende Komposition. Das Objekt umfasst eine neunklassige Volksschule mit Hortbetrieb für vier Gruppen und eine Krippe. Ein an der Nordwestfassade mittig auskragender Baukörper ist zur Gänze verglast, sodass der Eindruck eines „Tores in die Donau-City" verstärkt wird. Das Zurücksetzen der Eingangshalle unter den aufgeständerten Haupttrakt ermöglicht die Ausbildung eines wettergeschützten Freibereiches unmittelbar vor dem Schulgebäude. Das kreisrund konzipierte Entrée übernimmt die interne Verteilerfunktion.

Das Schwerpunkt der Betrachtung liegt bei diesem Projekt vor allem in seiner Organisationsstruktur. Eine überlegte, nach Projektnummer, Planungsthema und Planstand organisierte Dateiverwaltung wurde hier genutzt. Darüber hinaus zeigt dieses Beispiel, auf welche Weise beteiligte Architekturbüros gemeinsam an Projekten arbeiten können, ohne dass der Verwaltungsaufwand zu viel an Bedeutung gewinnt. Ebenso wurden Daten diverser Konsulenten (vorwiegend im Datenformat DWG oder DXF) in die Projektdatenstruktur eingebunden.

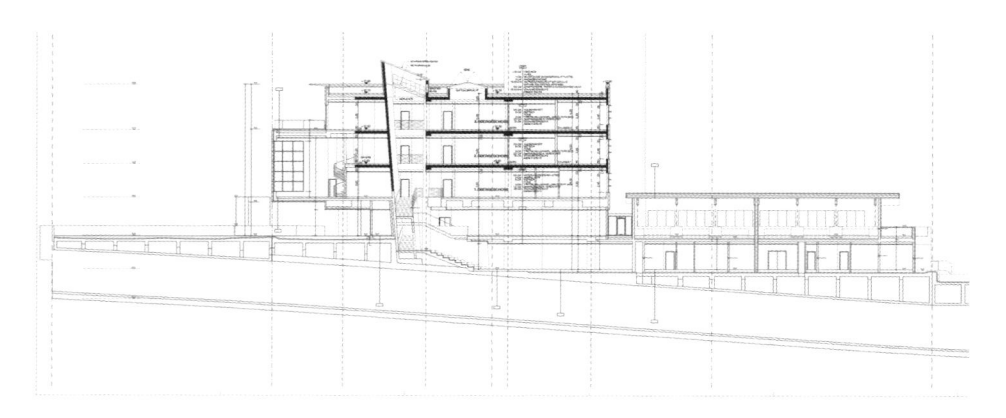

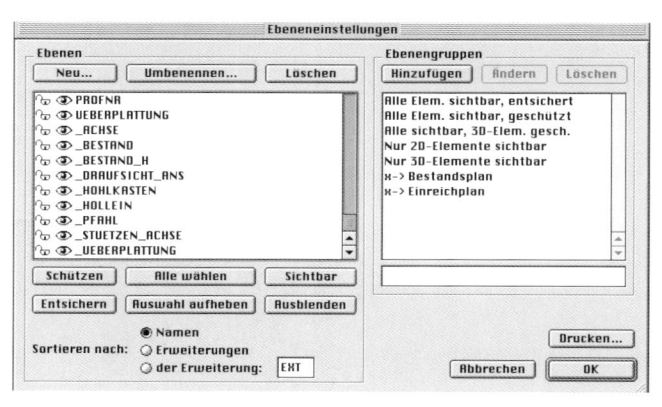

■ Schule mit Hort „VS/HS Morre", Graz (A) | Werner Nuß-müller, Graz (A)

Der vorliegende Schulbau beinhaltet acht Klassen und ist als zweigeschoßiger Holzfertigteilbau konstruiert. Grundansatz: ein "schwebender Riegel", welcher eine entsprechende Durchlässigkeit der Erdgeschoßzone hervorruft. Erheblich großformatige Kubaturen wie Turnsaal und Gymnastikraum finden sich in Form bunter Einzelkuben unterhalb der Klassen ein. Die Erscheinungsform des aus Gruppen- und Bewegungsräumen bestehenden Horts wird von einer sowohl als Dach als auch Spielzone wirksam werdenden emporgeklappten Wiesenfläche geprägt.

Die Umsetzung des Projektes erfolgte in einer möglichst einfachen Datenstruktur. Es ist bemerkenswert, dass für die interne Organisation des Projektes nicht mehr als 20 Ebenen angelegt wurden und Verwendung fanden. Ein Großteil davon ist auf die Import-Daten des Geometers zurückzuführen, welche zu Beginn der Planung in das Projekt integriert wurden (Lageplan). Während der Altbestand des Schulgebäudes in die zweidimensionale Datenstruktur einfloss, nutzt der geplante Neubau das Virtuelle Gebäudemodell.

■ Georgia Perimeter College, Clarckston, Georgia (USA)
Richard+Wittschiebe Architects, Atlanta (USA)

Die bauliche Erweiterung eines bestehenden Schulbaus bezieht sich vorwiegend auf Klassenräume sowie einen Computerraum, Vorhalle und Empfang. Die neu geschaffenen Unterrichtsräume weisen eine raumhohe Befensterung auf und führen unmittelbar ins Freie (Zugang zur Terrasse). Darüber hinaus wird eine visuelle Verbindung zur Vorhalle hergestellt.

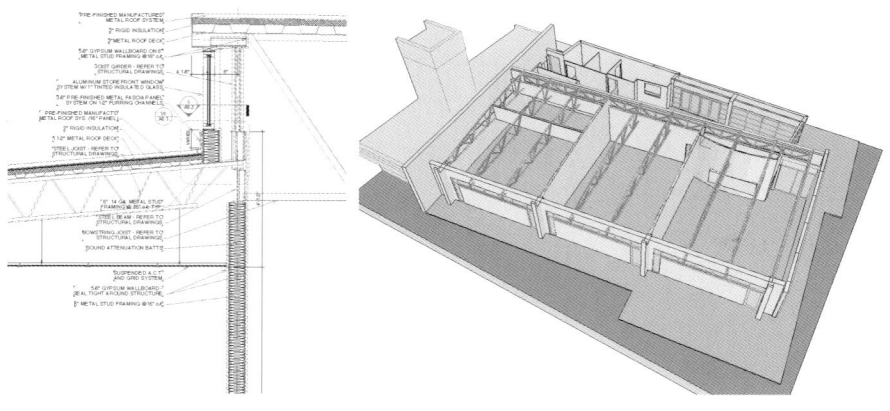

Im Zuge des Projektes wurden nach und nach jene Elemente dreidimensional detailliert und visualisiert, welche zum Verständnis oder zur Präsentation notwendig schienen. So wurde an nicht maßgeblichen Stellen lediglich die Grobstruktur erstellt. Des Weiteren gelangte die TeamWork-Funktion zum Einsatz, welche den Benutzer zwingt, innerhalb der Grenzen des bürointernen CAD-Standards zu operieren.

■ TKK Hall 600, Otaniemi (FIN) | A-Konsultit, Helsinki (FIN)

Das Hauptgebäude der Technischen Universität Helsinki (HUT) wurde in den frühen sechziger Jahren vom finnischen Architekten Alvar Aalto entworfen. Die Aufgabenstellung hatte ein neues Auditorium mit 600 Sitzplätzen zum Gegenstand, welches innerhalb der vorhandenen Gebäudestruktur zu integrieren war.

Das Projekt bediente sich erstmalig des IFC-Datentauschformates. Damit konnte der problemlose Transport reichhaltiger und strukturierter 3D-Informationen zwischen Entwerfern und Konsulenten gewährleistet werden. Das von den Architekten erstellte Modell diente neben der Präsentation auch der Lieferung von Daten über Kosten, Lebensdauerbewertungen, Akustik und Konstruktion.

Eine weitere Besonderheit liegt im umfangreichen Gebrauch von GDL-Objekten als Entwurfswerkzeug. An Stelle konventionell gezeichneter Aufbauten, welche mitunter im Zuge des Arbeitsprozesses überarbeitet hätten werden müssen, wurden Fußböden, Wände und Fenster in Form von GDL-Objekten erstellt, um die Entscheidungsfindung über Geometrie, Materialwahl und bauphysikalische Bewertung herbeiführen und nachvollziehen zu können.

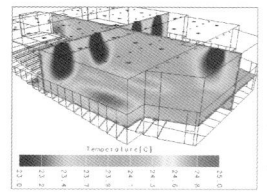

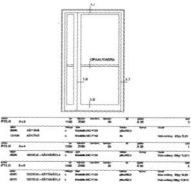

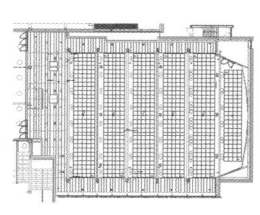

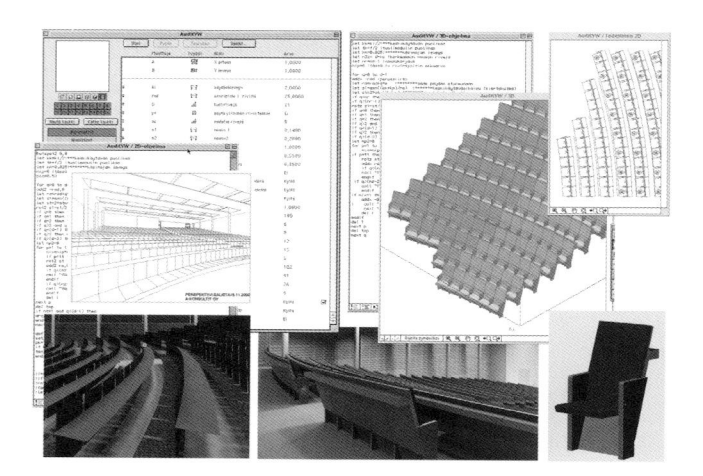

■ Science Center, Norrköping (S) | Lund & Valentin Arkitekter, Göteborg (S)

Das vorliegende Projekt zur Umgestaltung eines bestehenden Gebäudes innerhalb eines Areals historischer Industriebauten setzt sich zum Ziel, ein Wissenschaftszentrum unter dem Titel „Himmel und Ozean" zu präsentieren.

Hierzu wird eine selbst tragende Stahlbetonstruktur eingebracht, welche mit einigem Abstand zu den umgebenden Decken und Wänden ein „Haus im Haus" formuliert. In diesem Zwischenraum wird unter anderem die aufwändige Haustechnik eingebracht. Die Gebäudehülle wurde saniert und an einigen Stellen ergänzt.

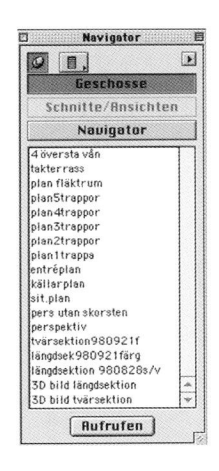

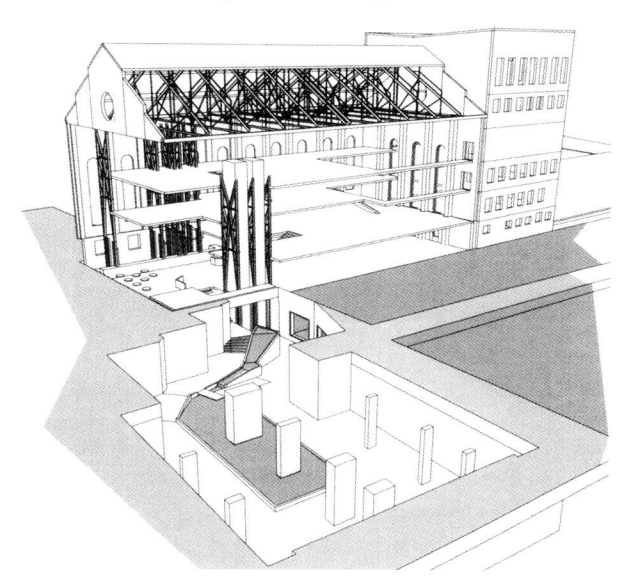

Dieses Beispiel zeigt deutlich, wie innerhalb eines Projektes die unterschiedlichen Anforderungen der Präsentation und Kommunikation ineinander greifen. Während die Erstellung von Grundrissplänen für Hochbautechniker einen wesentlichen Aspekt für die Errichtung des Gebäudes darstellt, gilt es, auch andere Personenkreise in die Projektvermittlung einzubinden, die jedoch anders geartete Veranschaulichungsmaterialien benötigen. Neben der standardisierten Darstellung der Projektstrukturen werden zusätzliche Geschoße für die Ablage von Schaubildern und axonometrischen Darstellungen eingesetzt. Im Zuge der Präsentation wird zwischen den Geschoßen umgeschaltet, um die benötigten Informationen präsentieren zu können.

■ Kinder- und Jugendhaus Liefering, Salzburg (A) | Thomas Forsthuber, Salzburg (A)

Eine Stadt in sich, keine Raumaddition in Geschoßen, keine Gang- und Stiegenhausstruktur. Das größte Raumvolumen ist der Gemeinschaftsraum, der wie eine große „Lunge" neben den hohen Räumen der Jahrgangshäuser auch eine horizontal geschichtete Raumtiefe erzeugt. Jede Altersgruppe verfügt über eine Raumzelle mit der Möglichkeit, sich zu den Gemeinschaftsräumen hin zu öffnen und Räume in Verbund zu schalten. Die Raumstruktur erzeugt mittels Schichtungen räumliche Spannungen und Raumzonen mit unterschiedlichsten Nutzungen. Ein Umfassungskörper in Gestalt einer Stütz- und Einfriedungsmauer aus Sichtbeton umschließt die Schichten der Bauwerksgrenzen.

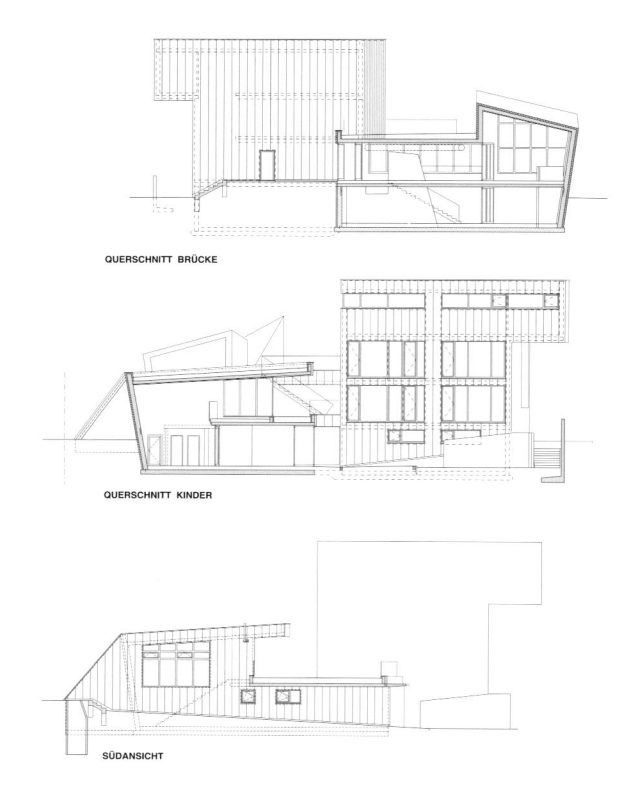

QUERSCHNITT BRÜCKE

QUERSCHNITT KINDER

SÜDANSICHT

In der Ausführungs- und Detaillierungsphase wird auf die Weiterführung der komplexen 3D-Darstellung im virtuellen Modell verzichtet und nach der Übernahme der Rohansichten in zweidimensionaler Weise weitergearbeitet. Dennoch bleibt das Virtuelle Gebäudemodell aus der Sicht der Geschoßverwaltung weiterhin aktuell. Für die Detailplanung wurde eine Reihe einzelner ArchiCAD-Dateien angefertigt, welche aber in der Dokumentenverwaltung innerhalb eines einzigen Ordners (Verzeichnisses) zusammengefasst wurden. Bei den Detailplänen wurde neben der eigenen Ausfertigung von Planungsdetails auch auf technische Zeichnungen von Herstellern zurückgegriffen (z.B. bei Fensterschnitten), welche via DXF/DWG in den Plan integriert wurden. Einen großen Vorteil im Zuge der Ausführungsplanung bietet bei einem Projekt dieser Art jedenfalls die Darstellbarkeit der transparenten Geschoße, welche in der vertikalen Entwicklung des Gebäudes die Kontrolle hinsichtlich übereinander liegender vertikaler Strukturen ermöglicht.

■ U-Bahn-Stationen – U2-Verlängerung, Wien (A) | Paul Katzberger, Wien (A)

Im Zuge der Verlängerung der Linie U2 werden acht Stationen in Hochlage errichtet. Es wird der Versuch angestellt, eine von Licht und Helligkeit bestimmte Erscheinung zu erzielen. Jene Elemente, welchen der Nutzer nahe kommt, werden in Material und Oberflächenqualität gesondert behandelt. Teile wie das Betontragwerk hingegen bleiben gestalterisch weitgehend unbehandelt. Die Erscheinung soll zweckmäßig und zugleich nutz- und reinigbar sein.

Als Basis für die Umgebungsgestaltung fungiert die digitale Stadtkarte der Gemeinde Wien. Die Daten aus dieser sog. „Mehrzweckkarte" (kurz MZK) werden in das gegenständliche Projekt mittels Hotlink-Modulen referenziert; die Größe der ArchiCAD-Projektdatei beträgt in etwa 45 MB. Die Variante, XREFs zur Integration der Planungsgrundlagen zu verwenden, wurde aufgrund des zu erwartenden Speicherbedarfs (in diesem Fall ca. 128 MB) als nicht sinnvoll erachtet. Zusätzlich eröffnet die Verwendung der Hotlink-Module die Möglichkeit, den Inhalt einzelner 500 x 500 m großen Felder durch Ausblenden einer einzigen Ebene unsichtbar zu schalten. Diese Option wäre hingegen bei Verwendung der XREF-Technologie nicht gegeben.

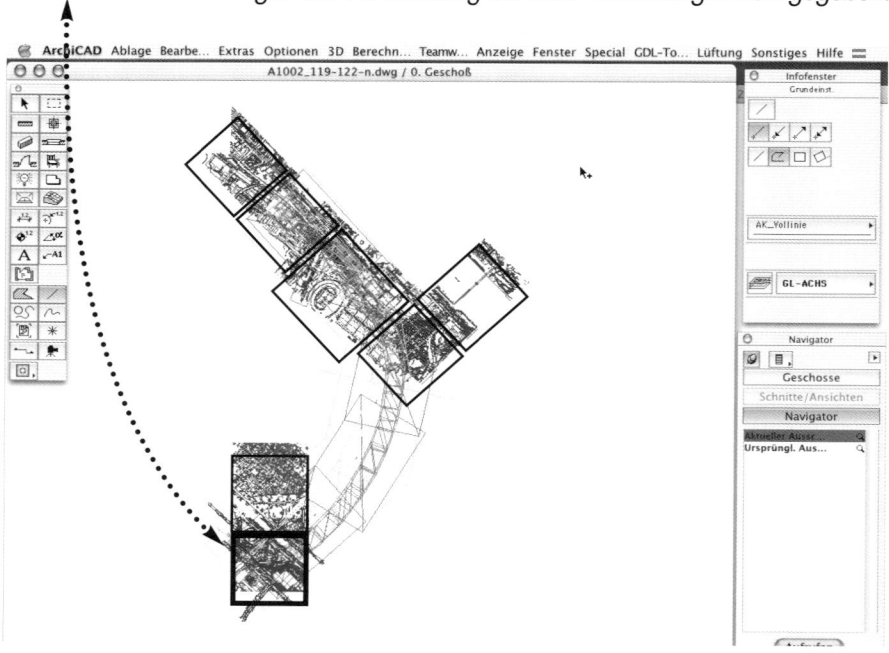

- Eurogate am Zürcher Hauptbahnhof (CH) | Ralph Baenzinger – RBAG, Zürich (CH)

Das Projekt, welches auf Basis eines mehrstufigen Wettbewerbsverfahrens beschlossen wurde, umfasst die westliche Erweiterung des Zürcher Hauptbahnhofs. Die maßgeblichen architektonischen Elemente der Gleisüberbauung sind die große Umsteigehalle mit anliegender Bahnhofsvorfahrt, das Dienstleistungszentrum mit glasüberdeckter Mittelhalle und sechs Lichthöfen, wobei der Stadtplatz mit Bahnhofshotel und der Eingangspavillon als „Drehscheibe" fungieren. RBAG führte die Gesamtplanung durch und stellte die Koordination sämtlicher Fachplaner, Spezialisten und Behörden sicher.

Um eine Aufgabenstellung dieser Komplexitätsstufe effizient abwickeln zu können, wurden strukturelle Basisarbeiten erforderlich. Ein umfangreiches CAD-Manual behandelt von der Datenorganisation (Dokumentenmanagement) bis hin zur internen Struktur von Ebenen auch die Verwendung von Linientypen und Bauteilschraffuren. Ein Projekt wird dabei grundsätzlich in Form von Arbeitsbereichen organisiert, welche wiederum eigene Zeichnungsebenen beinhalten. Werden diese Bereiche in einem sog. „Masterfile" zusammengespielt, bleiben die einzelnen Teile dennoch mittels Ebenengruppen zusammenschließbar. Weiterführend wird auch das Kodierungssystem der Planverwaltung nach einem vorgegebenen Schema durchgeführt.

```
┌─────────────────────────────────┐
│ UR-DXF-files                    │
│ ¥ Contain original plan         │
│   information on the city,      │
│   SBB and TBF                   │
│ ¥ Constantly updated data       │
│   collection                    │
└─────────────────────────────────┘
                │
                ▼
┌─────────────────────────────────┐
│ AutoCAD-file survey EWE         │
│                                 │
│ ¥ Processes and administers     │
│   through EWE                   │
│ ¥ Translation and rotation      │
│ ¥ Line types simplified         │
│ ¥ Layers partly combined        │
│ ¥ Constantly updated            │
└─────────────────────────────────┘
                │
                ▼
┌─────────────────────────────────┐
│ ArchiCAD-file survey RBAG       │
│                                 │
│ ¥ Constantly updated            │
└─────────────────────────────────┘
```

Mother-file

¥ Delete unnecessary DXF-data
¥ Transfer required DXF-data to story levels
¥ Create surroundings plans acc. to building project 96
¥ Contains binding pre-settings
¥ Introduce section overview
¥ Constantly updated
  (initially principally the build-up of the surroundings)

Master-file sections

¥ Create surroundings steps acc. to building project 96
¥ Without any survey data
¥ Survey data as required
¥ Section overview in existence

Work-files floor plans & steps for design

¥ Number of files as required
¥ Number of project parts as required
¥ Surroundings acc. to building project 96
¥ Without any survey data
¥ Survey data as required

Master-file floor plans

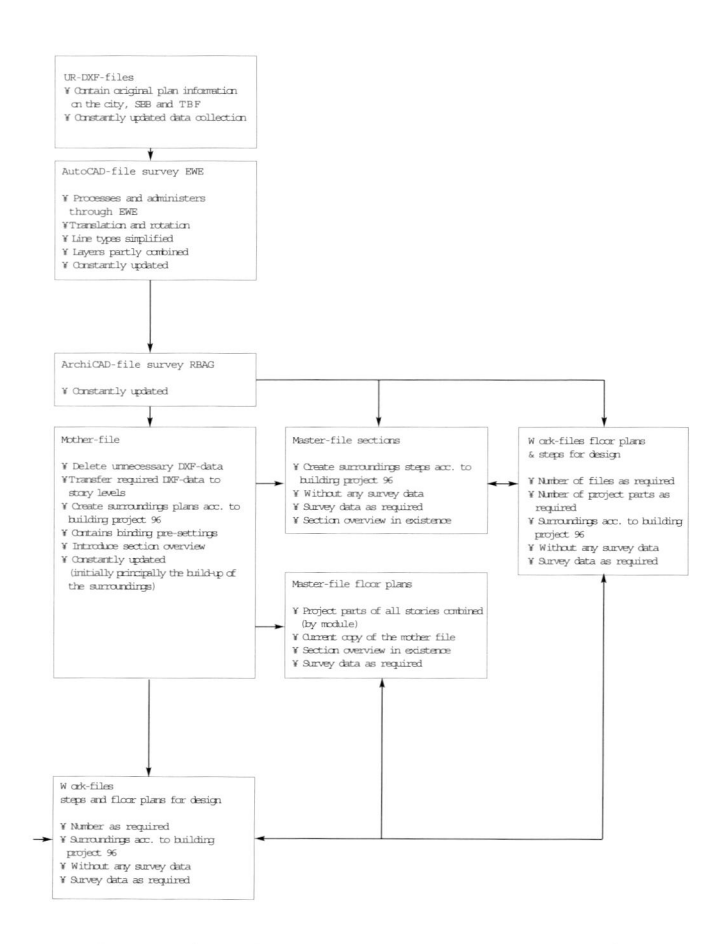

¥ Project parts of all stories combined (by module)
¥ Current copy of the mother file
¥ Section overview in existence
¥ Survey data as required

Work-files steps and floor plans for design

¥ Number as required
¥ Surroundings acc. to building project 96
¥ Without any survey data
¥ Survey data as required

Beispiel: HOT-00.06.15-CR-GR-Var.2b.PLN

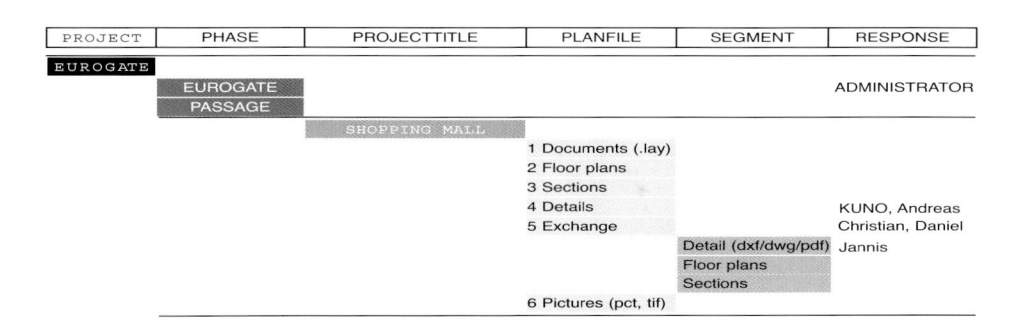

PROJECT	PHASE	PROJECTTITLE	PLANFILE	SEGMENT	RESPONSE
EUROGATE					
	EUROGATE				ADMINISTRATOR
	PASSAGE				
		SHOPPING MALL			
			1 Documents (.lay)		
			2 Floor plans		
			3 Sections		
			4 Details		KUNO, Andreas
			5 Exchange		Christian, Daniel
				Detail (dxf/dwg/pdf)	Jannis
				Floor plans	
				Sections	
			6 Pictures (pct, tif)		

■ Autobahnraststätte Rosenberger, Hohenems (A) | maaars architecture, Innsbruck (A)

Als Aufgabenstellung dieses Projektes galt es, Tankstelle und Shop sowie ein Restaurant in einem Gebäude zusammenzufassen. Eine darauf Rücksicht nehmende Grundrissgestaltung trägt zusammen mit einer entsprechenden Raumhöhe im Bereich des Restaurants zu der beabsichtigten Vermittlung von Weite und Offenheit bei. Vier dominierende Stützen aus Holz und Stahl tragen die Dachlasten ab und zonieren die weitläufige Restaurantfläche.

Die Nutzung des Virtuellen Gebäudemodells endete in diesem Projekt nicht bei Abschluss des Entwurfsprozesses, sondern wird während der Ausführungsplanung weitergeführt. Selbst bei Schnitten und Ansichten findet keine Entkoppelung der zweidimensionalen Zeichnung vom dreidimensionalen Datenmodell statt. Weiterführend werden die groben Darstellungen des 3D-Modells durch 2D-Grafiken erweitert. Eine Besonderheit ist die vermehrte Verwendung von Ebenengruppen, unter deren Zuhilfenahme die unterschiedlichen Fachplanerdokumentationen zu- und wegschaltbar sind. Durch die vollständige Integration externer Planungsinformationen (Haustechnik, Einrichtungsplaner, Geometer, ...), welche durchwegs im 2D-DXF/DWG-Format vorlagen, wuchs die

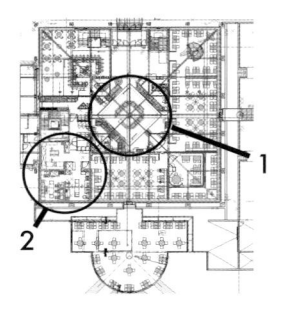

Größe der ArchiCAD-Projektdatei auf knapp 32 MB. Wegen der flächenmäßig großen Ausdehnung des Gebäudes ist der mögliche Zeichnungsausschnitt auf dem Bildschirm stark begrenzt, sodass der Überblick über das ganze Projekt nur eingeschränkt möglich ist. Im Zuge der Planung wurde in diesem Dokument eine Vielzahl von Navigator-Ausschnitten definiert, welche die Navigation am Bildschirm erleichterten.

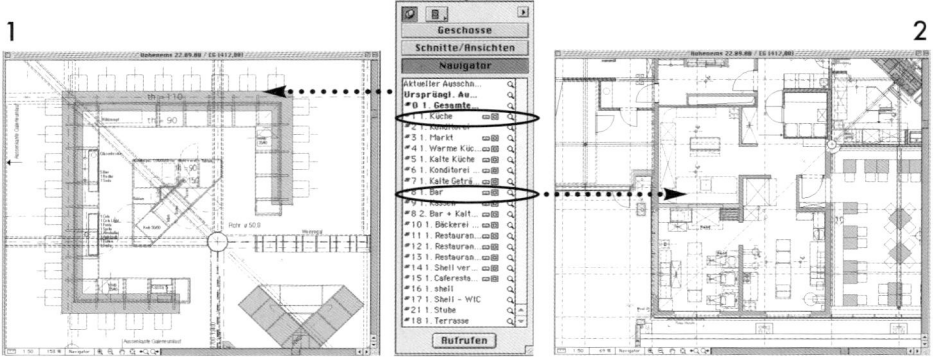

- Centro Cívico San Joaquín, Santiago de Chile (CL) I Hombo & Bañados Arquitectos, Santiago (CL)

Das San Joaquín Projekt umfasst sowohl öffentliche als auch privatwirtschaftliche Service-Einrichtungen. In einem wenig entwickelten Stadtteil unweit der Hauptstadt Santiago de Chile situiert, veranschaulicht es die Idee eines „demokratischen" öffentlichen Raumes. Eine dominante Fassadenbildung wird bewusst hintangehalten. Anstelle dessen richtet sich das gestalterische Augenmerk auf den zentralen Platz. Der teilweise abgesenkte Sitzungsraum wurde in der Mitte dieser elliptischen Piazza situiert. Dienstleistungsfunktionen wurden im dreiecksförmigen Bauteil untergebracht. Der höhere Gebäudeteil bildet hingegen eine Art Landmark heraus und legt Zeugnis von der Vorstellung über eine weiterführende Stadtentwicklung in diesem Bezirk ab.

Die Verwendung von ArchiCAD basierte in diesem Projekt auf dem Umgang mit der Modultechnologie und dies in kleineren, überschaubaren Einheiten. Jede dieser Einheiten enthält einen identifizierbaren Bestandteil des Projektes. Dies ermöglicht den beteiligten Projektbearbeitern, diese unterschiedlichen Elemente konfliktfrei zu bearbeiten und von Zeit zu Zeit mit dem Masterplan zu synchronisieren. Einen speziellen Fall stellt in dieser Hinsicht die Entwicklung des Turmbaus dar. Es waren zwölf Geschoße und darüber hinaus zwei unabhängige Volumina für die Erschließung und die Anschlussbereiche zu errichten. Beide fungierten zugleich auch als Module des sog. „C-"Moduls. Einige Versionen wurden erarbeitet. Eine weitere wichtige Eigenschaft stellt das unkomplizierte Raumzonen-Management in beiden Projekten dar, zumal eine beträchtliche Menge an Berichten zu erstellen war. So wurden beispielsweise Tabellenkalkulationen unter direkter Einbindung der ArchiCAD-Datenbank (Raumbuchlisten etc.) durchgeführt. Eine kodierte Zonenkennzeichnung erlaubte die Erstellung verschiedener Berichtstypen.

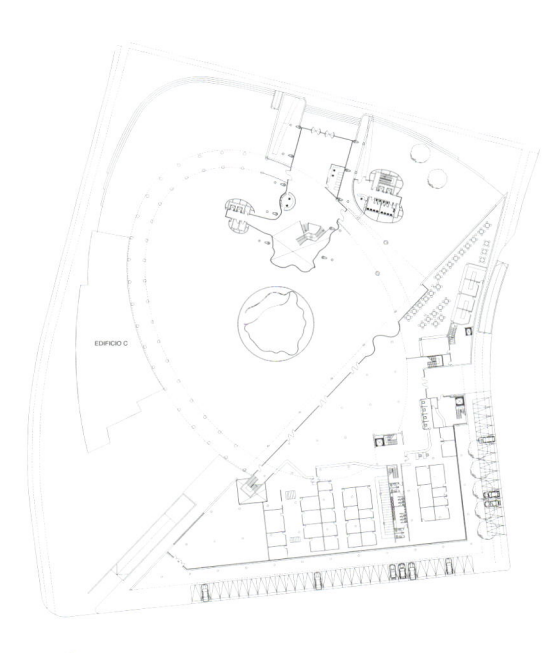

■ Municipal Building, Lake Havasu City, AZ (USA) | Orcutt-Winslow-Partnership, Phoenix, AZ (USA)

Das Verwaltungsgebäude der Stadt Havasu wurde entworfen, um sämtliche Abteilungen der Stadt in einer einzigen Baulichkeit unterbringen zu können. Die durch das Entwurfsteam unter Einbeziehung des Bestandes entwickelte Baulichkeit nimmt Rücksicht auf gestalterische Merkmale der Umgebung. Ein spezielles Beschattungssystem bestimmt das Erscheinungsbild des Gebäudes.

Dreidimensionale „Scheiben" werden an charakteristischen Stellen dem Gesamtmodell entnommen und stellen in dieser Form – nach erfolgter Kotierung – die Schnitt- und Ansichtdetails dar. Im Hintergrund steht die integrierte Datenbank, aus welcher Informationen zur Erstellung von Kostenvoranschlägen, Raumbereichen etc. im Bedarfsfall abgefragt werden können.

Selbst wenn ein Projekt sich bereits im Stadium der Realisierung befindet, ist das 3D-Modell nach wie vor nützlich, um z.B. Fragenkomplexe von ausführenden Firmen mittels dreidimensionaler Teildarstellungen (offener Modellausschnitt) zu erörtern. Ein Snapshot ist schließlich rasch erzeugt und per E-Mail übermittelt. Auf diese Weise kann wirkungsvoll über den aktuellen Stand von Detaillösungen informiert werden.

3.1.8 Innenräumliche Studien und wirklichkeitsnahe Darstellung

Projektierungen im Bereich der Innenraumgestaltung verlangen nach einer umfassenden Darstellung mit verhältnismäßig hoher Detailgenauigkeit. Für einen ersten Eindruck wird man vielleicht noch mit dem groben Raumvolumen das Auslangen finden, jedoch spielt die Innenausstattung in weiterer Folge eine entscheidende Rolle. Die Auseinandersetzung mit raumgestalterischen Belangen bezieht sich auf das Zusammenwirken von Material, Farbe, Form und Lichtgestaltung. Insoferne ist es nahe liegend, dass ein physischer Modellbau in einem größeren Maßstab (1:20) aufgrund des zu erwartenden Arbeitsaufwandes vermieden wird. Einzelne Gegenstände können als GDL-Objekt kreiert und in weiterer Folge mehrfach nachgenutzt werden. Sollte es sich gar um eine Kette von Shops handeln, so können bereits modellierte Teilbereiche einer Nachnutzung zugeführt werden.

Ein weiteres Argument für die 3D-Modellierung besteht darin, dass nicht alle vorkommenden Innenraumformen der einfachen Konfiguration einer Schuhschachtel folgen. Die Wandabwicklung als Instrument der Vermittlung hat wohl eine begrenzte Lesbarkeit für Laien. Schnittaxonometrien können räumliche Konstellation wesentlich besser demonstrieren und lassen sich aus dem 3D-Modell auf einfache Weise erstellen. Wenn jedoch hohe fotorealistische Ansprüche gegeben sind, wird die Visualisierung mittels ArchiCAD allein nicht ausreichen.

■ Palmers Shop Design, Wiener Neudorf (A) | Baudenkstatt Michael Alteneder, Wien (A)

Die Neukonzeption der Innenausstattung aller Palmers-Filialen machte deutlich, dass verschiedene Varianten von Ausstattungselementen und deren Aufstellung zu erarbeiten sind, bevor das neu entwickelte Corporate Design in allen Filialen zur Anwendung kommen kann. Dazu wurden zunächst alle Einrichtungsgegenstände detailgenau konzipiert und einer Visualisierung zugeführt. Die solcherart erarbeiteten Aufstellungsvarianten – einschließlich des Beleuchtungskonzeptes – bilden den erweiterten Rahmen für die letztendlich verbindliche Ausstattung einer Palmers-Filiale.

Das Hauptaugenmerk in der Verwendung von ArchiCAD liegt bei dieser Projektserie auf einer möglichst raschen Umsetzung eines Entwurfes in veranschaulichendes Bildmaterial sowie auf der Variierbarkeit hinsichtlich Material-, Farb- und Lichtgestaltung. Für die letztlich erstellte High-End-Visualisierung wurden die einzelnen Objekte bzw. auch die unterschiedlichen Szenen mittels Art•lantis Render bearbeitet. Im Zuge der Produktion von Werkzeichnungen werden erzeugte Ansichten eines Möbelobjektes gemeinsam mit dem Grundriss in einen Geschoßplan kopiert und ausgefertigt. Die Modellierung der Einrichtungsgegenstände erfolgte mittels der ArchiCAD-Standardwerkzeuge.

■ Messestand Shoe Fashion Group, Taufkirchen / Japanisches Lokal Yume, Wien / Halle Rigler, Waidhofen/Y. (A)
BEHF Architekten, Wien (A)

Ausgehend vom Prinzip einer Shopping-Mall setzt der Entwurf eines Messestandes für *Shoe Fashion Group* einerseits auf die Eigenständigkeit einzelner Markenpräsentationen und andererseits auf die Schaffung eines merkfähigen Zentralbereichs. Unter einem großen Dach werden die einzelnen Tochterfirmen in Form eigenständiger Raumkörper integriert. Die Restflächen werden von Nebenräumen, Technik und Infrastruktur ausgefüllt. Überschneidungen der einzelnen Raumkörper dienen als Eingangsbereiche. Rundum laufende Lichtschlitze bilden einen Horizont und dienen der Präsentation der Sichtkollektion.

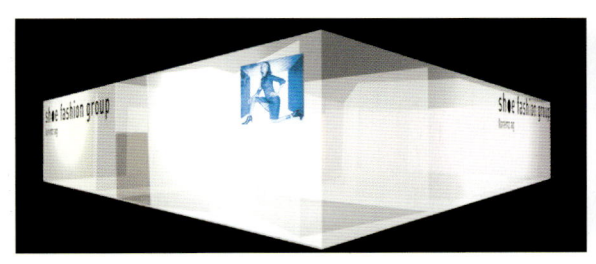

Das japanische Restaurant *Yume* setzt auf den Kontrast von Schwarz und Weiß als einprägsame Gestaltungslinie. Bereinigte Außen- und Innenansichten, klare Raumzuschnitte und der Einsatz einer reduzierten Materialpalette tragen dazu bei, den Vorgang des Kochens und Essens in den Mittelpunkt des Geschehens zu rücken.

Der Neubau des Hauptsitzes für *Rigler Electric* ist durch eine überaus markante Form und den konsequenten Einsatz von Material und Licht gekennzeichnet. Der angrenzenden Bahn- und Straßenlinie folgend, verschließt sich der Baukörper in Richtung des Verkehrsaufkommens. Das innenräumliche Konzept setzt auf funktionale Trennung einerseits und räumliche Verschränkung andererseits.

Zu jenem Zeitpunkt, da die zukünftige Erscheinungsform des Entwurfes einigermaßen gesichert scheint, bietet sich die Möglichkeit zu einer ersten visuellen Kommunikation mit dem Auftraggeber an. Diese Vorgangsweise findet in den hier gezeigten Beispielen durch den Einsatz von „digitalen Skizzen" Unterstützung. Der Einsatz von ArchiCAD beschränkt sich dabei in dieser Projektphase auf abstrahierte Raumdarstellungen, die Auskunft über das bauliche Umfeld geben. Der sparsame Einsatz von Materialtexturen hebt jedoch die wesentlichen Merkmale hervor. Der Vergleich von fotorealistischen Abbildungen mit Fotografien des realisierten Projektes zeigt bei der Gegenüberstellung gleicher Standorte den Nutzen dieser Arbeitsmethode.

■ Messestand Peak | maaars architecture, Innsbruck (A)

Das Projekt umfasst den Entwurf eines Messestandes für einen Fernsehsender. Als gestalterischer Ansatz diente das in Material und Farbe transferierte Firmenlogo. Darüber hinaus galt es, das Gewicht so weit als möglich zu reduzieren, da der Messestand nachfolgend per Luftfracht nach Amsterdam zu transportieren war. Die Tragkonstruktion basiert daher auf einem ortsüblichen Baugerüstsystem, welches mittels Zeltplanen, Spanplatten und entsprechenden Verbindungsmitteln zusammengesetzt wurde.

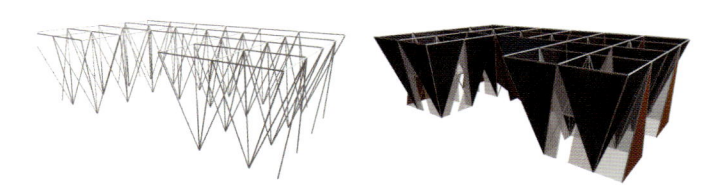

Die Nutzung der ArchiCAD-Werkzeuge wurde auf wenige Elemente reduziert. Neben den GDL-Objekten für die statische Konstruktion und die Standeinrichtung wurden ausschließlich Freiformflächen zur Gestaltung der Standhüllen verwendet. Varianten in der Darstellung des Projektes werden mittels Ebenengruppen frei geschaltet. Interessant erscheint auch die Struktur der Ebenen selbst, welche durch eine Ebenentrennung nach konstruktiv gleichartigen Elementen (z.B. Standhülle) erfolgte.

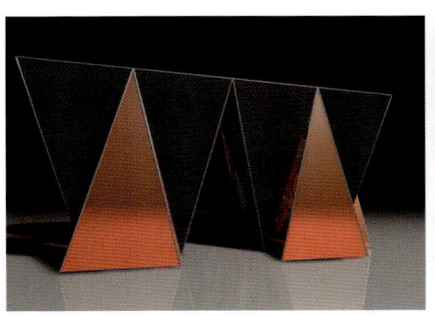

■ Deloitte Consulting und Visiting Nurse Association, New York (USA) I Suben/Dougherty Partnership, New York (USA)

Ein 82 Jahre altes Gebäude mit irregulärem Grundriss sollte in ein High-Tech-Büro für *Deloitte Consulting* verwandelt werden. Gläserne Stiegen markieren die Endpunkte eines Catwalks, welcher rückgratartig die Struktur durchzieht. Zwei Skybox-Konferenzräume bekrönen den Mehrzwecksaal. Perforierte Holzpaneele, Glaselemente sowie eine Metallgewebedecke markieren die Materialpalette.

Für die interne Organisation dieses Projektes wird auf den bestehenden Bürostandard zurückgegriffen. Dieser Umstand macht den Umgang mit dem Projekt zu jedem Zeitpunkt auch für hinzukommende Mitarbeiter nachvollziehbar. Da es sich um Umbauten handelt, wurde eine gesonderte Ebenengruppe mit dem ursprünglichen Bestand befüllt. Ergänzt wird diese von einer Reihe standardisierter Ebenengruppen, welche die verschiedenen Fachplanerinformationen beinhalten. Diese werden sowohl mittels Auswahl von Ebenengruppen als auch über die Navigator-Ausschnitte verfügbar gemacht.

■ Pfarrheim Kiefersfelden, Kiefersfelden (D) | Walter Stolz, Rosenheim (D)

Der Baukörper steht mit seiner Längsachse in der Südwestecke des Grundstückes. Der zentrale Raum des neuen Pfarrheimes – der Saal (mit angegliedertem Clubraum) – ist nach Norden orientiert und öffnet sich durch eine Glasfassade vollständig zur grünen Mitte, die eingerahmt wird von Kirche, Pfarrhof und Alpenpanorama. Die Grenze zum Außenraum ist fließend durch großzügige Glasflächen in den Fassaden und breite Holzterrassen, die sich in den Gartenbereich erstrecken.

Im Zuge der Kommunikation mit der Bauherrschaft wurden aus dem ArchiCAD-Modell ohne viel Aufwand Innenraumeindrücke erzeugt. Im Nachhinein wurde das hohe Maß an Übereinstimmung von den Beteiligten festgestellt.

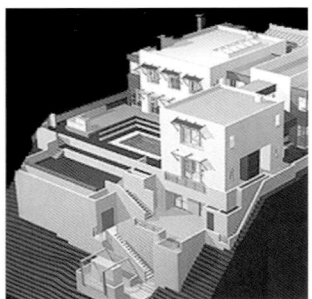

3.1.9 Einfamilienhäuser: Alles in einer Hand

Eine klassische Architekturaufgabe, bei der ArchiCAD als umfassendes Werkzeug genutzt werden kann, ist das Einfamilienhaus. Es stellt insbesondere für Kleinstbüros eine interessante Option dar. Dabei sticht vor allem die Möglichkeit hervor, von vornherein dreidimensional operieren zu können. Zahlt sich die vollständige Bearbeitung aus? Für gewöhnlich ist es nicht einfach, den zu tätigenden Aufwand hiefür vollständig abgegolten zu bekommen. Hier gilt es vor allem, auf die leichtere Kommunikation mit den Bauherren hinzuweisen, zumal auf den Bau eines physischen Modells unter Umständen verzichtet werden kann. Auch wenn im Falle einfacher Gestaltungen („Schuhschachtel") wohl weniger Aufklärungsarbeit erforderlich ist, verhält es sich bei komplizierten räumlichen Verschnitten (z.B. bei Dachgeschoßausbauten) umgekehrt. ArchiCAD beinhaltet die Möglichkeit, QuickTimeVR-Szenen auf direkte Weise zu erstellen. Deren Betrachtung fördert durchaus eine „spielerische" Auseinandersetzung. Im Hinblick auf für den Laien lesbare planliche Darstellungen kann ein horizontaler Schnitt mit Schattenwurf in z.B. 1 m Höhe gute Dienste leisten. In ähnlicher Weise lassen sich Schnittaxonometrien erzeugen, wobei die Gebäudestruktur beliebig beschnitten werden kann. Diese Möglichkeit ist im Falle eines Kartonmodells weitaus aufwändiger und muss von vornherein überlegt werden. Das Faktum der Zerstörungsfreiheit ist im Nachhinein hier wohl kaum noch gegeben. Hingegen ist eine Zerlegung in Einzelteile oder Gruppen von Komponenten im virtuellen Modell ohne wenn und aber möglich und verlangt bloß rudimentäre Vorüberlegungen. Überdies gilt es, auf die Nachnutzung von Teildaten hinzuweisen. Damit ist nicht gemeint, dass ein bestimmtes Projekt – unabhängig vom Kontext – einfach vervielfältigt wird. Doch insbesondere im Bereich der Detailentwicklung scheint hier ein großer Nutzen gegeben (Stichwort: „Produktivität").

■ Roosevelt Way, Drucker Browstein und Grandview Residence I House+House Architects, San Francisco (USA)

An San Franciscos Stadthügeln, den Twin Peaks, gelegen, präsentiert sich die *Roosevelt Way Residence* auf einem Gelände, welches von der hinteren zur vorderen Kante hin abfällt. Großzügige Öffnungen kontrastieren mit geschlossenen Fassadenflächen und verleihen dem Bauwerk skulpturalen Charakter. Ein umlaufender Pool ist auf der einen Seite im Hang verankert und öffnet sich auf der anderen Seite weit oberhalb der Straße. Rückspringende Fassaden geben von allen Räumen großzügige Blicke auf die Umgebung frei.

Eine Autostunde von San Francisco entfernt auf leicht ansteigendem Gelände ruht dieses Anwesen zwischen Felsblöcken und hochgewachsenen Eichen. Die seitlichen Flügel der *Drucker Brownstein Residence* beherbergen die privaten Räume bzw. die Empfangsbereiche. Als Verbindungselement dient ein zweigeschoßiger Zylinder, welcher im unteren Geschoß den Essbereich und darüber ein „Deck" mit dem Hauptschlafraum aufnimmt.

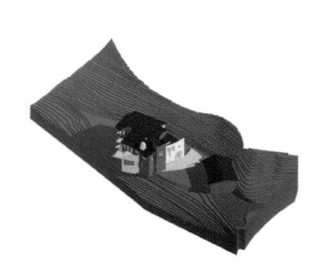

Der Entwurf für die *Grandview Residence* strebt danach, das Haus als Ort des Rückzugs verständlich zu machen. Aus diesem Grund wurden Sonneneinfall, Wind- und Blickrichtungen genauestens studiert. Energieflüsse wie auch Spiritualität einzelner Raumzonen fanden Eingang in die Konzeption des Hauses. Gekurvte Wände, tief eingeschnittene Fenster, umfangreicher Einsatz von Farbe und Proportionierung der einzelnen Räume trachten danach, diesem Ziel nahe zu kommen.

ArchiCAD wird im Entwurfsprozess eingebunden, um die Kompliziertheit der verbindenden Formen des Hauses umfassend zu explorieren. Von Anfang an wird dreidimensional modelliert. Es werden viele verschiedene perspektivische Darstellungen erzeugt, um daraus jene zu selektieren, die besonders umfassend über den Zusammenhang Auskunft geben. Die Überarbeitung mittels Photoshop hat zum Ziel, bestimmte Elemente des Gesamtaufbaus hervorzuheben und Korrekturen vorzunehmen.

■ Steinhaus, Steindorf (A) | Günther Domenig, Graz (A)

Das am Ossiachersee gelegene Steinhaus blieb bis heute unvollendet. Die schroffen, geometrisch strengen, in Beton gegossenen, teilweise mit Hohlräumen durchsetzten Körper korrespondieren mit den besonderen Landschaftskonfigurationen des umliegenden Gebirges. Das gebaute Steinhaus_DD.PMK Objekt erweist sich damit als eine Art Hügelaufschüttung, aus welcher Felsbrocken herauszubrechen scheinen.

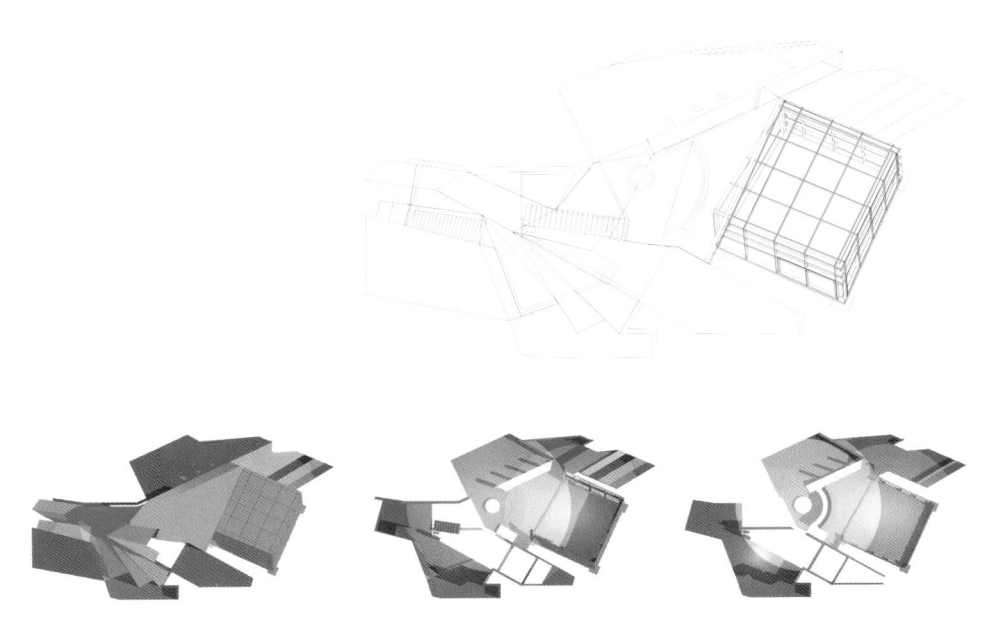

Die CAD-Nutzung setzte bei diesem Projekt zu einem relativ späten Zeitpunkt ein. Die Baukörpereingabe erfolgte an Hand von Vermessungsdaten, die als Basis für die dreidimensionale Modellierung herangezogen wurden. Das Gebäude selbst bietet durch die dreidimensionale Darstellung die Möglichkeit, jederzeit und an jeder beliebigen Stelle automatisch einen Schnitt oder eine Ansicht zu generieren, um die komplexen ineinander greifenden Gebäudeteile für die Ausführungsplanung dokumentieren zu können.

- 561 Grand Residence, Venice (USA) | Rockefeller/Hricak Architects, Venice (USA)

Den Umbau einer bestehenden Balloonframekonstruktion wird in 561 Grand Residence behandelt. Auf diesen Umstand Rücksicht nehmend, wurde eine selbst tragende Stahlkonstruktion in das bestehende Gebäude eingebracht. Diese trägt die neue Wohnebene und nimmt auch eine neue Energieversorgung auf. Das ausgeklügelte Heiz- und Kühlsystem steht somit in unmittelbarem Zusammenhang mit der Tragkonstruktion.

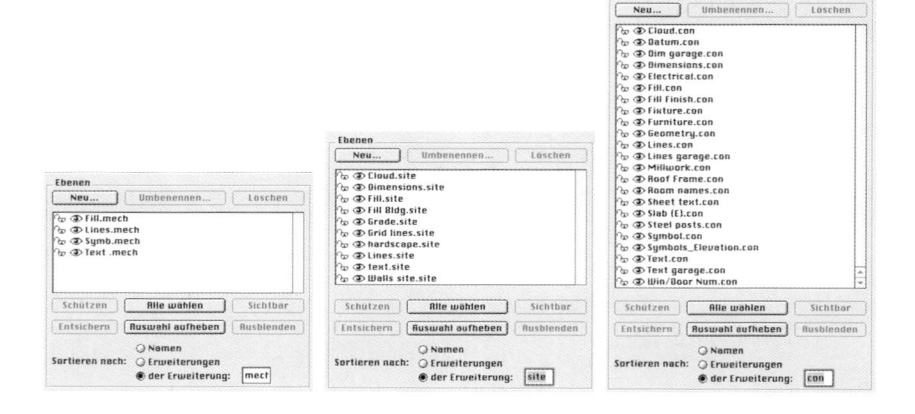

Gut geordnete Ebenengruppen bilden das Rückgrat der Projektorganisation. Einzelnen Ebenen zugeordnete Planungsinhalte sind über die Verwendung der sog. „Ebenen-Erweiterung" sofort für die Aktualisierung bzw. Erstellung einer bestimmten Ebenengruppe verfügbar. Ebenso zeigt die Geschoßverwaltung eine intelligente Nutzung der vertikalen Verwaltungsstruktur. Zwischengeschoße für diverse Planinhalte (hauptsächlich technische Ausstattung), welche im Architekturentwurf die Plandarstellung störend beeinflussen, werden damit getrennt und bleiben bei einer 3D-Darstellung trotzdem ohne zusätzlichen Aufwand in der Ebenenorganisation sichtbar.

223

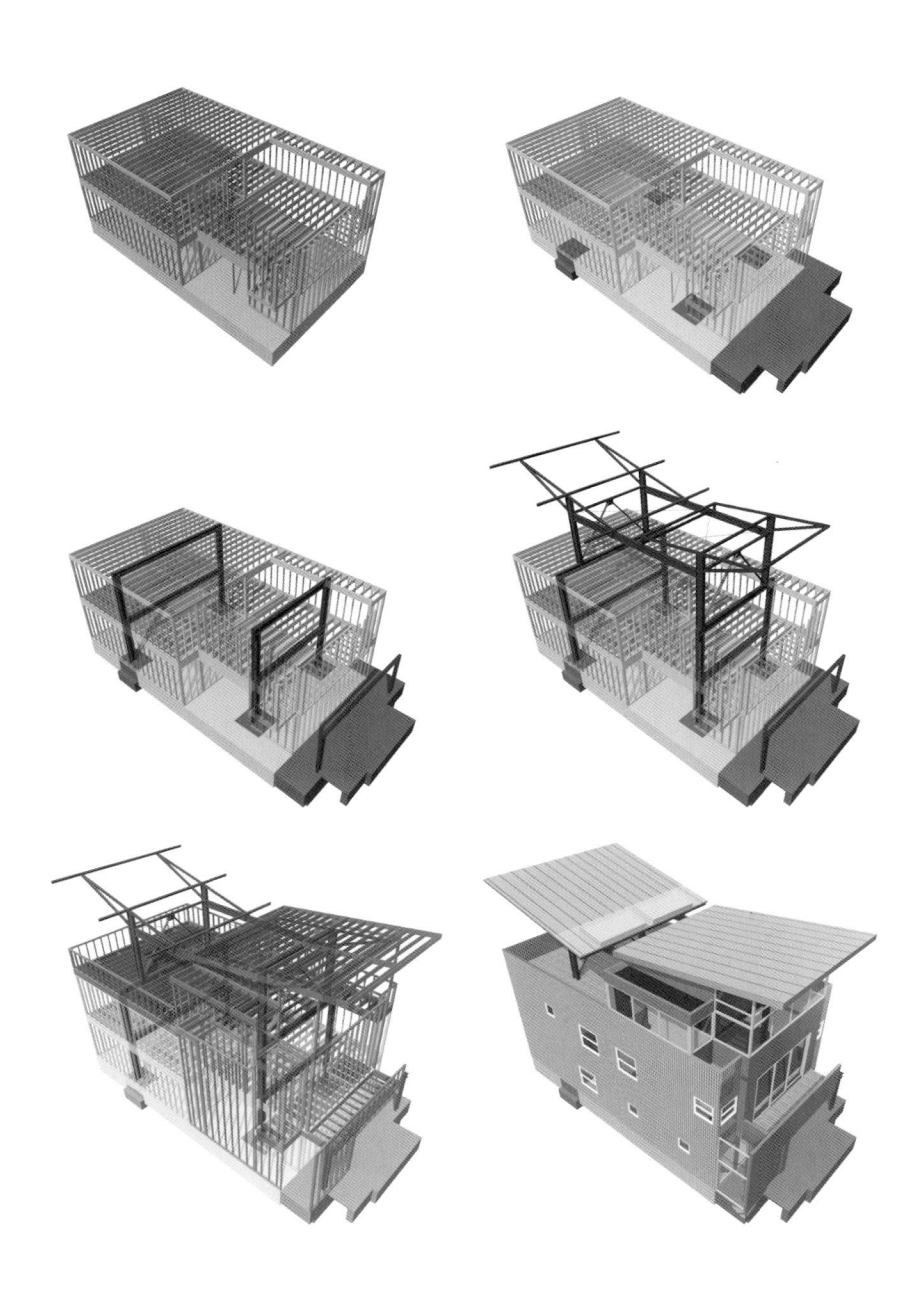

■ Einfamilienhaus König, Feldkirch/Nofels (A) | Gohm-Hiesberger, Hohenems (A)

Ein Schwimmteich und ein Vorplatz binden das Haus an die Grundstücksgrenzen. Die Garage wurde straßenseitig positioniert, sodass das Garagentor im geöffneten Zustand als Sichtschutz für den Schwimmteich fungiert. Textile Außenvorhänge kontrastieren bewusst mit der Härte des Baukörpers.

Durch die Kleinheit dieses Projektes wurde es möglich, sowohl die Baueingabe als auch die Ausführungsplanung innerhalb einer einzigen ArchiCAD-Projektdatei abzuwickeln. Dabei wurde abermals auf die Geschoßverwaltung als Ordnungsstruktur sämtlicher Projektdokumentationen zurückgegriffen. Darüber hinaus kann mittels zweier Ebenengruppen der darzustellende Planinhalt zwischen Eingabe- und Ausführungsplan hin- und hergeschaltet werden.

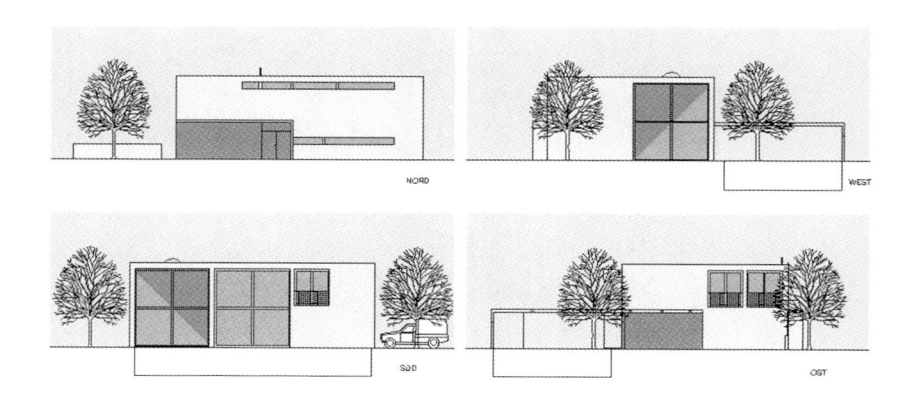

3.1.10 Kleinmaßstäbliche Anwendungen und individuelle Vielfalt

Die Modellierung von kleinmaßstäblichen Objekten – insbesondere Gegenständen aus dem täglichen Leben – kann mittels ArchiCAD problemlos realisiert werden. Eine Analogie zur Vorgangsweise bei städtebaulichen Anwendungen ist hier insofern gegeben, als dass wir uns nun am anderen Ende der Skala befinden (groß- vs. kleinmaßstäblich). Das bedeutet, dass, wenn ein Sessel modelliert werden soll und die Standardwerkzeuge zum Einsatz gelangen, sich die diesbezüglichen „Standardparameter" auf die Errichtung von Wänden, Decken und Dächern beziehen. Eine sehr dünne Decke mit z.B. 0,9 mm Stärke kann durchaus eine Möbelplatte sein. Die Parametereingabe lässt dies ohne Weiteres zu, auch wenn dies nicht den gewöhnlichen Dimensionsbereich darstellt, in dem der ArchiCAD-Anwender operiert. Die Devise lautet schließlich: Alles ist modellierbar. Insbesondere eigene Möbelentwürfe und Inneneinrichtungen können mittels ArchiCAD in computergestützter Weise entwickelt werden. Eine solche Vorgangsweise ist wohl weniger auf die Produktion ausgerichtet, jedoch vielmehr im Sinne einer Komplettierung der Raumausstattung zu sehen. Demnach besteht die Möglichkeit, nicht nur den umbauten Raum, sondern auch die für gewöhnlich darin enthaltenen Gegenstände zu zeigen. Ebenso kann auf diese Weise ein etwaiger Platzbedarf nachgewiesen werden. Es bleibt des Weiteren dem Anwender unbenommen, seine eigene GDL-Objektsammlung zu erstellen, sollte das vorhandene Angebot in den Standard- und Zusatzobjektkatalogen nicht ausreichen. Überdies muss auch an die Generierung von Realobjekten gedacht werden. Es handelt sich hier um ein lieferbares Angebot an (Bau-)Produkten, deren geometrische Abbildung in Form von GDL-Objekten stattfindet. Es wird somit nicht entworfen, sondern ein digitales Einsatzmodell erarbeitet, wobei Teil für Teil mit den ArchiCAD-Werkzeugen erstellt wird.

■ Tischentwurf, Wien (A) | Helmut Heistinger, Wien (A)

Im Rahmen eines Dachgeschoßausbaus wurde auch die Einrichtung zur Gänze entworfen und produziert. Es handelt sich dabei um Einzelstücke, welche exakt an die räumlichen Gegebenheiten des Dachgeschoßes angepasst wurden.

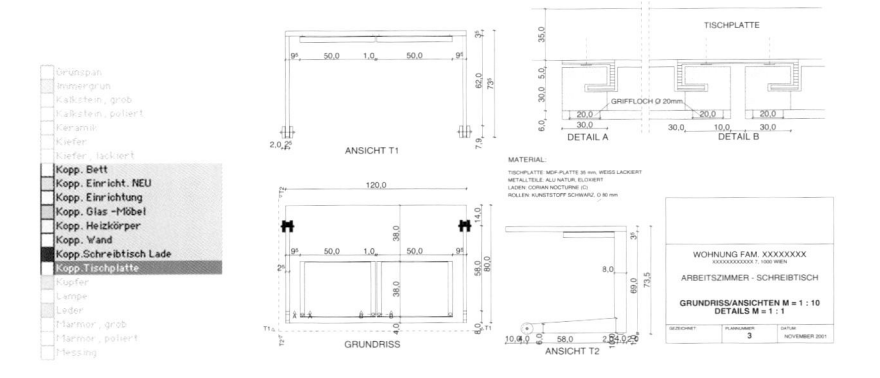

Das Ergebnis der Planung wurde in ein und derselben Projektdatei dupliziert und für die Detailausfertigung zusammengestellt. Dabei fand die Funktionalität der automatischen Schnitt- und Ansichtengenerierung Verwendung. Die Ergebnisse wurden in die Grundrissdarstellung kopiert und in der Folge zu einem Detailplan für die Produktion des Möbels zusammengestellt. Zwecks wirklichkeitsnaher Visualisierung der Enwurfsergebnisse war es notwendig, eine Reihe neuer Materialfarben anzulegen.

■ Möbelentwürfe CAT | Mikula+Partner, Graz (A)

ArchiCAD gelangte für Entwurf, Produktion und Verkauf dieses Möbelsystems zum Einsatz. Somit können sowohl Werkpläne auf Basis der Modellierung gefertigt werden als auch komplette Einrichtungsvorschläge für ganze Büroetagen.

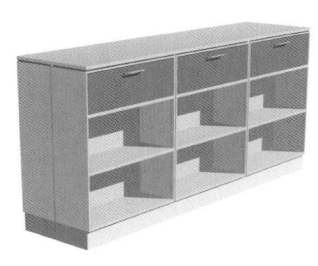

Zu erwähnen gilt, dass der gesamte Produktionsablauf einschließlich Prototypentwicklung und Erstellung der Werkstattpläne mit den ausführenden Firmen über das PLN-Format ausgetauscht wurde. Bei der Entwicklung der Elemente wurde ausschließlich mit den ArchiCAD-Standardwerkzeugen gearbeitet. Fertig entwickelte Elemente werden jedoch als GDL-Objekt gespeichert und bilden in Form einer eigenen Einrichtungsbibliothek die Basis einer umfassenderen Einrichtungsplanung. Eigene Materialfarben und Oberflächentexturen sind hierbei für eine Preview-Visualisierung von kompletten Einrichtungssituationen nützlich.

■ Kachelöfen (A) | Fa. Peter, Waidhofen/Thaya (A)

Vorliegendes Beispiel veranschaulicht den Planungs- und Visualisierungsprozess spezifisch entwickelter Kachelöfen. Die Vielzahl möglicher Kacheltypen und -farben sowie der Sonderelemente (Ausstattung) machten es notwendig, eine eigene GDL-Objektsammlung für Kachelöfen zu schaffen.

Hier werden neben unterschiedlichen Formen auch die verfügbaren Muster und Farben verwaltet. Es handelt sich um eine Verbindung von Kachelofen und Küchenherd, welche küchenseitig befeuert wird.

Das ausgewählte Beispiel zeigt die Ansprüche, welche eine individuelle Kachelofenplanung aufwirft. Dem Kunden soll vorab ein Bild des Planungsergebnisses vermittelt werden. Eine rasche Darstellung des geplanten Ofens zusammen mit den wichtigsten umgebenden Bauelementen am zukünftigen Standort gilt als Zielvorstellung. Für die Erstellung der sog. „Gesimse" werden wahlweise eigene GDL-Objekte oder ArchiForma verwendet. Die Kacheln sind spezielle Objekte, welche ein Bild des jeweilig gewählten Kachelmusters abbilden können. Sonderelemente wie z.B. Herdtüren (bei Küchenherden) oder Lüftungsgitter werden ebenfalls mittels projizierten Abbildungen dargestellt. Die erstellten Grundrisse und Ansichten dienen darüber hinaus auch der Konstruktion des Ofens vor Ort. Die Ebenenstruktur gliedert den Ofen in verschiedene Zonen, welche vom Sockel bis zur Abdeckung nach konstruktiven Kriterien benannt sind.

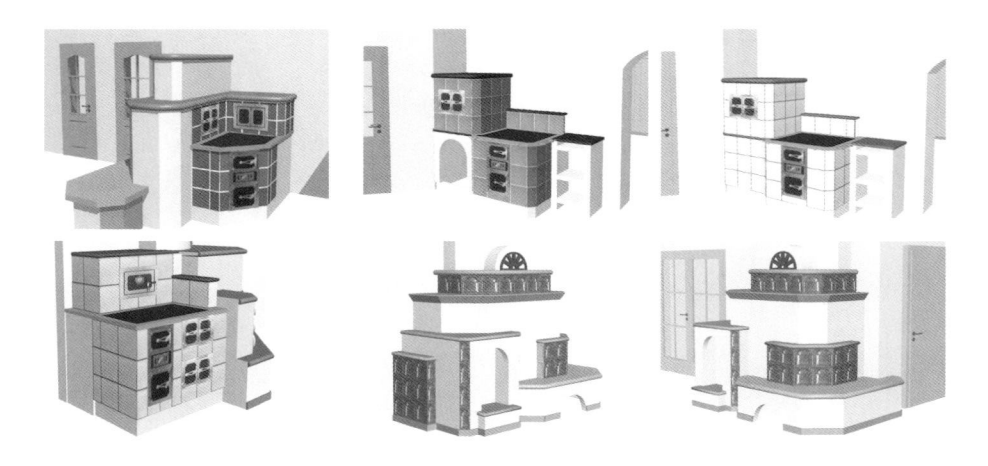

■ VR-Bank Zweigstelle, Altomünster (D) | Dietzel Architekten, München (D)

In diesem Projekt wurde eine Edelstahlspindeltreppe über drei Geschoße entwickelt. Die Ausführung erfolgte als glatte, durchgehende Stahlrohrspindel mit angeschweißter Stufen- bzw. Podestkonstruktion.

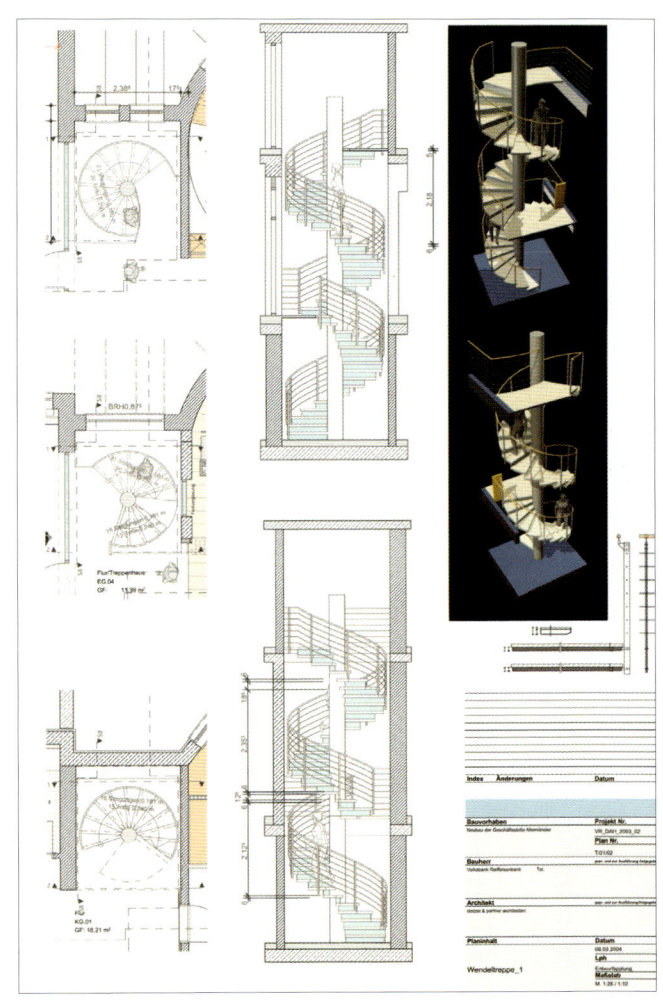

Zur Unterstüzung der technischen Zeichnungsinhalte (Ausschreibungsunterlagen) wurde von jeder der ursprünglich drei Varianten eine 3D-Darstellung hinzugefügt.

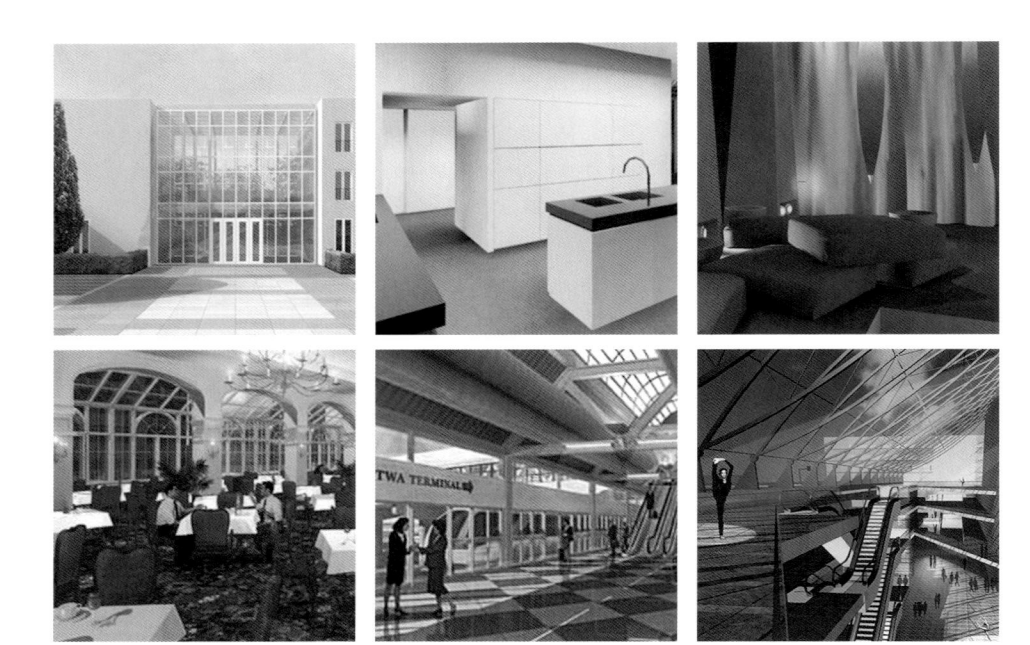

3.2 Strategien der Visualisierung

Mitunter wird der Umgang mit CAD-Softwareprodukten einer Visualisierung gleichgesetzt und dabei übersehen, dass der eigentliche Vorteil in der effizienten Unterstützung von Architekturproduktionen und dem damit einhergehenden Bedarf an ganzheitlicher Planungsdokumentation liegt. Freilich bietet die computergestützte Planung bei konsequenter Nutzung der „richtigen" Werkzeuge nicht nur Vorteile auf dem Wege der Erstellung von Bauplänen (bzw. Dokumentationen), sondern erschließt auch Möglichkeiten in der Projektkommunikation zwischen den verschiedenen Beteiligten. Zur Präsentation haben sich in den letzten Jahren aufgrund der gesteigerten technischen Möglichkeiten der Personal Computer vielfältige Formen von Visualisierungsstrategien entwickelt. Entscheidend für den Einsatz (fotorealistischer) Schaubilder ist im Normalfall die dahinter stehende Absicht in Bezug auf die jeweilige Zielgruppe. Es kann also im Regelfall nicht bloß von einem „guten" oder „schlechten" Bild gesprochen werden, sofern eine Mindestqualität in der technischen Umsetzung gegeben ist. Visualisierungsprodukte werden als verkaufsförderndes Instrument eingesetzt. Aus diesem Grund kann und soll daran in diesem Buch nicht vorbeigegangen werden.

Die Verlockung, auf den Knopf „Standard-Visualisierung" zu drücken, ist groß. Zur wirkungsvollen Visualisierung bedarf es aber mehr an Überlegungen. Manche Visualisierungen sind auch aus der Sicht des Erstellers unbefriedigend. Etwaige Defizite einfach auf das Softwareprodukt abzuschieben ist zu einfach. Der Leitsatz „Weniger ist oftmals mehr" betrifft vor allem den zu üppigen Einsatz von Materialtexturen und auf qualitativ unzureichendem Bildmaterial basierenden Bildmontagen. Ungekonnt frei gestellte Bilder (z.B. „blitzende weiße Ränder"), die unkorrekte Perspektive von montierten Personen sowie eine unrealistische Größe von Ausstattungsgegenständen sind nur einige der oft vorkommenden „Störungen", die ein computergestütztes Schaubild „unecht" oder gar falsch erscheinen lassen. Eine Verbesserung lässt sich oft auch durch die bloße Veränderung des Betrachter- Standpunktes und des Blickwinkels auf das Objekt erreichen, wenngleich es sich hier ähnlich wie im Umfeld der Fotografie verhält: Die Wahl des Motivs (Bildausschnittes) wird vom Fotografen und nicht von der Kamera bestimmt.

3.2.1 Visualisierung und die Vermittlung einer Botschaft

Wie die traditionelle Form der Handzeichnung kann auch das CAD-Softwareprodukt bis zu einem gewissen Grad skizzenhaft eingesetzt werden. Zweck einer architektonischen Skizze ist es, die Kernaussage einer geplanten Architekturform in den Fokus des Betrachters zu bringen. Die virtuelle Raumdarstellung bietet hier, von der gestochenen oder gar überzeichneten Schärfe bis hin zur Abstraktheit, eine breite Palette an Möglichkeiten, ein Projekt zu kommunizieren. Oft wird mit einem einfachen Drahtgittermodell oder einer schnell erstellten, schattierten Darstellung der Kern der Aussage perfekt getroffen, wo hingegen anderswo erst aufwändige Bildmontagen, bestehend aus berechneten Raumgeometrien und Fotografien, zum gewünschten Erfolg führen. Als Leitsatz könnte der Slogan „das Wesentliche darstellen" dienen.

- Seefahrtmuseum (Wettbewerb), Marienhamn (FIN) | Kellner Schleich Wunderling, Hannover (D)

Eingespannt zwischen Hamngatan und Sjöpromenaden folgt der Neubau zum bestehenden Museum in seiner Ausrichtung der Hauptblickrichtung zwischen Land und Meer. Als adäquate Ergänzung des Altbaues in das Wegenetz eingebunden, erlangt die zweigeschoßige Halle durch Positionierung und innere Organisation gleichsam den Rang eines Piers für das Sjöfartsmuseum.

■ Studios Architecture, San Francisco (USA)

Ein gläsernes Rückgrat, welches dem Verlauf des Geländes folgt, sorgt für die interne Erschließung einer *Multimediaagentur* (San Francisco) und eröffnet den Nutzern die landschaftsgestalterisch bearbeitete Dachfläche. Von hier eröffnen sich qualitätsvolle Blicke auf den Stadtkern. Die Fassadengestaltung trachtet danach, den umgebenden Bebauungsmaßstab aufzunehmen.

Das *Madstone-Theatre-Projekt* (Denver) veranschaulicht den Versuch, aufgelassene Kinosäle umzustrukturieren und mit neuen Funktionen im Nahbereich von Design und Mode wiederzubeleben. Eine gezielte Farbgestaltung und die Installation neuer Projektionsflächen im Inneren der Räumlichkeiten sollen die unwirtschaftlich gewordenen Baulichkeiten einer Neubelebung zuführen.

■ Helin & Co Architects, Helsinki (FIN)

Der neue 16-stöckige Turm des Bürohauses *Baltic Square* erhebt sich inmitten des neu erwachsenden Stadtviertels Ruoholahti. Der Einsatz des Materials Corten-Stahl spielt eine zentrale Rolle im Entwurf des Gebäudes. Einerseits schreiben Vorgaben des Masterplanes seine Verwendung im Bereich der Fassaden vor, andererseits wird der zur Anwendung gebrachte Corten-Stahl im speziellen Fall als Verbindung zu den bestehenden alten Industriegebäuden aus Ziegelmauerwerk verstanden.

Der *HP-Basar* fungiert als ein Innovationszentrum für aufkommende Mobiltechnologie. Die projektierte Einrichtung zielt darauf ab, mobile E-Services intensiv zu bewerben. Der Basar ist in Espoo beheimatet und dient vorrangig der Kommunikation. Darüber hinaus finden Marketingevents und unterschiedlichste Präsentationen statt.

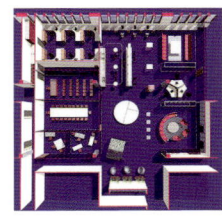

Von außen betrachtet erweist sich die bauliche Formation des *Pfizer-Bürogebäudes* als ein Dialog zwischen einem dominanten Kubus und einem niedrigeren fächerförmigen Bauteil, welcher das Gebäude im umliegenden Park verankert. Im Zwischenbereich wurde ein multifunktional zu nutzendes Atriumhaus angesiedelt.

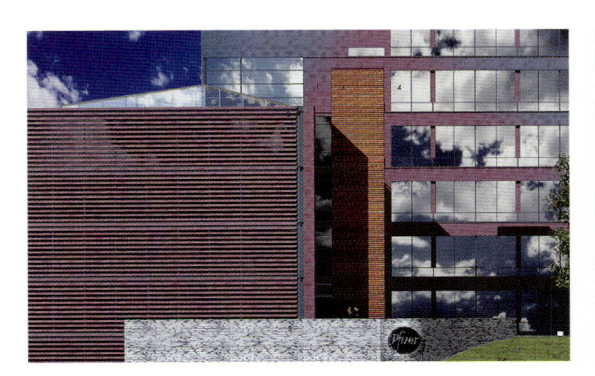

Das rasche Wachstum der Firma *Nokia* machte die Erweiterung des Haupthauses nötig. Das Firmenmanagement wählte einen Entwurf, welcher durch einen geschwungenen Bauteil und einen rechteckigen Block gekennzeichnet ist. Ein halbzylindrisches Atrium, das die beiden Hauptkörper miteinander verbindet, wird für Konferenzen und Festivitäten genutzt.

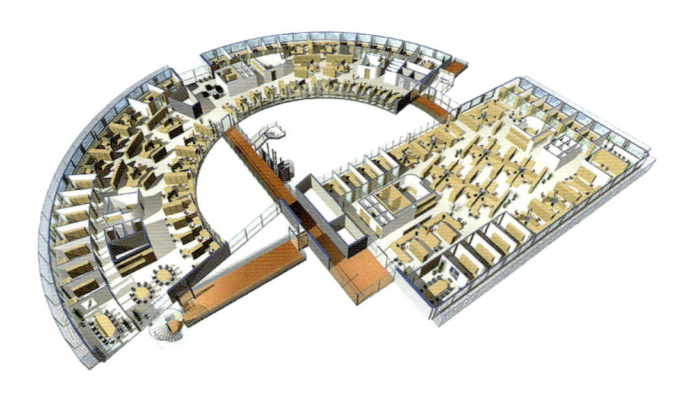

■ Liljewall Arkitekter AB, Stockholm (S)

Aus der Bebauungslösung für das Projekt *Hildedal* (Hisinge bei Björlanda-Tuvevägen) ist deutlich abzulesen, dass eine mittels ArchiCAD erstellte computergestützte Perspektive als Grundgerüst für eine händisch gezeichnete Intervention genützt wurde. ArchiCAD wird in dieser Phase der Planung eingesetzt, um im städtebaulichen Kontext einen individuellen Touch anzubringen und dies mit einem gerüttelten Maß an Genauigkeit bzw. Authentizität zu verbinden.

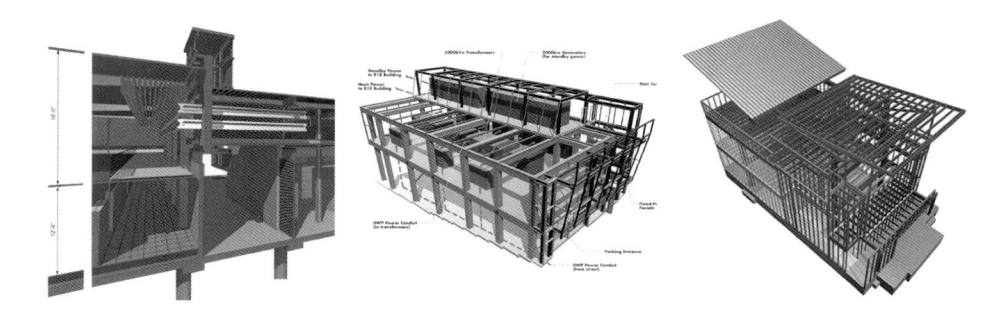

3.2.2 Visualisierung als Mittel zur Erklärung von Zusammenhängen

Die Visualisierung architektonischer Komponenten unterscheidet sich wesentlich von auf technische bzw. konstruktive Funktionen bezogene Darstellungen. Dieser Umstand kann sowohl für rein organisatorische Nutzungen hilfreich sein, aber auch einer zeitlichen Dimensionierung oder Abfolge von Ereignissen in der Nutzung des Gebäudes dienen. Die verwendeten Ergebnisse manifestieren sich dabei zumeist in Form einfach farbiger (schattierter) Schaubilder, welche die Funktionsabläufe verdeutlichen. Darüber hinaus reicht ein Einzelbild nicht aus, um eine Vorstellung umfassend übertragen zu können. So wird auf das Instrument einer Bildserie zurückgegriffen, welche den Zeitfaktor mitberücksichtigt. Eine charakteristische Anwendung stellt in diesem Zusammenhang z.B. der Entwurf von Sonnenschutzelementen an einer Fassade dar, welche mittels einer dokumentierten Sonnenstudie die Funktion prüft und darstellt.

■ Helmut Heistinger, Wien (A)

Die Aufgabenstellung bei der Sanierung des *Marienheimes* (Bruck/Leitha) war die Verbesserung der Licht- und Beschattungssituation bei gleichzeitiger Generalsanierung der Fassade. Ziel der Untersuchung war neben der architektonischen Gestaltung vor allem die Besonnung im Laufe eines Jahres. Für die Sanierung des Gebäudes wurde vorerst eine exakte Bauaufnahme durchgeführt, welche zur 3D-Modellierung der Fassade führte. Nach der architektonischen Gestaltung wurden mittels Sonnenstudien die Lichteinfallswinkel in die Zimmer bzw. die Beschattungsflächen der neu zu errichtenden Lichtschutzelemente an verschiedenen markanten Tagen eines Jahres berechnet. Dieser Prozess wurde für alle vier Fassadenseiten ausgeführt, um zu einer schlüssigen Aussage über die Verwendung der geplanten Sonnenschutzeinrichtungen zu kommen.

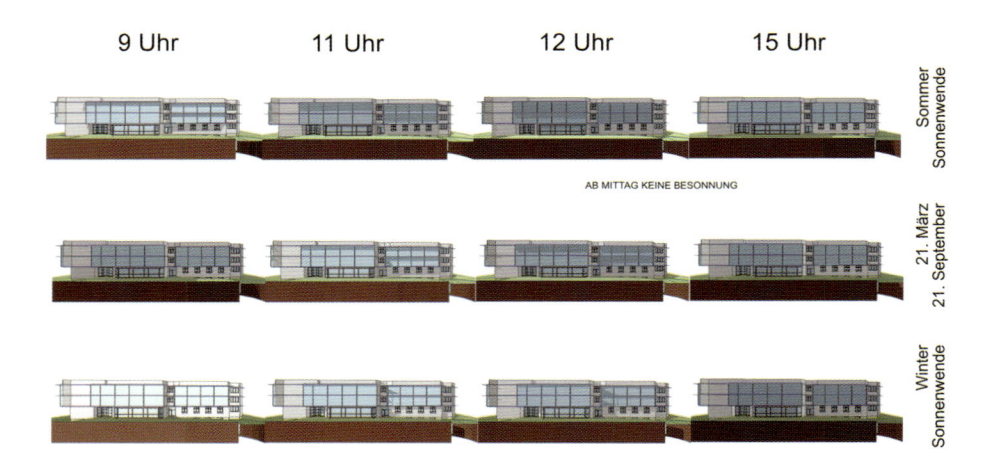

■ Rockefeller/Hricak Architects, Venice (USA)

Das Projekt für eine *Power Station* in Los Angeles veranschaulicht den Entwurf und die mögliche urbane Einbettung eines rein der technischen Infrastruktur verpflichteten Gebäudes. Hinter der Straßenfassade verbergen sich die notwendigen Generatoren und Transformatoren. Im Hinblick auf die Anforderungen des Denkmalschutzes wurden Visualisierungen erstellt, um das Bewilligungsverfahren aufgrund des erfolgten Austausches zu verkürzen.

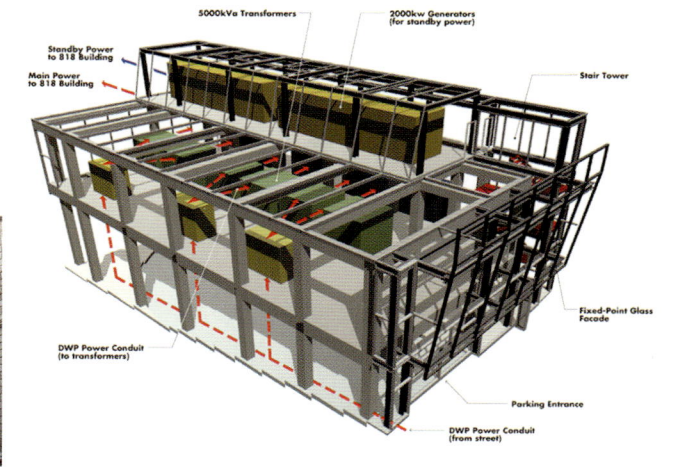

■ Tillberg Design, Fort Lauderdale (USA)

Tillberg plant und gestaltet den kompletten Aufbau und Innenausbau von *Luxuskreuzern*. Die Darstellungen veranschaulichen den Aufbau der einzelnen Suiten und sind in der Lage, auch dem Laien ein klares Bild über die angemietete Räumlichkeit zu verschaffen. Der Einsatz detaillierter Möblierung verleiht sowohl dem Grundriss als auch der Axonometrie darüber hinaus erhöhte Lesbarkeit hinsichtlich des Maßstabes.

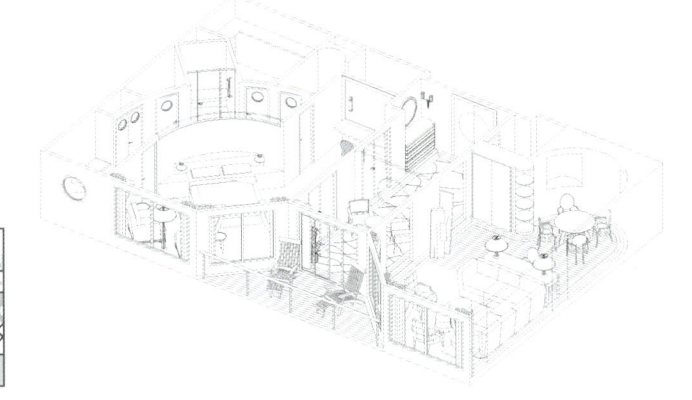

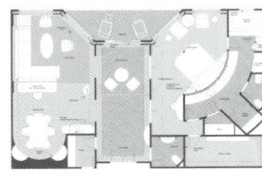

3.2.3 Auftragsvisualisierung: technische Perfektion mit Inhalt

In den letzten Jahren hat sich rund um die Architekturdarstellung eine Reihe von spezialisierten Unternehmen entwickelt, welche für Architekturschaffende sog. „Auftragsvisualisierungen" übernehmen und ausarbeiten. Generell ist bei solchen Arbeitsergebnissen von einer besonders guten technischen Qualität auszugehen. Auf den ersten Blick beeindrucken solche Visualisierungen durch ein hohes Maß an Perfektion. Ein zweiter Blick verrät dann allerdings schnell, für welche Zielgruppe ein solches Bild angefertigt wurde. Hohe technische Qualität wird dann oft durch die Unverbindlichkeit der Aussagen zum Projekt ergänzt. Manchmal sind derartige Darstellungen austauschbar und letztendlich ohne Aussagewert, worin die eigentliche Qualität der Architektur für den späteren Benutzer oder Eigentümer liegt. Es spielt auch wirklich keine Rolle, ob in einem solchen Szenario das Projekt des Architekten A oder das des Architekten B dargestellt ist. Das Bild, die Szene spricht für sich.

- LuminetIK, New York (USA)

Die Innenraumdarstellungen eines *Appartments in New York* gelangten als verkaufsunterstützende Unterlagen zum Einsatz. Sie zeigen ein Einrichtungs- bzw. Gestaltungsschema auf, welches mittels ArchiCAD modelliert und nachfolgend in Art•lantis komplettiert wurde.

Die vorliegenden Visualisierungen sind Teil einer Multimediapräsentation anlässlich eines Messeauftrittes für *Mark Krueger Designs*. Sie stellen Ausschnitte aus einer mit radiosity gerechneten Animation dar. Das Augenmerk der Präsentation lag auf Konzepten zum Einsatz theatralischer Lichtführung im Handel. Die Animation erläuterte jene Lichtführung, welche auf dem zugehörigen Messestand vorgeführt wurde.

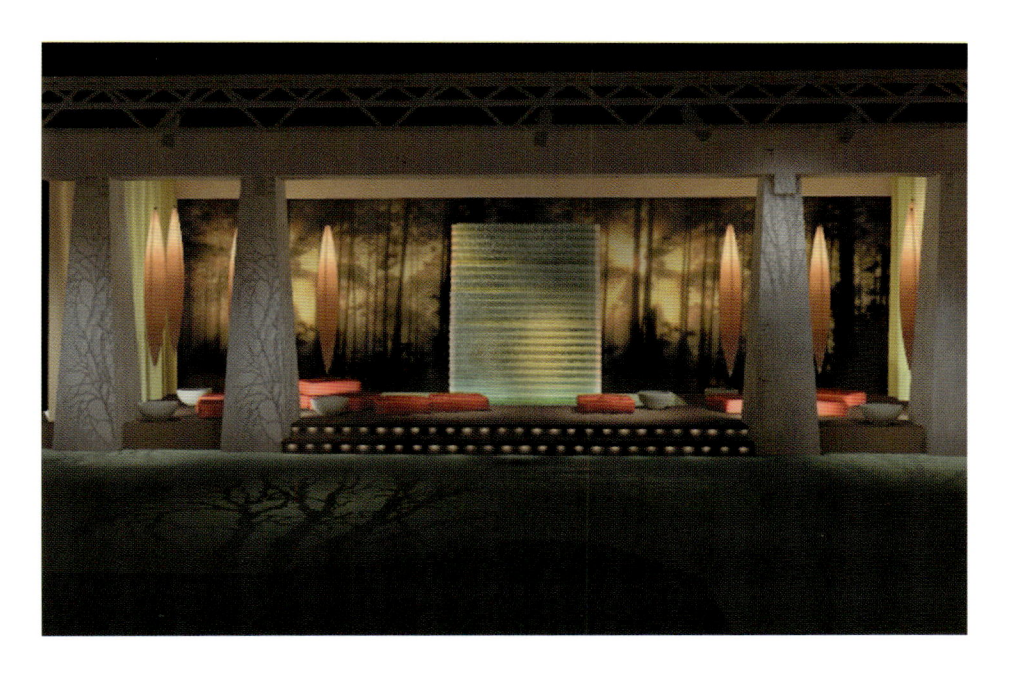

Das einer Renovierung unterzogene *National Newark Gebäude* sollte im Rahmen eines gezielten Beleuchtungskonzeptes von H.M. Brandston (New York) verstärkte Präsenz im Stadtraum erhalten. Hierzu wurde eine Reihe von nächtlichen Darstellungen mittels Lightscape angefertigt.

Eine weitere Projektdarstellung veranschaulicht ein *Strandhaus in Southhampton*. Die Architektur ist durch gezielte Sichtbeziehungen in die umgebende Gartenlandschaft bestimmt. Der in ArchiCAD modellierte Entwurf wurde mittels Lightscape visualisiert.

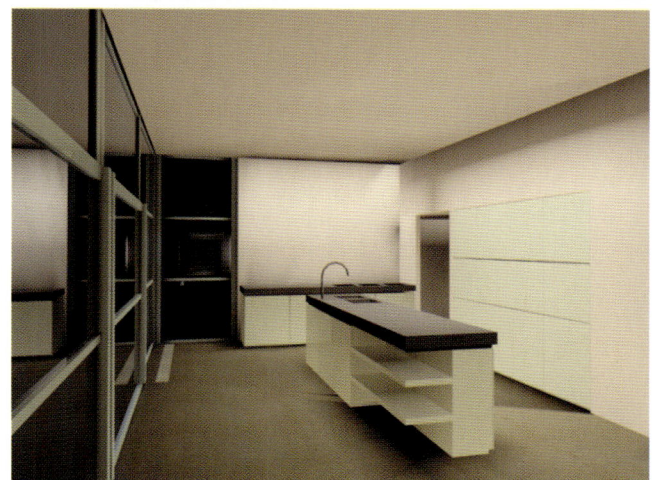

■ LengyelToulouse Architekten, Köln (D)

Aus Produktionshalle und Verwaltung zusammengesetzt, befindet sich der Baukörper in einem Gleichgewicht zwischen Einheit und Differenzierung. Fassadenstruktur, Fensterband und ein umlaufendes Sichtbetonband umfassen das gesamte Gebäude für *Korte Einrichtungen* (Kürten). Das oberhalb liegende Fensterband und die zugehörige Rundung lassen den Eingang und die steuernde Funktion der Verwaltung erkennen, ohne den Zusammenhalt zu unterbrechen. Die klare Gliederung der Baukörperkomposition vermittelt Klarheit in der Gestaltung und Präzision in der formalen und technischen Ausführung.

In Analogie zu den auf dem Zechengelände vorhandenen Mannschaftsgängen wird die bestehende Bausubstanz einer *Elektrowerkstatt des Bergwerks Göttelborn* (Saarland) um einen gläsernen Eingangs- und Erschließungskörper ergänzt. Um die Position des Gebäudes als Solitär- und Repräsentationsgebäude der Werkstatt Industriekultur zu stärken, wird es um ein architektonisch gestaltetes Plateau ergänzt. Der Altbau bleibt weitgehend erhalten, die historischen Bauabschnitte bleiben im geplanten Kulturzentrum ablesbar.

Im Wege einer Machbarkeitsstudie wurde die Verlegung der *VDI-Geschäftsstelle* in die Bundeshauptstadt Berlin untersucht. Der projektierte Neubau ist als fünfgeschoßige Anlage um einen Innenhof konzipiert. Der Baukörper wird dabei von einem U-förmigen Büroriegel dominiert. Im Hof des Büroriegels finden sich in einem eigenständigen Gebäudeteil die erforderlichen Hörsäle.

■ PAASTUDIO – Ivo Venkov, Santa Monica (USA)

Der Entwurf für die *Biolabs* folgt dem Aufbau biomolekularer Strukturen und verbindet Anforderungen des vorgegebenen Raumprogrammes mit solchen des Terrains. Die Baulichkeit folgt dabei weitgehend der vorgefundenen Morphologie. Die Garage wurde unter Bodenniveau gelegt, um die Gebäudehöhe zu minimieren. Im Inneren des Gebäudes eröffnet sich dem Besucher ein „tropischer Garten".

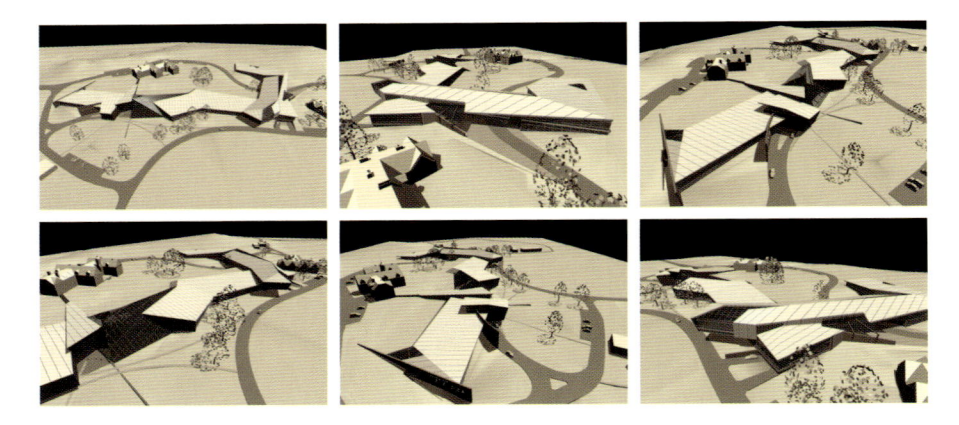

Ein projektiertes *multifunktionelles Bürogebäude* umfasst einen zwei- und einen dreigeschoßigen Komplex, welche von einer Dachterrasse abgeschlossen werden. Darüber erhebt sich ein wellenförmiges lichtdurchlässiges Metalldach.

Das *Town Center Sofia* stellt ein Wiederbelebungprojekt mit ca. 60.000 m² Nutzfläche für ein aufgelassenes Gewerbegebiet dar. Eingeschlossen sind u.a. Gewerbeflächen, Wohnungen, Hotel, Postamt, Bank, Bibliothek, Fittnessräume, Kunstgalerie und Gaststätten. Im Freien sind Parkflächen mit Kinofunktion vorgesehen. Dachgärten und Penthouses bilden den Gebäudeabschluss.

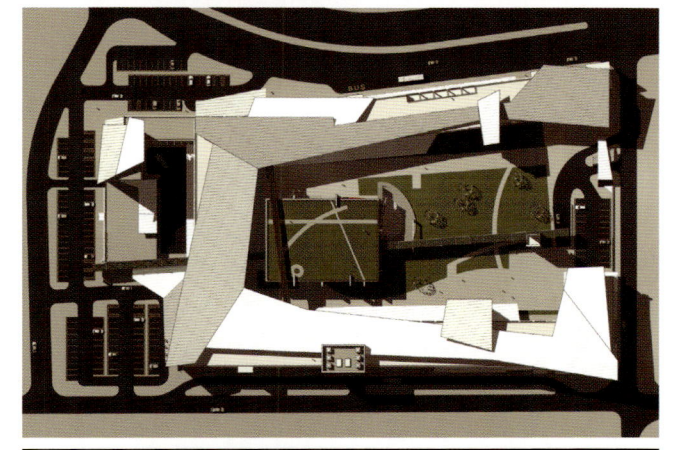

Das realisierte Projekt für ein *Einfamilienhaus in Kalifornien* zeigt die Gegenüberstellung von Fotomontagen und die gebaute Wirklichkeit vom jeweils identischen Betrachterstandpunkt. Obgleich das menschliche Auge die Unterschiede letztlich doch „entdeckt", wird ein hohes Maß an Wirklichkeitsnähe in der visuellen Simulation erzielt.

Das Projekt für ein *Heritage Welcome Center* trachtet danach, das historische Erbe zur Schau zu stellen und eine symbolische Brücke mit der Vergangenheit zu kreieren. Im Eingangsbereich dominiert eine ausladende Brücke, welche zugleich Geste wie auch Wetterschutz ist. Der dahinter liegende Bauteil geht den Versuch, lokale Bautraditionen zu interpretieren. Wege durch die Landschaft und eine Vielzahl kleinerer Serviceeinrichtungen umgürten den Komplex.

Im Zentrum von Sofia angesiedelt, soll die projektierte *Municipal Gallery of Art* als eine Schnittstelle unterschiedlicher Kunstformen fungieren. Der Entwurf folgt den Prämissen der Wandlungsfähigkeit und Offenheit. Der Zugang selbst wird hierbei zum öffentlichen Raum erklärt und soll mittels Performanceauftritten und Skulpturenpräsentationen bespielt werden. Die Aufgabe der dominanten, das Gebäude durchschneidenden gekrümmten Wand ist es, eine symbolische Brücke zur Kunst herzustellen.

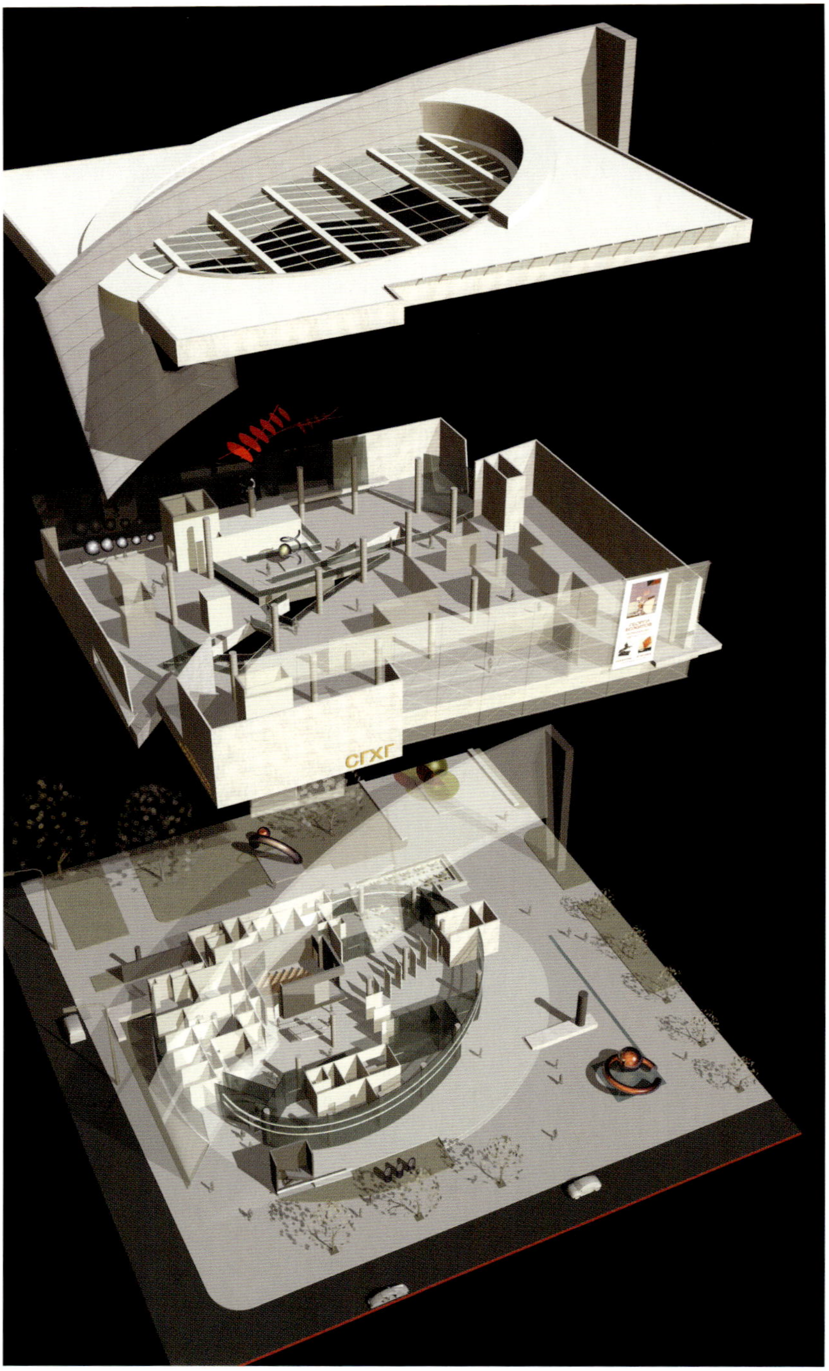
СГХГ

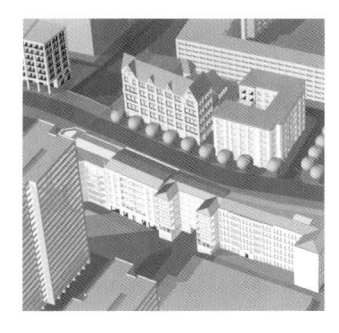

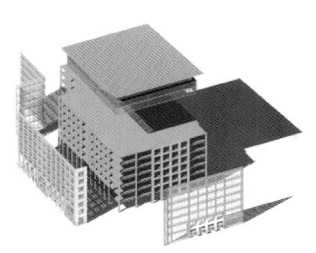

3.2.4 Visualisierung des virtuellen Massenmodells

Ähnlich der „schnellen Handskizze" mittels Bleistift und Papier lässt sich mit ArchiCAD die Modellierung von Gebäudekonzepten verwirklichen. Der Einsatz von Platten, Scheiben, Schrägen und freien Formen in einer Komposition zueinander bildet oft den ersten Eindruck von räumlichen Abfolgen eines Gebäudes oder von Gebäuden zueinander. Dabei ergibt sich die Möglichkeit der schnellen Visualisierung von Schattenzonen und die grobe Berechnung von Bruttoflächen und -volumina. Dies wiederum führt neben der architektonischen Entwicklung auch gleich zu einem Ansatz in der Kostenkalkulation. Die Methoden der Darstellung sind oft einfach: die sog. „Phong-Schattierung" ohne Spiegelungen oder aber auch der Einsatz abstrahierter Fassadentexturen und Muster, um die Tektonik der Baukörper darzustellen.

■ Kimon Onuma, Tokio und Pasadena (JP/USA)

Die *Stadtmodellierung für Tokyo* wurde geschaffen, um unterschiedlichste stadtgestalterische Projektansätze zu veranschaulichen. Sie diente sowohl als Grundlage zur Erstellung vielfältiger GDL-Objekte und auch als Basis großräumiger Stadtplanungsmaßnahmen. Sowohl das *Atlanta-Stadtmodell* als auch das Tokyo-Stadtmodell wurden mehrfach auf unterschiedlichste Weise genutzt.

Das unten abgebildete *Atlanta-Stadtmodell* gelangte darüber hinaus im Rahmen von Werbespots wie auch im Zuge der Übertragung der Olympischen Spiele zum Einsatz.

■ Gasparin & Meier, Villach (A)

Auf der Grundlage umfassender Verkehrsuntersuchungen und Zentrenstudien waren im Rahmen eines städtebaulichen Gutachterverfahrens für das ca.10 ha große Areal *Brachmühle* (Wien) sowohl Einkaufs-, Wohn- und Freizeitfunktionen als auch kulturelle und soziale Einrichtungen vorzusehen. Einzuplanen waren des Weiteren Erlebnis-, Erholungs-, Gewerbe- und Büroflächen sowie entsprechende städtische Grünstrukturen. Das Projekt erbringt den Nachweis, dass es möglich ist, städtebauliche Sequenzen mittels maßstäblichen Baukörpern zu entwickeln bzw. zu erreichen. Die Fortführung der Achse „Wagramer Straße" in einem Bebauungsrückgrat wird in Angriff genommen und berücksichtigt die ausgedehnte Längenentwicklung.

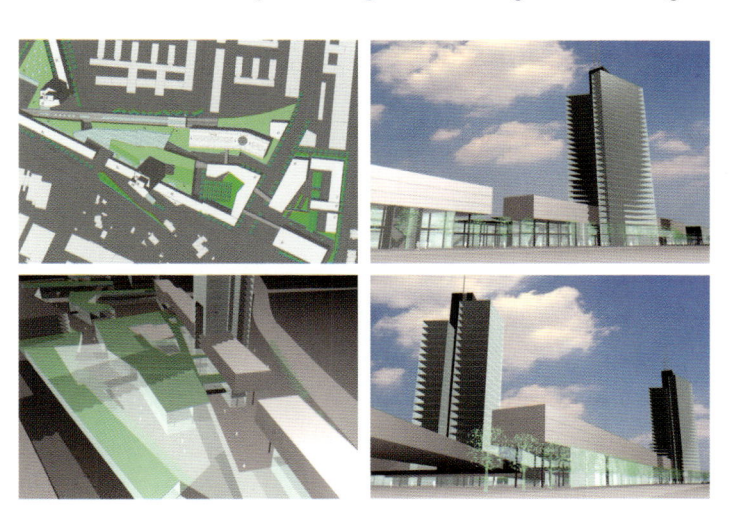

Die Nutzung eines digitalen Arbeitsmodells, welches eine rudimentäre Detaillierung vermittelt, liegt in diesem Projektbeispiel vor. So werden beispielsweise Geschoße angedeutet. Ebenso wird Transparenz als Arbeitsmittel eingesetzt. Auf diese Weise ist es möglich, ein Mehr an Informationen zu transportieren und Andeutungen hinsichtlich weiterer architektonischer Umsetzungen aufzuzeigen.

■ STUDIOS Architecture, San Francisco (USA)

Südlich des Marktgebietes in San Francisco stellte sich die Aufgabe der Entwicklung eines Masterplans in Form einer sog. „Multiblock-Lösung" für *Foundry Square* (San Francisco). Es handelt sich um einen Komplex – bestehend aus vier Gebäuden in unterschiedlicher Größe und wechselnder Konfiguration – für die Ansiedelung von Technologie- und Multimediafirmen mit einer stattlichen Zahl an Büroflächen.

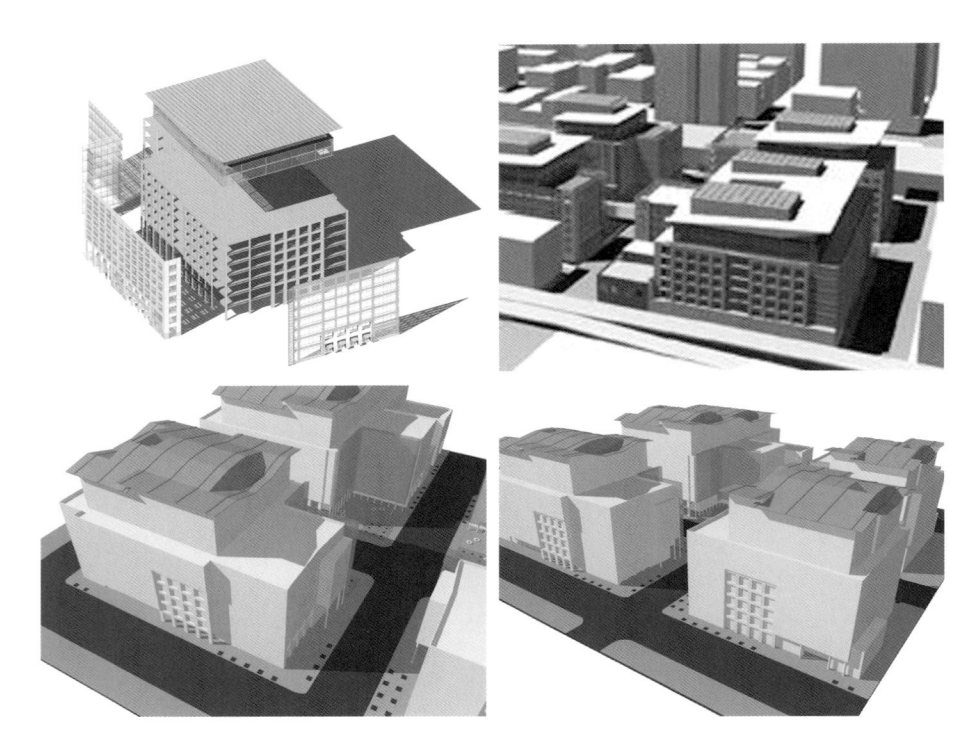

ArchiCAD wurde bereits zu einem frühen Zeitpunkt im Projekt eingesetzt und zwar in der schematischen Entwurfsphase, wo an Hand einfacher Baumassenstudien die künftige Bebauung studiert wird. In nachfolgenden Arbeitsschritten findet ein „fine-tuning" statt, wobei u.a. Beschattungsstudien durchgeführt werden.

3.3 Beispiele von nonkommerziellen ArchiCAD-Anwendungen

Das Adjektiv „nonkommerziell" mag auf den ersten Blick ein wenig irritieren. Gemeint ist damit keinesfalls, dass die Hauptaussage der hier gezeigten Beispiele ihre Unverbindlichkeit ist. Ganz im Gegenteil: Nachdem wir uns nun vorwiegend in die Domäne der universitären Lehre und Forschung begeben, sind wirtschaftliche Zugzwänge – so wie diese in der alltäglichen Baupraxis gegeben sind – anders gelagert. Es geht hier nicht vordergründig um die Vorstellung einer auf Gewinn orientierten Bauprojektsituation. Aus diesem Grund ist die Konstellation eines Gebäudes mitsamt Lebenszyklus (Entwurf, Errichtung, Betrieb, Abbau, ...) kaum noch vorhanden, zumal wir uns mit abgegrenzten Teilbereichen wie z.B. der Entwurfsphase befassen. Im Falle einer Rekonstruktion erfolgt gar eine Umkehrung der Ablaufrichtung. Das bedeutet, dass die Nutzung der ArchiCAD-Datenbank in diesem Kontext eine andere Rolle spielt. Das Hauptinteresse gilt vielmehr der Möglichkeit des dreidimensionalen Modellierens. Des Weiteren liegt der Vorteil von digitalen 3D-Modellen auf der Hand: Es ist dies die ortsunabhängige Verfügbarkeit – auch gleichzeitig an mehreren Stellen – mit der Option eines zerstörungsfreien Selektierens von Einzelbauteilen bzw. Bauteilgruppierungen.

Für Studierende an universitären Ausbildungsstätten wurde die Studentenversion geschaffen, welche nur einen Bruchteil der Anschaffungskosten einer Vollversion ausmacht, jedoch ein inkompatibles Datenformat zur kommerziellen ArchiCAD-Lizenz hat. Die Arbeitsmöglichkeiten sind jedoch nicht beschnitten, und die Funktionalität der Werkzeuge ist in uneingeschränkter Weise gegeben. Einschränkungen sind aus verständlichen Gründen vor allem im Bereich des Datentausches gegeben (z.B. DXF-Export). Wenn wir nun die Situation der studentischen Ausbildung genauer betrachten, muss vorweggenommen werden, dass CAAD-Kenntnisse heutzutage als eine Möglichkeit par excellence zur Erhöhung des persönlichen Marktwertes betrachtet werden. Eine klassische Vermittlung im Wege eines passiven Frontalunterrichtes hat demnach nur bedingt Nutzen, zumal erhebliche Unterschiede des individuellen Kenntnisstands eher die Regel denn die Ausnahme sind. Das bloße Vorzeigen von unzähligen Funktionen und Befehlen schafft dabei bestenfalls ein Grundverständnis, doch gilt die Devise „Training on the Job". In der Tat wird der durchschnittliche ArchiCAD-Novize bald ein Erfolgserlebnis haben, doch ständige Aus- und Weiterbildung bleibt unumgänglich. Dieses Erfolgserlebnis basiert auch auf Vorgaben der Benutzeroberfläche. Sich dagegen zur Wehr zu setzen bzw. sich davon zu befreien ist schwer. Erst dann könnte wohl das Prädikat „experimentell" verliehen werden. In der Tat hat die kommende Generation von ArchiCAD-Nutzern ein anderes Verhältnis zu Computerausstattungen als ihre Vorgänger. Wenn man also mit breit verfügbaren elektronischen Medien förmlich aufgewachsen ist und „unbeschwert" damit umgeht, kann dies nicht ohne Auswirkungen auf die ArchiCAD-Praxis bleiben.

3.3.1 Wettbewerbsergebnisse einer virtuellen Architektur

Um die Entwicklung einer virtuellen Architektur zu fördern, wurde der sog. „Graphisoft-Preis" ins Leben gerufen (http://www.gsprize.com). Die Bezeichnung bezieht sich bekanntlich auf jenes Softwareunternehmen, welches ArchiCAD geschaffen hat und nach wie vor entwickelt. Die Beteiligung an diesem weltweiten Wettbewerb ist frei, richtet sich jedoch in erster Linie an eine Teilnehmerschaft aus den Disziplinen (Landschafts-)Architektur und Stadtplanung resp. verwandten Disziplinen. Jährlich findet eine Ausschreibung statt, welche bislang ein besonderes Interesse für literarische Themen aufwies. Ziel des Wettbewerbs ist es, das Potenzial der computergestützten Generierung von Architektur aufzuzeigen und zu stimulieren. Die Bewertung wird von einer Jury vorgenommen, welche sich aus anerkannten Experten zusammensetzt. Nachstehend wird eine Auswahl prämierter Projekte aus vergangenen Einsendungen aus dem Graphisoft-Preis bzw. einem regionalen Wettbewerb in Finnland (http://www.mad.fi) vorgestellt.

■ Wettbewerb ausgeschrieben von M.A.D., Helsinki (FIN)

Die Spielregel für die ggst. Wettbewerbsveranstaltung war einfach: ArchiCAD-Studentenversionen werden kostenfrei beigestellt, jegliches damit erstellte Bildmaterial ist jedoch abzuliefern. Abschließend befindet eine Jury über die besten Einsendungen, die ausgezeichnet und mit Sachpreisen belohnt werden. Das Ergebnis weist eine große Bandbreite an interessanten, spielerischen und simplen, zeitweise auch skurrilen Beiträgen aus.

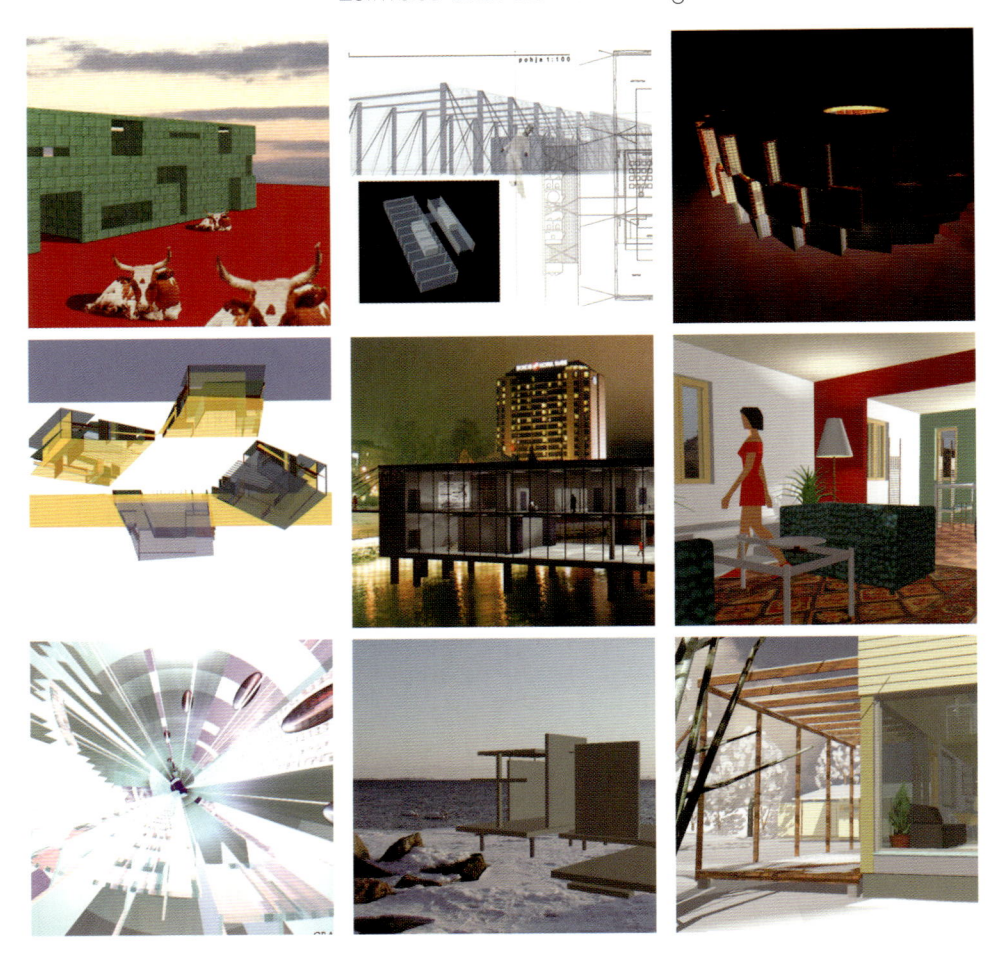

■ Graphisoft Preis 1997 – 1. Platz | Ginder Akos Ignac, University of Belgrade (YUG)

Das Projekt *Asgard* führt den Betrachter in die nordische Mythologie. In einem Reich jenseits des Irdischen thront ein virtuelles Walhalla. Im Zuge der Modellierung wurde der Versuch angestellt, der Geschichte und den darin angesiedelten Räumlichkeiten Gestalt zu verleihen. Die errichteten Leuchttürme, die überhöhten Stiegen und Spiralrampen ohne Handläufe verweisen auf die Präsenz transzendentaler Wesen.

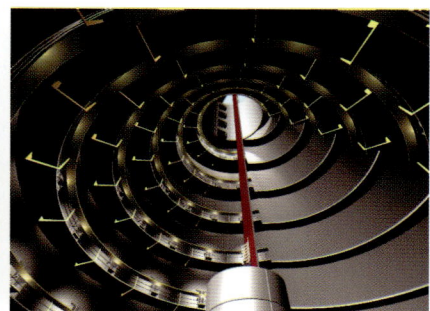

■ Graphisoft Preis 1997 – 3. Platz I Bogdan Ristivijevic und Zoran L. Pantelic / University of Belgrade (YUG)

Auf Basis von Italo Calvinos *Unsichtbaren Städten* führt dieses Projekt in die „Stadt der Erinnerung". Eine real von den Verfassern des Projektes erlebte Stadt wird im Zuge eines bewussten Erinnerungsprozesses einer Verwandlung unterzogen. Die dabei entwickelten Orte, Straßen und Plätze vermitteln die erarbeitete Essenz dieser Stadt ihrer Erinnerung.

- Graphisoft Preis 1998 – 1. Platz (Studentische Sparte) | A. Maynard, S. Mess u.a. / University of Tasmania (AUS)

Auf der Grundlage von Bulgakovs Novelle *Der Meister und Margarita* führt der dargestellte Entwurf in den „Tanzsaal des Teufels". Darin verwandelt sich die Tragstruktur in ein mysteriöses Gebilde aus Stahl. Der Umgang mit dem Thema erfolgt dabei in äußerst spielerischer Weise und hoher Perfektion in der technischen Anwendung von ArchiCAD.

- Graphisoft Preis 1998 – 2. Platz (Professionelle Sparte) Branislav Drgon, Trnava (SK)

Ebenfalls auf Bulgakovs Novelle basierend, geht vorliegendes Projekt *Hell Memory* den Versuch ein, die Begrifflichkeit „Hölle" zu visualisieren, und folgt dabei der Grundsatzüberlegung, den nicht vorstellbaren Ort als eine im unendlichen Raum treibende Apparatur zu begreifen. Die einzelnen Gefäße werden als ein in sich abgeschlossener Mikrokosmos interpretiert.

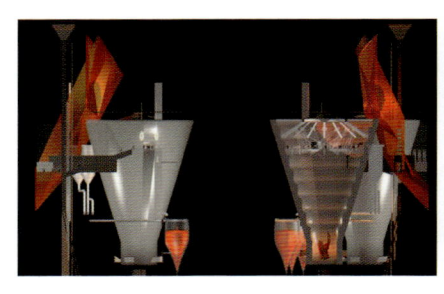

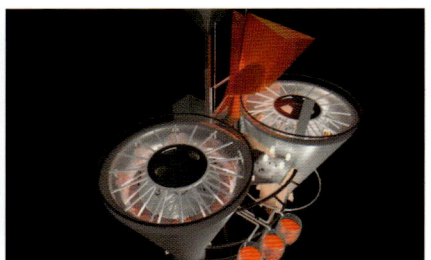

■ Graphisoft Preis 1999 – 1. Platz (Professionelle Sparte) I P. Bach & P. Hadadi / Technical University Budapest, (HU)

Das Projekt *The Cheap Hotel* entlehnt seine Grundlagen der Novelle „Neuromancer" von William Gibson. Es eröffnet den Eintritt in eine räumlich erfahrbare Matrix. Eine mysteriöse Stadt wird scheinbar schwerelos durchquert. Das Gebilde mutiert zum ausweglosen Irrgarten, dessen suggestive Wirkung durch den gezielten Einsatz von Licht und Nebel eine dramatische Überhöhung erfährt.

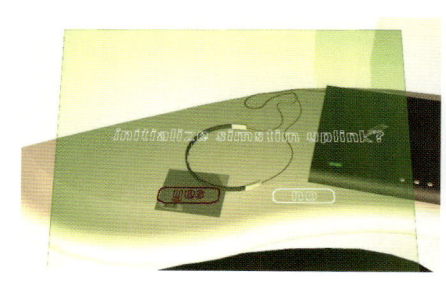

■ Graphisoft Preis 1999 – 2. Platz (Professionelle Sparte) I I. Pölös und M. Illyes / NANA Architects, Budapest (HU)

Aufbauend auf Thomas Manns „Joseph und seine Brüder" wird der Versuch eingegangen, Stationen des Romans zu visualisieren. Das Hauptaugenmerk liegt dabei auf dem *Pharaos Palace*. Da Informationen über die Räumlichkeiten nur rudimentär vorhanden waren, ist eine Vielzahl an Details erfindungsreich zu ergänzen, schließlich gilt es, ein Stimmungsbild zu erzeugen.

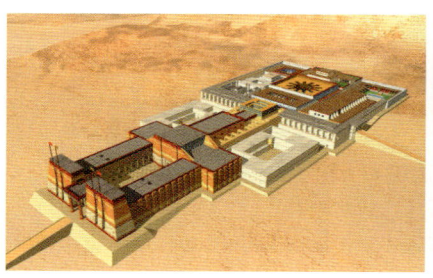

■ Graphisoft Preis 2000 – 1. Platz | Sam Rajamanickam, Design Collective Inc. (USA)

Der Entwurf zu einer virtuellen, auf Francis Ford Coppolas *Cotton Club* basierenden Welt verschafft Einblick in eine Welt innerer Gefangenschaft. So wird erst durch die Verschiebung unterschiedlich formulierter Volumina der zur Existenz notwendige Raum freigelegt. Die Konfiguration dieser wechselnden Konstellationen beruht auf den drei Hauptcharakteren dieser filmischen Erzählung.

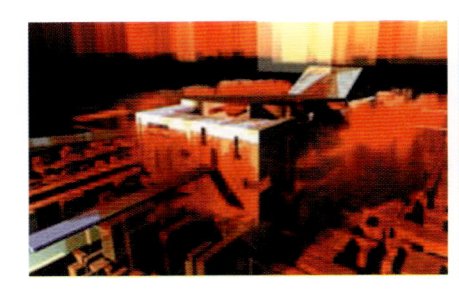

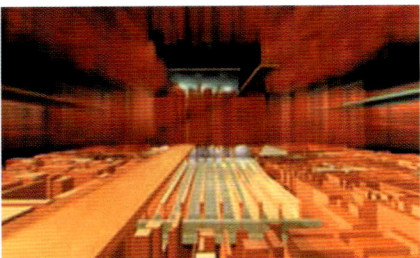

■ Graphisoft Preis 2001 – 1. Platz | Hartmut Liebster und Bergit Hillner / HTWK Leipzig, Leipzig (D)

Die Übersetzung von Borges *Bibliothek von Babel* widmet sich der Thematik der unbegrenzten Möglichkeiten, welche sich aus der Kombination unterschiedlicher Informationen ergeben. Aus dieser Vielzahl heraus erwächst die Frage nach der Grenze zwischen Wissen und Utopie. Raster unterschiedlicher Dichte schaffen ein räumliches Gewebe, welches die imaginäre Bibliothek sichtbar werden lässt.

■ Graphisoft Preis 2001 – 2. Platz I Andrei Radu / Technische Universität, Asachi (ROM)

Ebenfalls auf die *Bibliothek von Babel* bezieht sich die architektonische Figuration dieses Projektes. Die in Bildwelten übersetzte Struktur trachtet danach, einer in Worte gefassten Unendlichkeit Gestalt zu verleihen. Wiederholung, Transparenz in Dialog mit Undurchsichtigkeit sowie Bewegung und Starrheit generieren die Grundingredienzen dieser grenzenlosen imaginären Bibliothek.

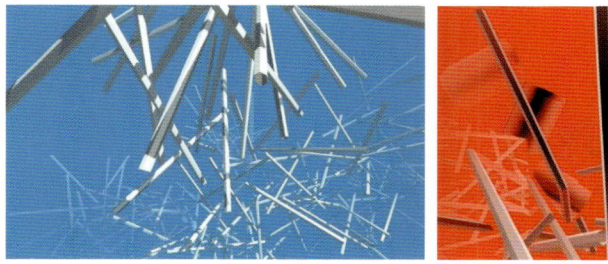

■ Graphisoft Preis 2001 – 3. Platz I S. Oeltjen, W.H. Chun und L.S. Wei / Universität Tasmanien (AUS)

Das Projekt beinhaltet den Versuch, an Hand des Romans *Die Geisha* von Arthur Golden eine längst verloren gegangene Welt zu rekonstruieren. Die Visualisierungen führen den Betrachter in das von gestalterischer Schönheit getragene Japan der zwanziger Jahre.

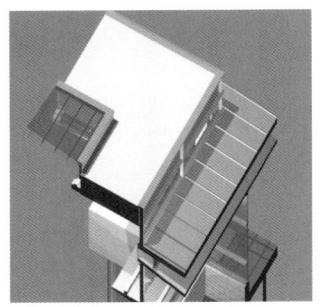

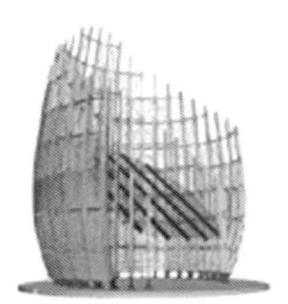

3.3.2 Anwendungsbeispiele aus der Architekturausbildung

Es stellt sich an studentenreichen Architekturfakultäten die Frage, in welcher Weise CAAD wirkungsvoll vermittelt werden kann, ohne sich auf reine Trockenschwimmübungen zu beschränken. Hier erscheint es zunächst sinnvoll, über geballte Informationen den Horizont von CAAD aufzuzeigen und erste Schritte hinsichtlich der Modellierung bzw. Visualisierung von räumlichen Gebilden zu setzen. Hinzu kommen Überlegungen zur Abstraktion während der Eingabe sowie das uralte „Form-Inhalt-Dilemma": Erfolgen CAAD-Einsätze aus Gründen der Illustration, oder geht es um die Exploration (Erforschung)? Studierende, welche niemals in ihrem Leben mit dem Computer zu tun hatten, „sterben" faktisch aus. Inzwischen ist leistungsfähige Hard- und Software breit verfügbar und wird auch zunehmend von den Studierenden direkt beschafft resp. finanziert. Nachfolgend werden Ergebnisse aus Übungen und Diplomarbeiten vorgestellt.

- Übungsarbeit: Elective Subject CAD 111B I Studierende der University of Adelaide • Betreuer: Susan Pietsch (AUS)

Die Aufgabe dieser Lehrveranstaltung für Studierende im dritten Ausbildungsjahr gilt der Verwandlung eines bekannten Objektes aus der physischen Wirklichkeit innerhalb eines virtuellen Kontextes. Innerhalb eines zweiwöchigen Kurses werden die gezeigten Beispiele erstellt. Das

Ziel der Übung war, den kompetenten Gebrauch der Software im Sinne eines Kommunikationsmediums zu erlernen und Verständnis dafür zu entwickeln, wie der Einsatz eines CAD-Programms den Entwurfsprozess verändert.

Der spezifische Aufbau der Geschoßverwaltung ermöglicht eine Differenzierung der Bauelemente, welche in Kombination mit den angelegten Ebenen in innovativer Weise genutzt wird.

- Übungsarbeit: Whangarei Airport Terminal | Steve Johnson, Unitec Institute of Technology (NZ)

Im Rahmen eines Design Studios galt es, ein Flughafengebäude zu entwerfen. Es erhebt sich dabei eine leichtgewichtige Dachstruktur über vorgefertigte Transportcontainer und Abfertigungsräume.

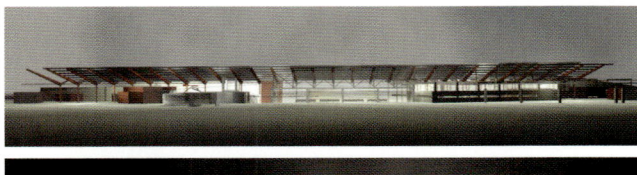

Im Zuge der Arbeit wurde eine Reihe an GDL-Objekten programmiert, wobei bestimmte Vorgaben im Wege des GDL-scriptings umgesetzt wurden. Diese bezogen sich auf einen einfachen Transportcontainer, Container-Tragstrukturen, gekrümmte Wände und Schiebetore.

■ Übungsarbeit: Judenplatz in Wien | Studierende der TU-Wien – Betreuer: Peter Bleier, Bob Martens und Jay Potts (A)

Im Rahmen einer Übung beschäftigte sich eine Gruppe von Studierenden mit möglichen Perspektiven für den historisch bedeutsamen Platzraum. Aus diesem Grund erfolgte zunächst eine detaillierte Modellerstellung, wobei einzelne Liegenschaften von jeweils einer Person bearbeitet wurden. Anschließend erfolgte eine Zusammenlegung der einzeln erstellten Bauten, sodass ein Gesamtmodell vorgelegt werden konnte.

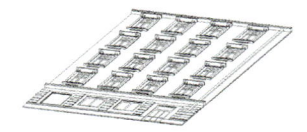

Um die angestrebte Modellierungsaufgabe effektiv durchführen zu können, wurden die Fassaden einer 90°-Drehung unterworfen, sodass sie gleichsam „am Boden zu liegen kamen" und die äußere Form mit dem Deckenwerkzeug erstellt werden konnte. In die solcherart erstellte Platte konnten in Folge die vorgesehenen Öffnungen eingeschnitten werden. Eine weiterführende Ornamentik wurde ebenfalls mit dem Deckenwerkzeug erarbeitet und auf die Grundplatte „aufgelegt". Da Öffnungen multipliziert werden können, wurden vollständige Fensterachsen auf diese Art und Weise vervielfältigt.

■ Diplomarbeit: Revitalisierung und Erweiterung Universitätskrankenhaus Meilahti in Helsinki | Tom Cederqvist, Helsinki University of Technology (FIN)

Das funktionelle und technische Leistungsangebot eines bestehenden Krankenhauskomplexes sollte verbessert werden. Dazu wurde eine grundlegende Revitalisierung bzw. eine Erweiterung notwendig, welche sich aus elf Bedienungsebenen, einem neuen Haupteingang, einem Entspannungsbereich, einem Wintergarten, einem technischen Fußboden und einer Dachterrasse zusammensetzt. Die Erweiterung wird mittels Brücken an das bestehende Gebäude angeschlossen. So entwickelt sich eine durchlässige, dem bestehenden Gebäude vorgesetzte zweite Schale.

Das Besondere des visualisierten Modells ist, dass es wie ein physisches Modell behandelt wurde. So wurde es für die modellhafte Betrachtung mit einem „Holzmapping" versehen. Selbst der Ausschnitt der Bodenplatte gleicht dem eines physischen Modells. Der gewählte schwarze Hintergrund neutralisiert überdies die Darstellung.

- Diplomarbeit: Hallenbad/Freibad, Salzburg | Wolfgang Kurz, TU-Wien (A)

Die Aufgabenstellung beinhaltete neben der Entwicklung eines städtebaulichen Leitbildes auch die konkrete Umsetzung einer Nutzung des Geländes zur Freizeitgestaltung.

Da an gleicher Stelle zuvor bereits ein Freibad bestand, wurde eine Nutzung in Richtung Freibad/Hallenbad in die generellen Überlegungen einbezogen. Der Entwurf des Hallenbades mit gleichzeitiger Öffnung hin zu einem Freibadgelände kombiniert die Idee eines modernen Erlebnisbades mit einem erhöhten Erholungswert im umliegenden Freigelände.

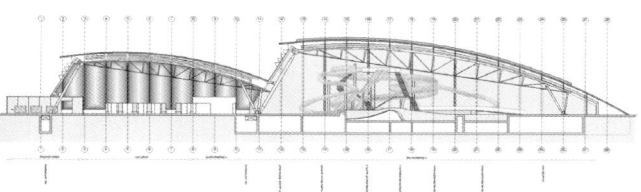

Der Schwerpunkt in der ArchiCAD-Nutzung lag zunächst in der Visualisierung der geplanten Baukubatur und dem dazugehörigen Freizeitangebot. Die benötigten geometrischen Sonderformen wurden als GDL-Objekte erstellt, wobei auch die GDL-Toolbox als Modellierungswerkzeug eingesetzt wurde (z.B. für die Erstellung der Wasserrutsche im Hallenbadbereich). Das dreidimensionale Gebäudemodell diente als Basis aller Plandokumente; die Ausarbeitung der Hochbaudetails wurde jedoch im Rahmen von 2D-Detailzeichnungen abgewickelt.

- Bibliotheksneubau auf dem oberen Campusgelände der Universität Ilmenau | Christoph Vogt, Fachhochschule Erfurt (D)

Das Campusgelände der Universität Ilmenau besteht aus einem oberen und einem unteren Campus, die in der Mitte durch einen stark ansteigenden Grüngürtel getrennt werden. Das Gebäude ist in zwei Teile gegliedert: Im vorderen – zum Grüngürtel hingewendeten – Teil ist die eigentliche Bibliothek mitsamt Lesesaal, Mediathek und Cafeteria untergebracht; im hinteren Teil sind Verwaltung, Anlieferung und Katalogisierung, Rechenzentrum, Patentinformationszentrum sowie Schulungsräume untergebracht. Beide Gebäudeteile ruhen auf einem Sichtbeton-Untergeschoß, in dem der Eingangsbereich, Cafeteria sowie abgetrennt das Magazin und die Gebäudetechnik untergebracht sind.

Für dieses Projekt wurden – mit Ausnahme der Treppenobjekte – ausschließlich GDL-Objekte aus der Standardbibliothek verwendet. Zur Visualisierung des Baukörpers erfolgte eine Nutzung des vorbereiteten ArchiCAD-Modells, welches anschließend mittels Bildbearbeitungssoftware montiert wurde.

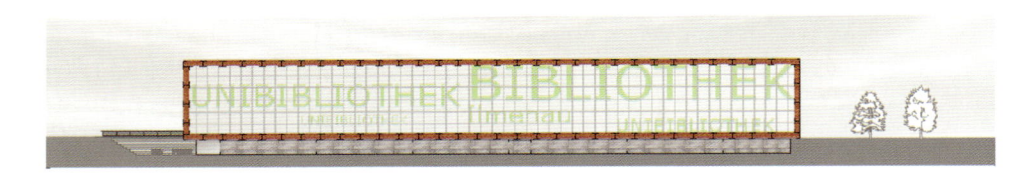

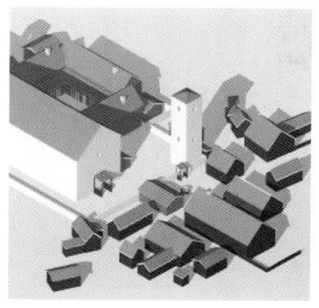

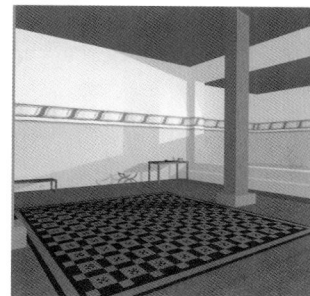

3.3.3 Rekonstruktion der Vergangenheit als Forschungsthema

Die Visualisierung nicht länger existenter (Architektur-) Objekte und der sie umgebenden Welten kommt mitunter einem „virtuellen Comeback" gleich. Irreversible Zerstörungen, welche über die Zeiten hinweg identitätsstiftende Bauwerke aus der städtischen Oberfläche entfernten, liegen dem Versuch der erneuten Imaginierung zu Grunde. Im Wege der Auseinandersetzung mit dieser Rekonstruktion tritt zunächst die Problematik der Zuverlässigkeit des vorhandenen Grundlagenmaterials in den Vordergrund. Fotografien – soferne vorhanden – liefern schließlich aufgrund der zweidimensionalen Speicherung nur eingeschränkte Informationen über den Gegenstand der Betrachtung. Es ist nur allzu klar, dass der fehlende Teil ergänzt bzw. durch zusätzliche Quellen substituiert werden muss. Innerhalb des Prozesses der Assemblierung und Überlagerung unterschiedlicher Datensätze tritt die Art und Weise des Umganges mit diesen Fragmenten in den Mittelpunkt der Betrachtung. Zu den elementaren Informationen bezüglich der Wahrnehmung dreidimensionaler Objekte zählt auch die Wirkung, die von Farbe und Material ausgeht. Es liegt daher nahe, dass Schwarzweißaufnahmen diesbezüglich kaum aussagekräftig sind. Ohne Zweifel bietet das dreidimensional eingegebene Objekt ungleich mehr Möglichkeiten im darauffolgenden Arbeitsprozess als ein „Pappmodell mit aufgeklebter Fassadenfotografie". Erst die vollständig durchgebildete Modellstruktur gestattet es, die plastische Erscheinungsform einer Architektur nachhaltig zu visualisieren. Darüber hinaus kann ein virtuelles Modell in Teilmodelle aufgelöst werden, ohne dass diese „Zerlegungen" einen Vernichtungsprozess nach sich ziehen. Das virtuelle Modell gestattet auch die Generierung von unterschiedlichen Rekonstruktionsvarianten hinsichtlich Farbe und Material. Architekturmodelle physischer Natur unterliegen überdies einer örtlichen Gebundenheit.

■ Tron-Kirche, Edinburgh (UK) | Tina Mikrou, University of Edinburgh (UK)

Die Tron-Kirche im Zentrum Edinburghs – ein etwa dreihundert Jahre altes Bauwerk – erfuhr im Laufe der Jahrzehnte zahlreiche Veränderungen. So wurde das Gebäude an einigen Stellen gekürzt und Teile gar zur Gänze entfernt. Heute wird das bauliche Fragment als Besucherzentrum und Ausstellungsraum genutzt. Ziel der virtuellen Rekonstruktion ist es, sowohl ein erhöhtes Verständnis über die bauliche Urstruktur zu erlangen als auch eine denkbare präzise Visualisierung des Altbestandes mitsamt der vormaligen Dachkonstruktion zu entwickeln. Darüber hinaus sollen die erarbeiteten Grundlagen zu einer interaktiven Präsentation erweitert werden. Damit kann ein virtuelles Umfeld geschaffen werden, welches künftige Interventionen im Rahmen des Ausstellungsprogrammes vorab austesten lässt. Dies bezieht sich sowohl auf Operationen im Innen- als auch Außenraum und schließt weiterführende Möglichkeiten zur Simulation unterschiedlichster Lichtverhältnisse ein.

Die Rekonstruktion von historischen Bauten mittels eines CAD-Softwareproduktes „leidet" oftmals darunter, dass Deformationen – also Abweichungen vom orthogonalen System – keine Seltenheit sind. Insbesondere Decken und Wände sind damit oftmals nicht plane Flächen und/oder stehen zueinander nicht im Lot. Mit dem ArchiCAD-Wandwerkzeug kann eine solche Beschaffenheit nicht nachvollzogen werden. Gleiches gilt für das Deckenwerkzeug. Es mutet zwar merkwürdig an, doch kann diese Aufgabenstellung mit dem Dachwerkzeug realisiert werden, da hierbei freie Winkel gewählt werden können. Bei vorliegender Kirchenrekonstruktion fand diese Methode Eingang. Das Zusatzwerkzeug ArchiForma wurde darüber hinaus intensiv zur Modellierung von Tragstrukturelementen und Ornamenten genutzt.

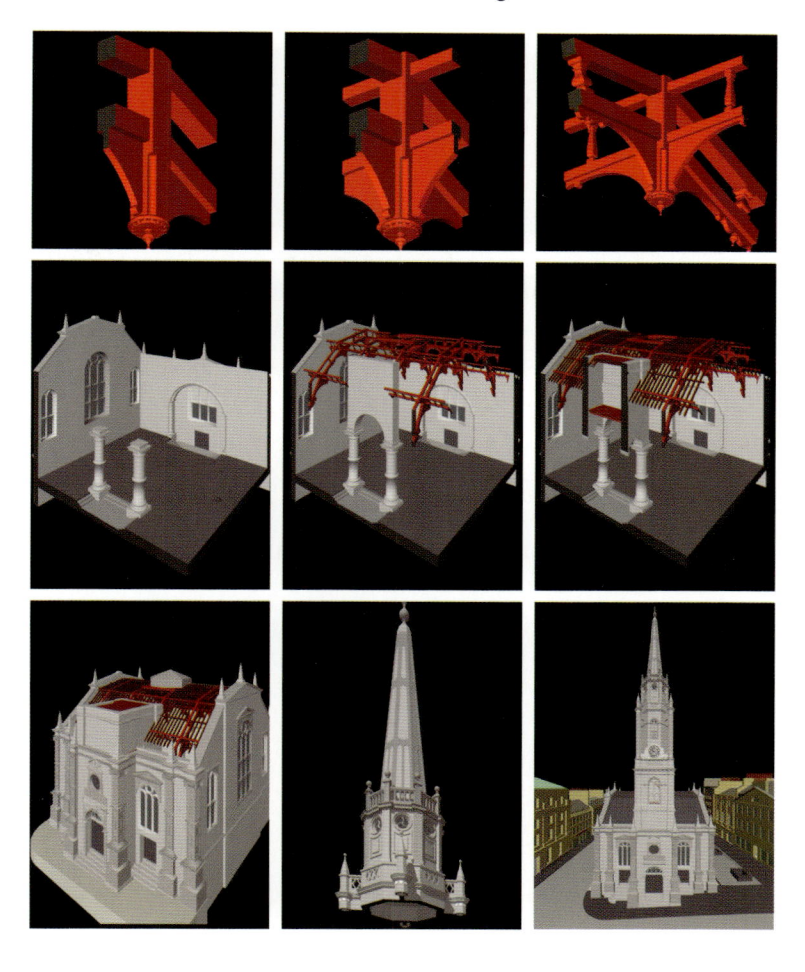

- Rekonstruktion Kloster Cluny I und II bzw. Carnuntum Arge-Projekte SV / TU-Wien / Multimediaplan, Wien (A)

Die Klosterbauten *Cluny I und II* dienen jeweils als Basis für eine virtuelle Rekonstruktion. Die ehemalige Benediktinerabtei Cluny in Burgund, welche bald nach ihrer Aufhebung in den Jahren 1798 bis 1814 abgebrochen wurde, beeinflusste die klösterliche Baukunst des westlichen Abendlandes in nachhaltiger Weise. Von der ersten Bauphase (Cluny I) ist kaum etwas bekannt. Auch über das Aussehen der wenige Jahrzehnte später errichteten größeren Anlage von Cluny II existieren Informationen nur über den Weg archäologischer Grabungen. Trotz des spärlich überlieferten Quellenmaterials wurde dennoch der Versuch unternommen, die Geschichte des Bauwerkes über die verschiedenen Etappen hinweg virtuell zu rekonstruieren.

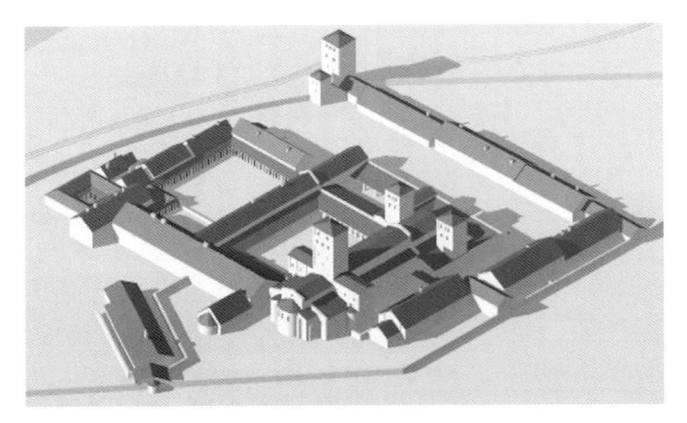

Das *Carnuntum*-Projekt verfolgt die Absicht, einen Blick in die versunkene Welt der Römer zu gewähren. Im gegenständlichen Fall findet eine Rekonstruktion der Stadt Carnuntum statt. Das virtuelle Erleben der Ansiedlung soll ergänzend zu den archäologischen Funden einen umfassenden Eindruck ermöglichen. Im Laufe eines virtuellen Rundganges wird eine Vorstellung vom alltäglichen Leben wie auch die Struktur der Stadt vermittelt.

Für die Szenenmodellierung wurden erweiterte Werkzeuge wie Profiler und Roofmaker verwendet. Da zum „Einrichten" von römischen Häusern keine fertigen GDL-Objektbibliotheken angeboten werden, erfolgte die Erstellung von ca. 200 notwendigen GDL-Objekten. Eine weiterführende Programmierungsarbeit wurde hier nicht durchgeführt, zumal es sich um eine einmalige Verwendung handelte. Die Szenen wurden aus praktischen Gründen mittels ArchiCAD visualisiert, da vordergründig eine „technische" Rekonstruktion, bestehend aus Plandarstellungen und Schaubildern, zu erarbeiten war. Erst im Zuge dieser Auseinandersetzung wurde das Leistungsspektrum erweitert.

■ Chimio-Gebäude an der Solonos Straße, Athen (GR) | Tina Mikrou, University of Leuven (B)

Dieses Gebäude wurde ursprünglich konzipiert, um die Chemie- und Physik-Fakultät der Universität von Athen unterzubringen. 1887-1890 nach Entwürfen von Ernst Ziller errichtet, erlitt das Gebäude kurz nach der Fertigstellung durch einen Brand schwere Feuerschäden und ist seitdem mehrfach renoviert worden. Gegenstand der Studienarbeit war die Schaffung einer dreidimensionalen Modellierung als Grundlage für die Restaurierungsarbeit.

Zunächst gelangten nur die Standardwerkzeuge zum Einsatz. In weiterer Folge wurde ArchiForma für die Modellierung von Dekorationen genutzt. Fotografische Informationen konnten mittels ArchiFacade verarbeitet und korrigiert werden. Sämtliche Fenster und Türen wurden eigenständig modelliert, da die Standardbibliothek hier keine Hilfe leisten konnte. Dies war ebenso der Fall für Geländer und Brüstungen. Das Instrument der Schnittzeichnung wurde eingesetzt, um das Zusammenwirken von In- und Exterieur zu verdeutlichen. Dabei wurden sowohl horizontale als auch vertikale Schnitte gesetzt. Die Gebäudeteile wurden in Form von Objekten abgespeichert und danach zusammengesetzt.

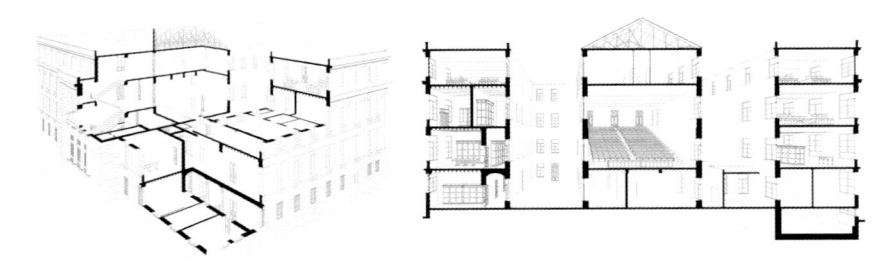

■ Virtuelle Rekonstruktion von Wiener Synagogen | Studierende der TU-Wien – Betreuer: Bob Martens (A)

Die *Wiener Synagogen*, um die es sich in diesem Rekonstruktionsprojekt handelt, wurden im Jahre 1938 so gut wie vollständig zerstört. Da etwaige Überreste kurz darauf eliminiert wurden, sind keine unmittelbar greifbaren Informationen hinsichtlich der baulichen Realität mehr vorhanden. Deshalb basiert die virtuelle Wiederherstellung auf „Informationskonserven". Im Gedenkjahr 1998 – also 60 Jahre später – wurde mit einer ersten Synagogenrekonstruktion begonnen. Als mittelfristiges Ziel wurde jedoch die Rekonstruktion von mindestens zehn weiteren Synagogen definiert.

Die Grundlage der Rekonstruktionsarbeit bilden recherchierte Archivmaterialien, welche die Validität der virtuellen Rekonstruktion maßgeblich bestimmen. Die archivierten Einreich- bzw. Auswechslungsplanungen (Maßstab 1:100) stellen eine zuverlässige Quelle dar. Diese Planunterlagen enthalten jedoch üblicherweise keinen Aufschluss über etwaige Einrichtungsgegenstände und Möblierungen. Eine reichhaltige Fülle an Gebäudeschnitten steigert hingegen den Realitätsgehalt der Rekonstruktion. Dies ist auch der Fall, wenn Innenraumaufnahmen vorgefunden werden. Doch handelt es sich hier nahezu ausschließlich um Schwarzweißbilder, anhand derer sich die Farblichkeit bestenfalls erahnen lässt.

Zunächst sind Planunterlagen des vorliegenden Rekonstruktionsobjektes nach konstruktiven Kriterien zu gliedern. So werden Wandstrukturen in ihren unterschiedlichen Funktionen (Innen- bzw. Außenwand) identifiziert und mit Stützen, Geschoßdecken, Zwischendecken, Stiegen, Dachkonstruktion, Dachhaut, Werksatz (Dachstuhl), Fassadenelementen, Ornamenten, Einrichtungen usw. erweitert, um letztendlich einer wechselnden Nutzerschaft jederzeit den Überblick innerhalb der Datenorganisation zu gewährleisten. Dabei ist es von wesentlicher Bedeutung, zusammenhängende (geometrische) Elemente auf einer entsprechenden Ebene in Form einer eigenständigen dreidimensionalen Darstellung zu dokumentieren. Die Bezeichnung der Ebenen bzw. die grafische Darstellung der jeweiligen Inhalte sollen die Gebäudekomponenten in ausreichender Weise bezeichnen. Die Art der Darstellung des Ebeneninhaltes soll nach Möglichkeit schattiert sein.

Es handelt sich um ein phasiertes Projekt, welches sich über mehrere Jahre erstrecken wird. Fortschreitende Entwicklungen im Bereich der computergestützten Modellierungstechnik sowie die Implementierung von Erkenntnissen aus der Zusammenarbeit mit Kunsthistorikern haben weiterführende Modellierungsvorgänge zur Folge. Die – fallweise unterbrochene – Modellierung erfolgt durch verschiedene Bearbeiter (Einzelpersonen und Gruppenarbeiten) und unter wechselnden Rahmenbedingungen (Seminar, Diplomarbeit etc.). In einer solchen Konstellation stellt sich rasch eine erhebliche Unübersichtlichkeit in der Datenorganisation ein. Hier reicht das Strukturprinzip einer Bauteiltrennung innerhalb einer einfachen Geschoßstruktur für gewöhnlich nicht aus, um den „Durchblick" zu wahren. Der Aspekt der Nutzbarkeit zu einem späteren Zeitpunkt stellt dabei eine wichtige Vorgabe für nachfolgende Modellierungsvorgänge dar. Die Fluktuationen im Bereich des Bearbeiterkreises verlangen daher eine diesbezüglich ablesbare Struktur.

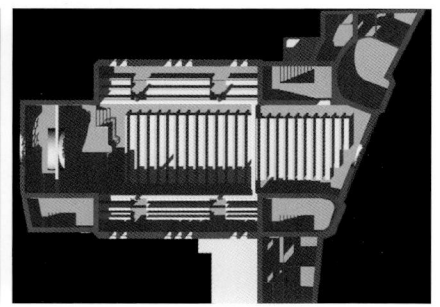

4. Entwicklungsperspektive: Integrierte Gebäudesimulation

In den vorhergegangenen Kapiteln wurden Konzepte im Umgang mit ArchiCAD vermittelt und entsprechende Einsätze in der Praxis aufgezeigt. Auf diese Weise konnte ein „State of the Art" dargelegt werden. Schwer abschätzbar ist und bleibt der Endzustand für den künftigen Ausbau eines CAD-Softwareproduktes. Der sog. „Update-Zyklus" basiert auf 15- bis 18-monatigen Schritten. Dadurch wird nicht nur eine Rückmeldung an die Nutzerschaft gegeben („Wir sind noch am Leben – wir arbeiten für euch"), sondern es werden auch strategische Überlegungen hinsichtlich einer behutsamen Erweiterung des Leistungsangebots umgesetzt. Würden neue Versionen in allzu kurzen Zeitabschnitten erscheinen und dabei wesentliche Veränderungen beinhalten, würde dies so manchen Anwender allzu sehr strapazieren.

Bestimmt liegt auf dem Schreibtisch des ArchiCAD-Seniorentwicklers eine lange Wunschliste, zumal mit den Nutzern enge Kontakte gepflegt und deren Rückmeldungen gesammelt werden. So wurde z.B. Internetfähigkeit (z.B. Publizieren von ArchiCAD-Daten im Webbrowser) und Stapelverarbeitung (= automatisierte Anwendung eines oder mehrerer Menübefehle – z.B. „Sichern als DXF" für alle oder mehrere ausgewählte Geschoße, Schnitte und Ansichten) mit ArchiCAD 7 realisiert. Ebenso wird die bereits lang ersehnte Integration von ArchiCAD und Plot-Maker in Form eines Planbuches bald verfügbar sein. Die

Mehrfenstertechnik wird kontinuierlich weiterentwickelt und stellt in ArchiCAD 9 die Möglichkeit eines eigenen „Detailbuches" innerhalb der Projektdatei bereit.

Einen Meilenstein in der Produktentwicklung setzt ArchiCAD 9 auch hinsichtlich der Nutzung von sog. „Booleschen Operationen". Der Umgang mit Körperverschneidungen ist seit jeher Teil des Leistungsspektrums, soferne es sich um Standardwerkzeuge handelt. Die Neuerung besteht allerdings darin, dass nicht nur jedes Element mit jedem anderen verschnitten werden kann, sondern auch die Verschneidung zwischen den Elementen bei (Orts-)Veränderungen erhalten bleibt.

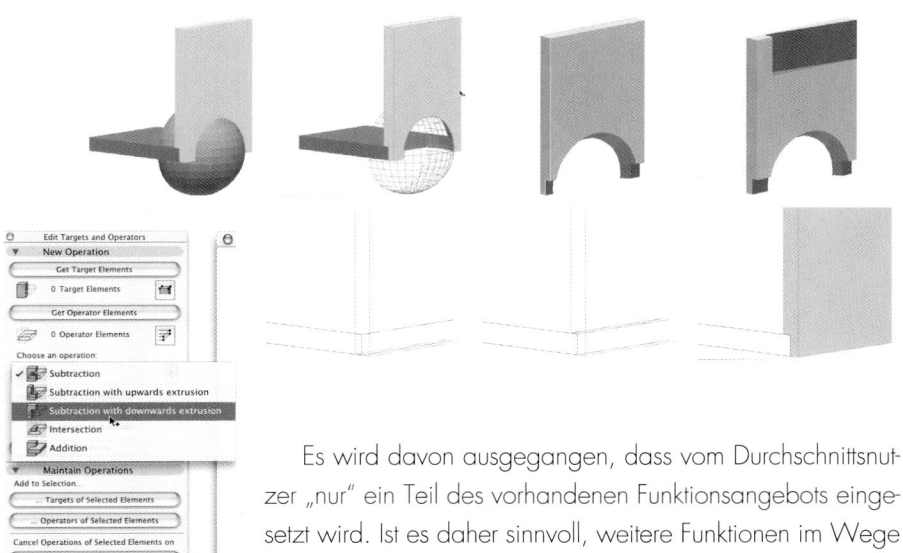

Es wird davon ausgegangen, dass vom Durchschnittsnutzer „nur" ein Teil des vorhandenen Funktionsangebots eingesetzt wird. Ist es daher sinnvoll, weitere Funktionen im Wege neuer Versionen hinzuzufügen, wo doch grundlegende Arbeitsmöglichkeiten bereits jetzt nicht vollständig ausgeschöpft werden und dies unabhängig davon, ob eine neue ArchiCAD-Version erscheint? Außerhalb der ArchiCAD-Programmstruktur sind überdies Defizite bezüglich der Namenskonvention genutzter (Projekt-)Dateien an der Tagesordnung. Hört man sich bei Helpdesk-Mitarbeitern um, so stellt die Thematik „drucken/plotten" (einschl. Stiftverwaltung) wahrlich ein

Dauerbrennerthema dar. Was den konkreten Umgang mit ArchiCAD betrifft, so sind gelegentlich Defizite in der Ebenenverwaltung und der Nutzung der XREF-Technologie sichtbar. Ebenso bilden „GDL-basics" manchmal einen blinden Fleck. Dies erklärt wohl, warum ein hohes Interesse für „benutzerfreundliche" GDL-Werkzeugapplikationen gegeben ist. Unbeschadet dessen sind manche Anwender an GDL-Programmierungsarbeiten interessiert.

■ Vito Bertin (Chinese University of Hong Kong) untersucht mögliche *Interaktionen von GDL-Objekten* wie das Verschmelzen sich berührender Wandelemente oder die fugenlose Zusammenfügung von Bodenplatten und Wänden. Hingegen gibt es bis einschließlich Version 7 für das Verändern von Parametern in GDL-Objekten keine grafischen Mittel außer die Ausdehnung in x- und y-Richtung. So müssen GDL-Objekte zunächst selektiert werden, daraufhin im Dialogfenster weitere Parameter definiert und eine Reihe an numerischen Werten eingegeben bzw. ausgewählt werden. Abschließend ist der Dialog wieder zu schließen.

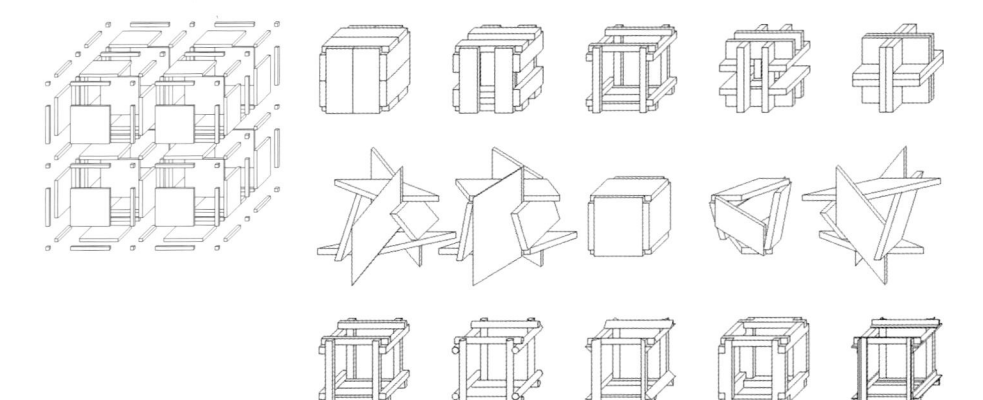

Mit einfachen Beispielen zeigt Bertin auf, dass vom Konzept der Interaktion erst im Ansatz Gebrauch gemacht wird und unausgeschöpftes Potenzial brach liegt. So werden die grafisch zugänglichen Parameter A und B „missbraucht", um andere Parameter zu simulieren. Ähnlich verhält es sich mit der sog. „Kontext- Sensitivität". So könnten zum Beispiel Elemente und Komponenten eines Systems sich selbst – je nach ihrer Lage im System – konfigurieren.

■ Teile des Zeichnungsprozesses können weitgehend durch den Einsatz von „intelligenten" Objekten automatisiert werden. Dies betrifft vor allem die Reduktion sich wiederholender Aufgaben. Bruce Hill hat sich dieser Thematik angenommen und entwickelte ein *Zeichnungsdokument*, welches sämtliche Projektinformationen aus einer externen Textdatei importiert, einen Nordpfeil einfügt und Maßstäbe berücksichtigt, wodurch sich die Blattgröße mit dem angezeigten Maßstab verändert.

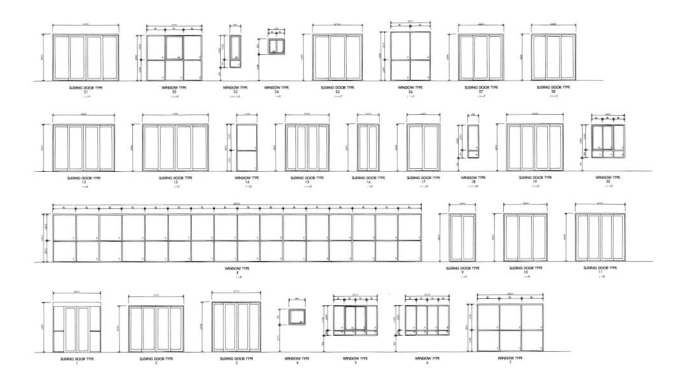

Bei der Auswertung von Fenstern und Türen erkennt ein von Hill entwickeltes GDL-Objekt, welche Fenster- und Türtypen im Projekt verwendet wurden, sortiert und platziert diese automatisch in einem eigenen (kotierten) Plandokument. Objekte wie z.B. Garderoben, Schränke usw. erhalten Textlabel, die unabhängig von einer etwaigen Objektrotation/-spiegelung immer ihre horizontale Position beibehalten. In maßstabsabhängiger Weise werden unterschiedliche Detaillierungsniveaus angezeigt. Die Objekte verfügen jedoch zu jedem Zeitpunkt über die komplette Detailinformation. Das bedeutet, dass diese Information im Falle einer Schnittdarstellung auch tatsächlich abgebildet wird. Eine neuerliche Zeichnungseingabe entfällt hierdurch.

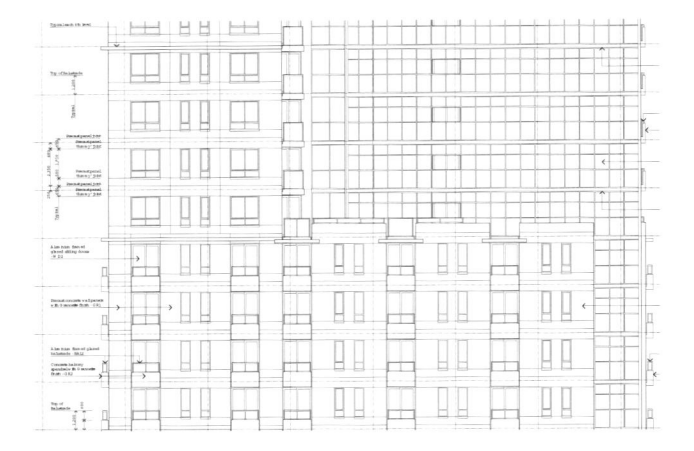

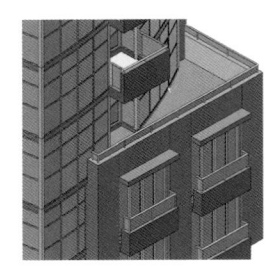

Auf welcher Hardwareplattform wird ArchiCAD heutzutage vorwiegend eingesetzt? Obgleich bedeutende regionale Unterschiede gegeben sind, halten sich Macintosh und PC-Windows die Waage. Es gilt hinzuzufügen, dass konkurrenzierende CAD-Softwareprodukte ihre Macintosh-Versionen einstellten und große Teile dieser Nutzerschaft zur ArchiCAD-Umgebung abwanderten. Auch wenn Anfang der neunziger Jahre in der Budapester Graphisoft-Zentrale noch fest daran geglaubt wurde, dass die Zahl der Windows-Versionen im Verhältnis zu den Macintosh-Versionen schneller wachsen würde, sollte dies aufgrund der Konkurrenzsituation für CAD-Softwareprodukte auf PC-Windows-Plattformen nicht Wirklichkeit werden.

Datentausch ist nach wie vor ein zentrales Thema. Während die Übergabe von papierbasierten Plandarstellungen keinen unmittelbaren Datenverlust zur Folge hat, ist dies im Zuge der Integration von übernommenen CAD-Daten in eigene Projektstrukturen erfahrungsgemäß nicht ohne Weiteres der Fall. Scheinbar perfekte grafische Darstellungen verlieren bei einer Überspielung von CAD-Softwarepaket A zu B bis auf ein Minimum alle der hinterlegten Informationen. Die Devise sollte allerdings lauten: Wände bleiben Wände, Decken bleiben Decken, Fenster bleiben Fenster etc. Aus diesem Grund wurde im Jahre 1995 die *IAI* (= International Alliance for Interoperability) gegründet. Der Zweck dieser unabhängigen und weltweit agierenden Institution ist es, ein „intelligentes" digitales Datentauschformat zu definieren, welches sowohl von Planern, Softwareherstellern als auch von der Bauindustrie unterstützt wird. Weiters bedeutet die Implementierung eines international gültigen und unabhängigen Standards für alle Beteiligten die Sicherheit, nicht von der Willkür einzelner Softwarehersteller abhängig zu sein.

Die von der *IAI* – als ein Zusammenschluss einer weltweit großen Anzahl von Unternehmen aus dem AEC/FM-Bereich, Planern, Bauunternehmern, Bauherren und Facility Managern – gemeinsam entwickelte Datenplattform hat inzwischen eine Qualität erreicht, welche bereits für viele ihrer Nutzer (z.B. Kommunen) eine echte Alternative zu bisherigen (reinen) 2D-Datentauschprozessen darstellt. Überaus fortschrittlich in der Nutzung von *IFC* als Datenaustauschformat zwischen Architekten und öffentlichen Auftraggebern stach in den letzten Jahren der Norden Europas hervor. Im Rahmen eines von der EU finanzierten Projektes werden beispielsweise in Finnland alle Bauprojekte der „öffentlichen Hand" via *IFC* übergeben. Die *IAI* schätzt, dass 20 % der Planungskosten eines Bauprojektes auf den Informationsverlust durch nicht gemeinsam genutzte Daten zurückgeführt werden können. Die logische und beschreibende Definition von Bauelementen und deren standardisierte Beschreibungsstruktur mittels *XML* (genau: ifcXML) bietet sowohl eine ausreichende Intelligenz der IFC-Objekte für geometrische als auch für alphanumerische Daten. Diese können von den jeweiligen Nutzern in ihrer eigenen Anwendungsumgebung ohne weitere Datenverluste interpretiert werden. Allein im deutschsprachigen *Chapter* der *IAI* fand bereits zwischen Oktober 2002 und Mai 2003 ein zweistufiger Zertifizierungsprozess der IFC2x-Schnittstellen statt, welcher insgesamt von zehn Softwareherstellern erfolgreich absolviert wurde (in alphabetischer Reihung: *Bentley Systems, Data Design System, G.E.M. Team Solutions* – IFC für den ADT von Autodesk – *Graphisoft, Nemetschek, novaSPRINT, Olof Granlund, Solibri, Vizelia und YIT Construction*). Die derzeit laufenden Implementierungen der neuesten IFC-Version – IFC2x2 – sind voll im Gange und werden voraussichtlich im Herbst 2005 abgeschlossen sein. Als spezielle Neuerung wird es erstmals die Möglichkeit geben, auch zweidimensionale Informationen wie z.B. Bemaßungen über diese Schnittstelle auszutauschen. Damit gibt es vor allem in der Anwendung für Endnutzer (z.B. Kommunen im Facility Management-Bereich) eine deutliche qualitative Verbesserung, zumal Daten mittels IFC2x2 – laut IAI – auch völlig abwärts kompatibel zu 2x sein werden.

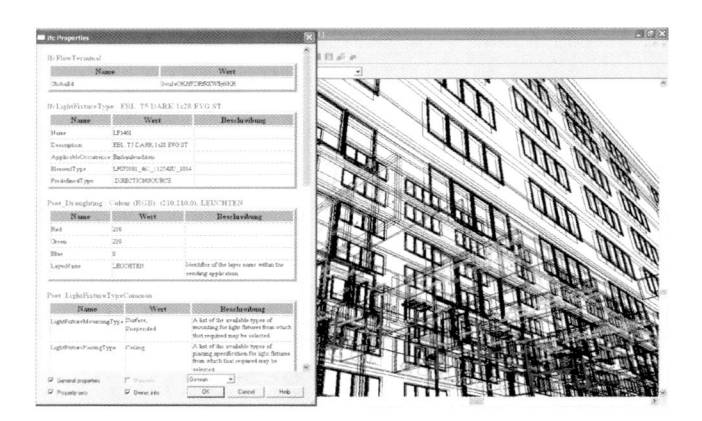

■ Anhand der Gebäudedaten eines Wiener Krankenhauses (Krankenanstalt Rudolfstiftung) soll nun der Arbeitsablauf und auszugsweise die Nutzung des ArchiCAD-Modells – unter Verwendung der ursprünglichen Autocad-Zeichnungen – in verschiedenen Anwendungsbereichen gezeigt werden.

Einer dieser Bereiche stellt die Planung von haustechnischen Ausstattungen und klimatechnischen Gebäudesimulationen mittels *DDS* (Data Design Systems) dar. Ein anderer Bereich bezieht sich auf die Nutzung der Gebäudedaten im *Facility Management* und in der technischen Instandhaltung mittels *ArchiFM* und *ArchiFM Instandhaltung*.

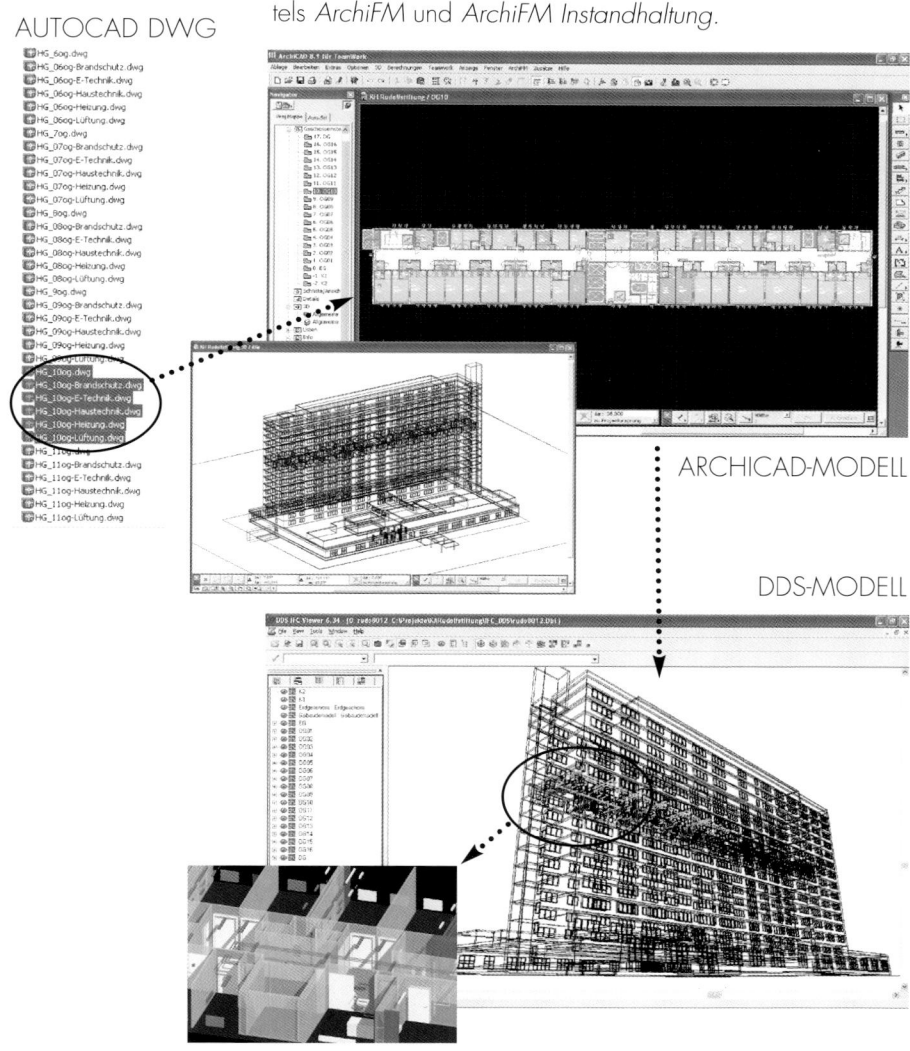

AUTOCAD DWG

ARCHICAD-MODELL

DDS-MODELL

Facility Management (FM) ist ein Betätigungsfeld, innerhalb dessen eine digitale Nachnutzung von ArchiCAD-Daten interessant erscheint. Eine Verbindung zu einschlägigen FM-Applikationen ist dabei vorbestimmt. Das bedeutet, eine nochmalige Eingabe von Daten wird vermieden, und ein weitaus höherer Anteil kann direkt aus der ArchiCAD-Datenbank übernommen werden. Eine Möglichkeit der direkten Nutzung von Daten aus dem ArchiCAD-Projekt stellt z.B. eine Verwaltung der Flächen inkl. Zuordnung zu einzelnen Abteilungen oder Personen dar. Eine direkte Anbindung von „Virtuellen Gebäuden" mit Datenbank-Abfragen erlaubt die jederzeitige Änderung von Zuordnungen via grafischer Eingabe als auch via Datenbankzugriff.

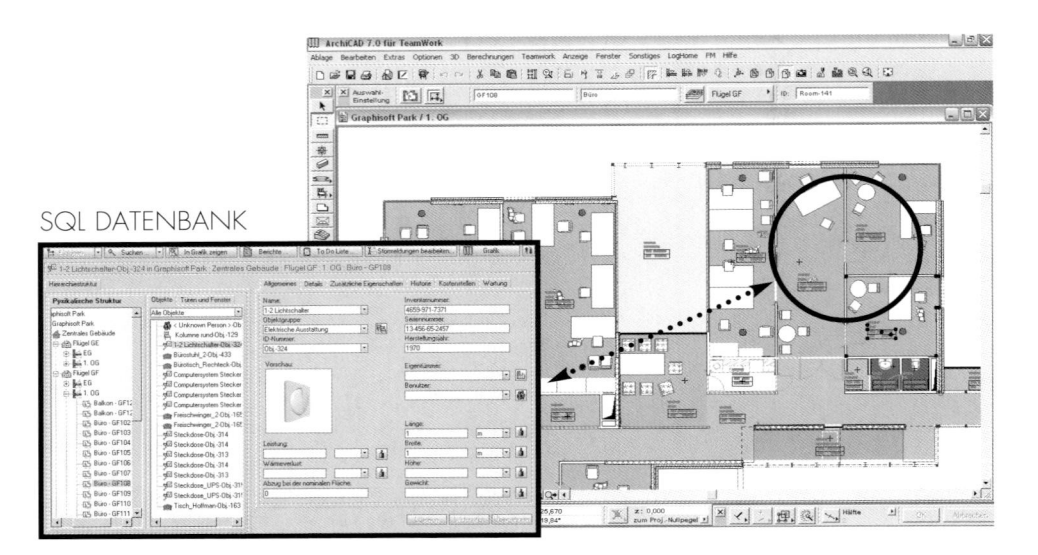

SQL DATENBANK

Standardisierte Datenbanken-Schnittstellen – zu weiteren in einem Unternehmen verwalteten Datensätzen – ermöglichen eine umfassende Betrachtung der Kosten. Weitere („klassische") Anwendungsbereiche im Rahmen eines Gebäudemanagements auf Basis von ArchiCAD-Projekten sind z.B. auch Umzugs- und Instandhaltungsmanagement, Mieter-, Schlüssel- und Inventarverwaltung etc. Die Einbindung der „Neuen" Medien erlaubt mittlerweile standortunabhängige Reportabfragen über das Internet. Auf diese Weise kann Entscheidungsträgern jederzeit der Zugang zu den gewünschten Daten, Kostenschlüsseln und Reports gewährleistet werden. Die Attraktivität einer bildhaften Vermittlung dieser Thematik in einem Buchmedium hält sich in Grenzen, jedoch soll auf Appetit anregende Anwendungsbeispiele nicht verzichtet werden.

Die Vorstellung eines CAD-Softwareproduktes mit den Eigenschaften einer „Eier legenden Wollmilchsau" ist nach wie vor aktuell, zumal Architekturbüros aus verständlichen Gründen die Zahl an eingesetzten Applikationen nach Möglichkeit reduzieren möchten. So ist die Erstellung von bauphysikalischen Berechnungen im Rahmen von Baueingaben von wesentlicher Bedeutung. ArchiPHYSIK übernimmt via integrierter Schnittstelle aus ArchiCAD alle relevanten Bauteilinformationen (z.B. Baustoff, Bauteilfläche, Orientierung etc.) und kalkuliert neben U-Wert, Dampfdiffusion und Schallschutz auch Heizlast, Heizwärmebedarf, Heizkosten und Energiebilanzen solarer Anlagen (aktuell verfügbar für österreichische und deutsche Berechnungsnormen). Die Optimierung von Bautätigkeit in thermisch-energetischer Hinsicht wird durch eine mitgelieferte Bibliothek von über 3.000 Baustoffprodukten unterstützt. Ziel ist es, eigens erstellte Bauteile auf ihre wärme-, schall- und feuchtetechnische Tauglichkeit zu überprüfen.

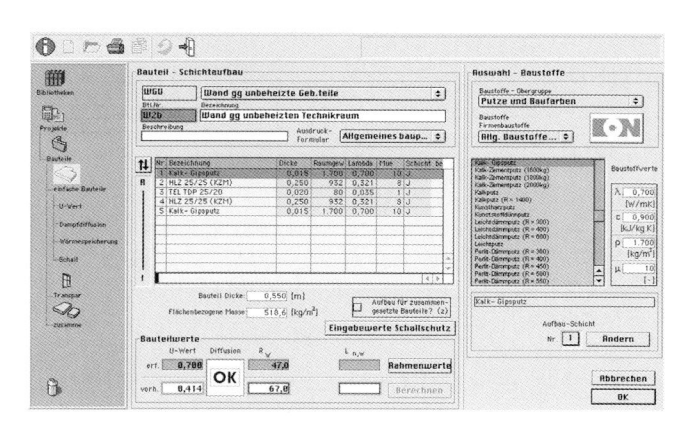

Im Bereich der Gebäudetechnik (HLK) kann auf eine Verknüpfung via *IFC* mit der Softwarelösung vom *DDS* verwiesen werden, welches die Gebiete Elektro-, Heizung-,

Lüftungs- und Klimainstallation, -planung und -kalkulation abdeckt. Hier werden integrierte Haustechnikplanungen und Berechnungen möglich, deren grafische Ergebnisse z.B. im Bereich der Trassenführungen direkt in ArchiCAD via *IFC* übernommen werden können.

Künftig sollten Anwendungen wie *ArchiPHYSIK* und *DDS* sinnvollerweise als Ergänzung zu ArchiCAD nutzbar sein und vorhandene Informationen aus der ArchiCAD-Datenbank übernehmen können. Das bedeutet, dass Architekturschaffende bereits in einem frühen Stadium des Entwurfsprozesses die Folgen ihres Handelns – und dies nicht nur in ästhetischer Hinsicht – mit einer gewissen Unschärfe abschätzen können. Abschließend bleibt zu hoffen, dass ArchiCAD in nicht allzu ferner Zukunft des Architekten bester Freund und Berater wird, also zum CAD-Softwareprodukt, das nicht bloß plan- und plangrafische Aufgaben zu bewältigen im Stande ist, sondern durch Fachwissen und Know-how dem Architekturschaffenden jenen Freiraum verschafft, welchen die komplexe Aufgabenstellung Architektur zweifellos einfordert.

Schulungshandbücher und Nachschlagewerke

- ArchiCAD-Lehrgang – Architektur und Bauen in einer vernetzten Welt. Luzern: Instatik Data-Center, 2000.
- Atkinson, Dwight: Illustration in ArchiCAD. Budapest: Graphisoft R&D Rt., 2002.
- Graphisoft (Hrsg.): IFC Reference Guide. Budapest: Graphisoft R&D Rt., 2001.
- Graphisoft (Hrsg.): ArchiCAD Schritt für Schritt. Budapest: Graphisoft R&D Rt, 2001.
- Kulisev, Lubomir: ArchiCAD Schulungshandbuch. Budapest: Graphisoft R&D Rt., 2001.
- Langdon, G.M., Byrnes, D. und Grabowski, R.: ArchiCAD for Autocad Users. Budapest: Graphisoft R&D Rt., 2002.
- Nicholson-Cole, David: Objekterstellung mit ArchiCAD: GDL für Anfänger. Budapest: Graphisoft R&D Rt., 2000.
- Nicholson-Cole, David: The GDL Cookbook 3. Nottingham: Marmalade Graphics, 2001.
- Rattenbury, Bill: ArchiCAD Project Framework. Auckland: CADImage ltd., 1998.
- Rattenbury, Bill: Projektgrundlagen für ArchiCAD. Budapest: Graphisoft R&D Rt., 1998-2000.

Internetlinksammlung

ArchiCAD Vertrieb und Hotlines
Die internationale Webseite http://www.graphisoft.com führt auch zu allen Distributoren. Im deutschsprachigen Raum sind dies insbesondere http://www.graphisoft.de (fürDeutschland), http://www-a-null.at (für Österreich) und http://www.idc-ag.ch (für die Schweiz).

GDL-Objekttechnologie
http://www.gdlalliance.com
http://www.gdlcentral.com
http://www.realobjekte.at

http://www.objectsonline.com
http://www.lasercad.se
http://www.archiforum.de
http://www.archimedia.de
http://www.edelweiss8.de
http://www.objectclub.com
http://www.cad-lib.net

Zusätze (API-Technologie)
http://www.cigraph.com
http://www.graphisoft.com

Datentausch/Schnittstellen
http://www.iai-international.org
http://www.iai-ev.de

Kommunikation und Ausbildung
http://www.archicad.at (ArchiCAD User Association Austria)
http://www.ecaade.org (education in CAAD in europe)
http://www.acadia.org (Association for Computer Aided Design in Architecture)
http://www.caadria.org (Computer Aided Architectural Design Research In Asia)
http://www.sigradi.org (Iberoamerican Society of Digital Graphics)

Anwenderlinks
Die folgende Auflistung enthält Webseiten jener Anwender, die dankenswerterweise Materialien für dieses Buch beistellten:

http://www.agu.at (Architektengruppe U-Bahn)
http://www.a-konsultit.fi (Architekturbüro A-Konsultit)
http://www.anderhalten.de (Anderhalten Architekten)
http://www.archconsult.com (Architekturbüro Domenig)
http://www.arching.at/wimmer-armellini (Architekturbüro Wimmer-Armellini)
http://www.architekturcad.de (digital electronic kühn GmbH)
http://www.archrbag.ch (Architekten AG)
http://www.axis.at (Axis Ingenieurleistungen ZT GmbH)
http://www.b17architekten.de (b17 Architekten)
http://www.behf.at (BEHF Architekten)
http://www.bgl-architekten.com (Beeg Geiselbrecht Lemke Architekten)
http://www.cad-am-bau.de (Dietzel & Partner Architekten)
http://www.cadimage.co.nz (CadImage Solutions Ltd.)
http://www.donaldmacdonaldarchitects.com (Donald MacDonald Architects)
http://www.dreso.com (Drees and Sommer)
http://www.gasparinmeier.at (Architekten Gasparin & Meier)
http://www.hba.cl (Hombo & Bañados Arquitectos)
http://www.heistinger.at (Architekturbüro Helmut Heistinger)
http://www.hoffelner.at (Architekturbüro Walter Hoffelner)
http://www.katzberger.at (Atelier Katzberger)
http://www.ksw-architekten.com (Kellner Schleich Wunderling)
http://www.lengyeltoulouse.com (LengyelToulouse)
http://www.liljewall-arkitekter.se (Liljewall Arkitekter AB)
http://www.luminetik.com (LuminetIK)
http://www.lund-valentin.se (Lund & Valentin Arkitekter)
http://www.maaars.at (maaars architecture)
http://www.mikula.at (Architekturbüro Mikula)
http://www.nussmueller.com (Architekturbüro Nußmüller)
http://www.onuma.com (Onuma & Associates)
http://www.owp.com (Orcutt/Winslow Partnership)
http://www.paastudio.com (Paastudio – Ivo Venkov)
http://www.porr.at (Porr Immoprojekt GmbH)
http://www.rharchitects.com (Rockefeller/Hricak Architects)
http://www.rplusw.com (Richard+Wittschiebe Architects)
http://www.stadtentwicklung.berlin.de (Senatsverwaltung Berlin)
http://www.stolz-arch.de (Walter Stolz)
http://www.studiosarch.com (STUDIOS Architecture)
http://www.subendougherty.com (Suben/Dougherty)
http://www.urbanstrategies.com (Urban Strategies Inc.)
http://www.webscape.com (Onuma & Associates)
http://www.widmann.at (Architekturbüro Eduard Widmann)

Warenzeichen

ArchiCAD, ArchiFM und ArchiFM Instandhaltung sind Warenzeichen von Graphisoft R&D.
Autocad ist ein Warenzeichen von Autodesk Inc.
DDS ist ein Warenzeichen von Data Design System ASA.
GDL Object Explorer, GDL Object Adapter und

GDL Web Plugin sind Warenzeichen von GDL Technology R&D
Quicktime bzw. QuicktimeVR – Apple Inc.
Windows ist ein Warenzeichen von Microsoft Corp.

Alle anderen Warenzeichen gehören den jeweiligen Eigentümern.

Bildnachweis

13: Stefan Klein, Technische Universität Wien (A)
16: Graphisoft R&D, Budapest (HU)
19: Wilhelm Hochenbichler, Technische Universität Wien (A)
24: Graphisoft R&D, Budapest (HU)
25: Graphisoft R&D, Budapest (HU)
31: Graphisoft R&D, Budapest (HU)
34: Martin Standfest, Technische Universität Wien (A)
35: Nina, 8 Jahre, Wien (A)
45: Andreas Muttenthaler, Wien (A)
60: Gregor Kassl, Thomas Omansiek, Manfred Schnabl, Christian Trügler / Technische Universität Graz (A)
92: Ganahl/Ifstits/Larch Architekten, Wien (A)
111: Lengyel/Toulouse Architekten, Köln (A)
112: Lengyel/Toulouse Architekten, Köln (A)
131-133: Architektengruppe U-Bahn (Holzbauer/Marschalek/Ladstätter/Gantar); Peichl & Partner; COOP Himmelb(l)au, Wien (A)
133: Urban Strategies Inc., Toronto (CAN), Michael Trocmé
134: Urban Strategies Inc., Toronto (CAN), Michael Trocmé
135: Urban Strategies Inc., Toronto (CAN), Michael Trocmé
136-138: Freie und Hansestadt Hamburg, Landesbetrieb Geoinformation und Vermessung (D)
139-140: Senatsverwaltung für Stadtentwicklung, Berlin (D), Takis Sgouros
141: Cadimage Solutions Limited, Auckland (New Zealand),Campbell Yule
142: digital electronic kühn GmbH, Dresden (D), Jens Kühn
143: digital electronic kühn GmbH, Dresden (D), Jens Kühn
144: b17 Architekten, München (D)
145: Porr Immoprojekt GmbH, Wien (A), Claus Stadler
146: Porr Immoprojekt GmbH, Wien (A), Claus Stadler
147: Architekturbüro Werner Nußmüller, Graz (A)
150-151:Architekturbüro Tadeusz Spychala, Wien (A)
152-153: Fender Katsalidis Architects - FKAU, Sydney-Melbourne (AUS), David Sutherland
154: Architektengemeinschaft Dürschinger & Biefang, Fürth (D)
157-158: Architekturbüro Paul Katzberger und Michael Loudon, Wien (A)
159: Drees & Sommer GmbH, Stuttgart (D), Hanspeter Sautter - Architekten: Freudenfeld+Krausen+Will, München (D)
160-161: Architekturbüro Wiedermann, Innsbruck (A), Martin Lackner
162: Beeg Geiselbrecht Lemke Architekten, München (D)
163: Beeg Geiselbrecht Lemke Architekten, München (D)
164: Hombo & Bañados Arquitectos, Santiago (CL), Pablo Bañados / Bauherr: Goverment of Chile
166-167: Architekt Eduard Widmann, Salzburg (A) - Invest-Consult, Projektentwicklungs GmbH, Wien (A)
168: Beeg Geiselbrecht Lemke Architekten, München (D)
169: Lund & Valentin Arkitekter, Stockholm (S), Lars Wahlström
170: A-Konsultit, Helsinki (FIN), Eric Adlercreutz, Jyrki Iso-Aho, Päivi Vaheri, Heikki Prokkola
171: Architekturbüro Walter Hoffelner, Wien (A), Jerzy Surwillo
172: Architekturbüro Walter Hoffelner, Wien (A), Jerzy Surwillo
173: Tadayyon Gilani mit AXIS Ingenieurleistungen, Wien (A), Christoph Friedreich
174: Architekturbüro Werner Nußmüller, Graz (A)
175: Architekturbüro Werner Nußmüller, Graz (A)
176: Architekturbüro Wimmer-Armellini, Bregenz (A) / Statik Ernst Mader Bregenz (A) / Bauherrschaft: Armellini Vermietungs und Verpachtungs GmbH
177: Liljewall Arkitekter, Stockholm (S)
178: Dietzel und Partner, München (D)
179: b17 Architekten, München (D)
180: Dietzel und Partner, München (D)
182-183: maaars architecture, Innsbruck (A), Andreas Lettner, Stefan Knabel
184: Arbeitsgemeinschaft Beneder-Fischer, Wien (A)
185: Arbeitsgemeinschaft Beneder-Fischer, Wien (A)
186: Anderhalten Architekten, Berlin (D)
187: Anderhalten Architekten, Berlin (D)
189-190: AXIS Ingenieurleistungen, Wien (A), Christoph Friedreich
190-191: Architektur: Herbert Moser und Klaus Hagenauer, Linz (A) / Josef Pointner Architekturvisualisierungen, Linz (A) / Statik: Prof. Julius K. Natterer / Emanuel Panic Planungsbüro für Holzbau, Schleissheim (D)
192: Architekturbüro Wimmer-Armellini, Bregenz (A) / Örtl. Bauaufsicht: Peter Speil, Göstling (A) / Statik: Friedrich Suppan, Strasshof (A) / Bauherrschaft: Hochkar Sport-Ges.m.b.H. & Co. KG, Göstling (A)
193: Donald McDonald Architects, San Francisco (USA)
196: Hans Hollein mit AXIS Ingenieurleistungen, Wien (A), Christoph Friedreich
197: Architekturbüro Werner Nußmüller, Graz (A)
198: Architekturbüro Werner Nußmüller, Graz (A)
198: Richard+Wittschiebe Architects, Atlanta (USA)
199-200: A-Konsultit, Helsinki (FIN), Eric Adlercreutz, Jyrki Iso-Aho, Päivi Vaheri
201: Lund & Valentin Arkitekter, Göteborg (S), Bo Karlberg
202: Thomas Forsthuber, Salzburg (A)
203: Thomas Forsthuber, Salzburg (A)
204: Atelier Katzberger, Wien (A)
205-207: Ralph Baenzinger Architekten AG, RBAG (CH)
208: maaars architecture, Innsbruck (A), Andreas Lettner, Stefan Knabel
209: Hombo & Bañados Arquitectos, Santiago (CL) / San Joaquín - Projektarchitekt: Pablo Bañados
210: OrcuttWinslowPartnership, Phoenix, Arizona (USA)
212: Baudenkstatt - Michael Alteneder, Wien (A)
213-214: BEHF Architekten, Wien (A); Rigler Electric - Projektarchitekt: Armin Ebner / Messestand Shoe Fashion Group - Projektarchitekt: Erich Bernard / Restaurant Yume - Projektarchitekt: Stephan Ferenczy
215: maaars architecture, Innsbruck (A), Andreas Lettner, Stefan Knabel
216: Suben/Dougherty Partnership, New York (USA)
217: Walter Stolz, Rosenheim (D)
219-220: House+House Architects, San Francisco (USA), Grand View Residence - Project Team: Steven House, Cathi House, David Thompson, Michael Tauber - Rendering: Shawn Brown / Roosevelt Way Residence - Design Team: Cathi House, Sonya Sotinsky - Rendering: Shawn Brown / Drucker Brownstein Residence - Project Team: Amena Hajjar, Steven House - Rendering: Kelly Condon
221: Architekturbüro Günther Domenig, Graz (A)
222: Rockefeller/Hricak Architects, Venice (USA)

223: Rockefeller/Hricak Architects, Venice (USA)
224: Architekturbüro Gohm-Hiesberger, Hohenems (A), Otto Brugger
226: Architekturbüro Helmut Heistinger, Wien (A)
227: Mikula+Partner, Graz (A), Heri Pistotnig
228: Fa. Peter, Waidhofen/Th. (A)
229: Dietzel und Partner, München (D)
233: Kellner Schleich Wunderling, Hannover (D)
233-234: STUDIOS Architecture, San Francisco (USA) / 450 Rhode Island - Design Architect: STUDIOS Architecture Madstone - Designer: STUDIOS architecture - Architect of Record: The Tricarico Group
234-236: Helin & Co Architects, Helsinki (FIN), Tom Cederqvist
236: Liljewall Arkitekter AB, Stockholm (S)
238: Architekturbüro Helmut Heistinger, Wien (A)
239: Rockefeller/Hricak Architects, Venice (USA)
239: Tillberg Design, Fort Lauderdale (USA)
241-243: LuminetlK, New York (USA), Kevin Cahill
244-245: LengyelToulouse, Köln (D); Korte Einrichtungen - Entwurf: LengyelToulouse Architekten mit Agiplan - Visualisierung: LengyelToulouse Architekten / Bergwerks Göttelborn: LengyelToulouse Architekten mit Agiplan / VDI-Geschäftsstelle - Entwurf: LengyelToulouse Architekten mit Agiplan - Visualisierung: LengyelToulouse Architekten
246-250: PAASTUDIO - Ivo Venkov, Santa Monica (USA)
252: Kimon Onuma, Tokio und Pasadena (JP/USA); Das Onuma Design-Team setzt sich aus einer Gruppe von Architekten wie auch EDV-Spezialisten zusammen.
253: Architekturbüro Gasparin & Meier, Villach (A)
254: STUDIOS Architecture, San Francisco (USA); Eigentümer/Entwickler: Wilson/Equity Office
258: M.A.D. oy, Helsinki (FIN); Samppa Hannikainen, Pasi Kiviniemi, Susanna Laasonen, Kalle Lievejärvi, Harri Mäkiaho, Raija Nevalainen, Jussi Niemi, V.-P. Ristimäki, Nina Västö
259: Ginder Akos Ignac / University of Belgrade (YUG)
259: Bogdan Ristivijevic - Zoran L. Pantelic / University of Belgrade (YUG)
260: Andrew Maynard, Stephen Mess u.a. / University ofTasmania (AUS)
260: Branislav Drgon, Trnava (SK)
261: Peter Bach und Peter Hadadi / Technical University of Budapest, Budapest (HUN)
261: Istvan Pölös und Marianna Illyes / NANA Architects, Budapest (HU)
262: Sam Rajamanickam, Design Collective Inc. (USA)
262: Hartmut Liebster und Bergit Hillner / HTWK Leipzig, Leipzig (D)
263: Andrei Radu / Technische Universität, Asachi (ROM)
263: Susanne Oeltjen, Wong Hong Chun und Lee Swee Wei / Universität Tasmanien (AUS)
265: Susan Pietsch, University of Adelaide (AUS)
265: Steve Johnson, Unitec Institute of Technology (NZ)
266: Steve Johnson, Unitec Institute of Technology (NZ)
266-267: Peter Bleier, Bob Martens und Jay Potts / Technische Universität Wien (A) - Studierende: Sergei Bostandjan, Manuela Eitler, Klaus Lengauer, Jan Misek, Hannes Penn, Markus Piribauer, Martina Praznik, Daniela Wallmüller
268: Tom Cederqvist, Helsinki University of Technology (FIN)
269: Wolfgang Kurz, Technische Universität Wien (A)
269: Christoph Vogt, Fachhochschule Erfurt (D)
270: Christoph Vogt, Fachhochschule Erfurt (D)
273: Tina Mikrou, University of Edinburgh (UK)
274-275: Kloster Cluny I und II: ArgeProjekte SV, Wien (A), Projektkoordination: Hans-Peter Walchhofer und Andreas Voigt - Modellierung und QTVR-Szenen: Helmut Hürner / Carnuntum: TU Wien, Institut für Örtliche Raumplanung und Multimediaplan.at, Wien (A), Projektkoordination: Manfred Schrenk und Andreas Voigt -Modellierung und QTVR-Szenen: Herbert Wittine
276: Tina Mikrou, University of Leuven (B)
277-279: Bob Martens, Technische Universität Wien (A); Studierende: Daniela Wallmüller (Tempelgasse), Andreas Muttenthaler (Siebenbrunnengasse), Sabrina Frazetto, Willy Hochenbichler, Klaus Lengauer, Markus Piribauer, Florian Rode (Turnergasse)
282: Vito Bertin, Chinese University Hong Kong (HK)
283: Bruce Hill Ass., TurraMurra (AUS)
284: Bruce Hill Ass., TurraMurra (AUS)

Register

Add-on, 70, 138
AEC, 10, 285
Aktualisierung, 30, 61, 66, 69, 101, 105, 118, 122
    Automatische Aktualisierung, 37, 152
    Dynamische Aktualisierung, 66

Bebauungsplan, 41-42
Benutzerfreundlichkeit, 190
Benutzeroberfläche, 20, 35, 70, 256
Bruttoraumvolumen, 104
Bürostandard, 88, 122, 179, 194, 216

CAAD, 9-10, 22, 37, 128, 260
CAD/CAM, 16
Computerführerschein, 21

Darstellende Geometrie, 44
Datenaustausch, 120-123, 145, 285
    Konfigurationstabelle, 122
Datenbank, 29, 31, 64, 86, 102, 106-107, 120, 190, 209-210, 287
Drag and drop, 70, 72

Externe Entwickler, 56, 70, 73

Fachplaner, 103, 109, 120, 125, 131, 156, 205, 207, 216
Facility Management (FM), 31, 156, 178, 286
Favoriten-Palette, 84
Formate
    ARX-Format, 44, 48
    DWG-Format, 27, 48, 78, 121-123, 131, 174, 196, 203, 207
    DXF-Format, 28-29, 48, 78, 121-123, 125, 141-142, 174, 177, 196, 203, 206-207, 256, 280
    GSM-Format, 58

IFC-Format, 48, 125, 199, 285-286
Multiplattform, 26
O2C-Format, 44
OFM-Format, 44
Plotdatei, 99, 117-118
Freiformfläche, 74, 215

GDL-Alliance, 61
GDL-Objekttechnologie, 37, 43, 52, 66, 126, 165
GDL-Produktkatalog, 61
GDL-Script, 44-45, 59, 66, 68
Graphisoft Collection, 51

Internetbrowser, 47, 64-65, 70, 109, 280

Konsulent, 120, 122, 125, 155, 199
Kotierung, 27, 89, 99, 210

Massenermittlung, 35, 172
Maßstabswechsel, 80
Mehrfenstertechnik, 281
Modellierung
    Dreidimensional, 23, 38-39, 41-42, 74, 130, 136, 195, 210-212
    Elementorientiert, 27, 30

Modul, 60, 66-69, 124, 165, 209
    Hotlink-Modul, 66-69, 124, 147, 149, 155, 157, 194, 204

Nomenklatur, 87, 120

Objekt, 27, 37, 43-45, 47, 51, 62, 71-72, 78, 140, 195, 225, 227, 229, 266, 278
    Bibliothek, 43, 51-52, 72, 97, 105, 123, 161, 262-263, 288
    Bibliothekselement, 37, 43
    Objektportal, 64
    Parametrisierung, 29, 43-44, 47-48, 170
    Realobjekt, 27, 46, 60-65, 178, 226

Plandarstellung
    Einreichplan, 99, 172, 183
    Layout, 116, 118
Planwechsel, 98-99
    Strichstärke, 80-81, 115, 152
Planungsunterlagen, 65
Plug-in, 70, 77
Produkt
    -dokumentation, 60
    -eigenschaft, 46
    -information, 65
    Online-Bauproduktkatalog, 61
ProjectXchange, 109
Publisher, 47, 109

Punktewolke, 74

Raum
    -buch, 102-104, 155
    -kodierung, 103-104
    -stempel, 27, 31, 102, 161
    -widmung, 103
    XYZ-Raum, 38
    -zone, 76, 102, 202, 209, 220

Schnittstelle, 120, 125-126, 143, 249, 286
    API-Schnittstelle, 70
    Benutzerschnittstelle, 49, 68
Simulation, 148, 159, 248, 272, 280
Standardwerkzeuge, 38, 40-42, 44, 66, 70, 212, 225, 276

TeamWork, 37, 83, 93-98, 145
    Leiter, 93-94
    Mitglied, 93
Treiber, 115

Virtuelle Baustelle, 39
Virtuelles Gebäudekonzept, 28-30, 70, 79, 86, 101-102, 120, 197, 203
Visualisierung, 27, 34, 108-113, 126, 135, 147-148, 180, 189, 193, 211-212, 226, 230, 237-239, 263-264, 269-270
    Abstraktionsgrad, 139
    Fotorealistik, 20, 32, 54, 110, 230
    QTVR, 27, 114

Wandabwicklung, 35, 76, 211
Werkzeugpalette, 27, 71-72, 74-75

XREF, 27, 123-124, 131, 145, 157, 204, 282